此心安处是吾乡

韩柳欧苏的人生格局

阮忠◎著

海南出版社
·海口·

引　言

庄子说，人的生命犹如春夏秋冬四季的自然运行。这一运行的过程许多人都明白，随着岁月的流动，唐代韩愈、柳宗元走过来了，宋代欧阳修、苏轼也走过来了，他们是中国文学群星璀璨天空中耀眼的明星，高挂在历史的苍穹里永恒闪烁。虽然他们最初是凡人，但终究大不同于凡人，这取决于人生格局，即对人生有怎样的认知和践行。他们让后人感念，后人也从不吝啬对他们的忆想，称之为“韩柳欧苏”。

也许只是偶然，韩柳欧苏身边都有一位教育他们成人的高尚女性，在这一点上，他们都是很幸运的。

韩愈早年丧母，继而丧父，是堂嫂郑夫人哺育他成人，郑夫人视他犹如己出，他亦侍郑夫人如生母。韩愈后来感慨地说，如果不是郑夫人，他会缺少教养，难有成就。

柳宗元的母亲卢氏在家族有“全德”之誉，她是柳宗元少时的启蒙老师。柳宗元流贬永州（今湖南永州），母亲卢氏随行，永州生活艰难。母亲知道他为什么流贬，对他说：明智的人不追伤往事，你被贬永州，我并不感到悲哀。

欧阳修自幼失怙，得力于母亲郑夫人的教养。母亲治家节俭，说“俭薄所以居患难”。因此欧阳修流贬夷陵（今湖北宜昌），母亲全不在意，对儿子说：你家从前就很贫贱，我处之有素；在夷陵，你能安居，我也能安居。

苏轼的父亲苏洵27岁才发愤读书，所幸妻子程夫人通达明理，独自维持家庭生活，支持苏洵读书，苏洵终成一代名士。程夫人治家不蓄余财，说家里的财产多了会使子孙愚昧，遂以之助贫济困。并对儿子苏轼和苏辙说：读书不要像同辈人那样只为求取功名。

韩柳欧苏无一不是正直面对人生，面对权势，没有谁去弄权；面对社会问题，没有谁不坦诚放言。

韩愈初贬阳山（今广东阳山），只因直言天旱人饥，斥责当朝权臣没管理好；再贬潮州（今广东潮州），则是批评宪宗皇帝不该迷佛，把佛家的舍利子迎到宫中供奉，既害苍生、国家，又害了自己。

柳宗元参加"永贞革新"，早年疏狂、英气逼人的他，和变革的主导者王叔文走得太近，仍然是太有锋芒，所以他总说自己在参与变革者中间，是最有罪过的人。

欧阳修支持范仲淹的"庆历新政"，为范仲淹等人辩解，严厉指责谏官高若讷，不留半点情面。后作《朋党论》，直言自己是君子之朋，重道义、忠信、名节，可助天子安定天下，但得到的却是流贬。宋英宗说他，性直不避众怨。

苏轼也主张社会变革，但不赞同王安石的激进变法，上书直言。他有话即说，一吐为快，落下一生多次被贬的祸根。他自知不合时宜，也没想到要去追求合乎时宜。而他母亲早就说了，如果你做东汉的直臣范滂，那我就做范滂的娘。你为正直而死，我不会伤心。

韩柳欧苏都有遭贬的经历，是各自性情的必然。面临这样的不幸，他们虽有过牢骚，但无不处之泰然，安之若素；在流贬地做一点力所能及的事情，又让当地百姓感念至今。

韩愈贬阳山、潮州，在阳山他还没显山露水，但在潮州兴学驱鳄，时间短暂，潮州人牢记他，将潮州的山称为“韩山”，江称为“韩江”。

柳宗元在永州做司马只是闲职，做了柳州（今广西柳州）刺史方才主政一方，主政时怀仁亲民，扶弱除弊，人称“柳侯”。

欧阳修在夷陵事务甚少，在滁州（今安徽滁州）略能施展，治理有方且与民同乐，民亦乐之，滁州之治一时传为美谈。

苏轼初拟在黄州（今湖北黄州）度晚年，贬惠州后欲在惠州（今广东惠州）过余生，最终流贬儋州（今海南儋州），好教育、传文化，北归之际，儋州人恋恋不舍，他也饱含深情地说“我本海南人”，有一天还会回来的。

值得关注的是，韩柳欧苏无论在什么环境下，都坚持写作，谈时政，叙友情，话生死，抒情言志，诗文构成了他们生活的另一个世界。这不是所有人都能做得到的，而他们为人所知，主要有赖于此。

韩柳欧一向身体不好，病痛缠身，但笔耕不辍；苏轼身体尚好，除最后卧床不起，未曾搁笔。

常人之于写作，大抵如魏文帝曹丕所说：贫贱则慑于饥寒，富贵则流于逸乐。但韩柳欧苏的写作，贫贱不畏饥寒，富贵不贪逸乐，终生践行。写诗、作文、填词，只要他们去做，就是名篇，让人赞叹感佩。

认准方向，矢志努力，从不懈怠，是韩柳欧苏的自我修行，是走向成功的基本路径。但最关键的是，他们做人有非凡格局。为官，柳宗元说辅时及物，苏轼说以民为心、以适用为本，这都很有代表性。他们虽说做官不易，但为了民生，为了国家，官可不做，命能不顾，自我的意见要表达。何止于此：

韩愈教导李翊，写文章应当思想纯正，好好读书，广纳博采，养根俟实，加膏希光，根茂实遂，膏沃光晔。

柳宗元知道刘禹锡贬播州（今贵州遵义），且有老母同行，说播州太苦，不是人待的地方，提出要以他去的柳州交换播州，他没有想当时自己的身体已经很不好了。

欧阳修看了苏轼的科考试卷、读了苏轼的来信，高兴地说，老夫当避开一条路让他出人头地。还说，以后人们只知道苏轼，不知道我欧阳修。

苏轼北归途中，迫害他的政敌章惇被贬为雷州司户参军，其子章致平请求苏轼宽恕，苏轼说：我和你父亲是40多年的朋友，虽然曾经有过意见分歧，但感情依旧。雷州的风土不差，寒热适中，可以备些日常的药物以供需要，还能趁闲暇养生。我在海南写了《续养生论》，改天寄你。

这都是做人的格局，做人有这样的格局，是良善和胸怀所致，有大格局，一定有为人处世的大爱和大胸怀。

韩柳欧苏一生多在外漂泊，很少还乡，最后，57岁的韩愈死于长安，47岁的柳宗元死于柳州，66岁的欧阳修死于颍州，同样66岁的苏轼死于常州。他们每至一处，虽时遭忧患，常有愁思，但终究无不心安。他乡也是故乡，应了苏轼《定风波》吟出的“此心安处是吾乡”。

“此心安处是吾乡”，这“吾乡”也是心灵之乡，心安则身安，心安则不分地域，何处不是故乡？韩愈晚年仍在长安，他那时已经辞官，是有可能回故乡河阳（今河南孟州）的，但他没有回去。柳宗元本在柳州刺史的任上，在柳州走完自己的一生是自然的结果。欧阳修退休以后，自己选择去了颍州（今安徽阜阳），而没有回故乡吉州（今江西吉安）。苏轼北归途中，得诏命可以任便居住，他也没有回故乡眉山（今四川眉山），而是去了常州（今江苏常州），死后依其遗嘱葬在河南汝州郏县（今河南郏县）的小峨眉山。

“此心安处是吾乡”，何尝不是人生的格局呢？

就做人的格局来说，韩柳欧苏是四面人生的旗帜。

目　录

第一章
流贬并非命运的安排

人生不如意十常八九，当今名声如雷贯耳的韩愈、柳宗元、欧阳修和苏轼，也没有能够逃脱人生的不如意。他们四人有的不如意时险些丢了性命，也都没有逃脱流贬，被边缘到一个个荒远的地方。这并非各自命运的安排，而是因为他们面对大是大非，都没有选择趋利避害，而是顺应自己的性情和主张，勇敢面对，并没有在意“勇敢”之后可能产生的结果。这给他们每人留下不同凡俗的生命烙印，也深刻影响了流贬地的文化，为后人纪念、怀想。但对他们来说，那毕竟是曾经的痛苦，只是承受后有了一段新的人生。翻开那历史的一页，又该有怎样的感慨呢？

第一节　得官不易丢官太易

唐德宗贞元十九年（803），36 岁的韩愈没有想到自己会成为一个贬官，而且是从长安（今陕西西安）的朝官监察御史贬到偏远的连州阳山（今广东阳山），做一个小小的阳山县令。唐德宗李适是唐代宗李豫的长子，广德二年（764）二月被立为皇太子。大历十四年（779）五月，代宗病逝，德宗顺理成章在太极殿即位，做了大唐新一任的皇帝。从唐代宗年代走过来的韩愈，在德宗登基时只有 12 岁，他的仕途是在德宗年代开启的。

韩愈（768—824），字退之，河阳人。这个在中原大地长大的少年，成人后自称“郡望昌黎”，并广为人知。原来河北昌黎韩氏是名门望族，韩愈的认祖归宗得到后人认同，后人也习惯称他“韩昌黎”。韩愈原本出身寒门，父亲韩仲卿做过武昌令，在位时做过一些好事，有些口碑，但并无大的名望。韩愈很不幸，还在襁褓中母亲就告别了人世，三岁时慈父又撒手人寰，他只得寄身在堂兄韩会家里。没有想到，韩愈的不幸还在延续，12 岁时堂兄韩会也死了，好在嫂子郑夫人勤劳贤惠，含辛茹苦地把他和自己的儿子韩老成（即“十二郎”）抚养成人。可年轻

韩愈像

的韩老成不意在韩愈被贬阳山的前夕病故，韩愈无比悲痛。

韩愈 7 岁跟随哥哥韩会读书，哥哥死后，嫂子郑夫人继续教他读书。贞元二年（786）19 岁的韩愈自认为学成，便赴京城长安参加进士考试，可连续三次落榜，第四次才如愿以偿。一介寒士喜登龙门，人生重新定位，从此有了根本的变化。高兴的韩愈心有不甘，还想继续考，前面有吏部的博学宏词科在招手，如能得中，仕途就会更加顺畅。可惜韩愈时运不济，三次参加吏部的博学宏词科考试，均名落孙山，着实令人沮丧。

韩愈那时的生活有些艰难，开始拼命地挣扎，要打开前行的道路。他写信四处诉苦，以求一官半职，因为他想只有得了官职，才有口安稳饭吃。书生韩愈写信的胆量是有的，敢给当朝的宰相写信诉苦求职。他的言辞很激烈，不像前辈杜甫。

杜甫举进士不第后，曾长年在京城长安求官，“朝扣富儿门，暮随肥马尘。残杯与冷炙，到处潜悲辛”[①]。并在求官的《进雕赋表》里自白七岁开始写文章，到现在近四十年，本以为可以靠文学才能混一碗饭吃，殊不知到现在还是“衣不盖体，常寄食于人，奔走不暇，只恐转死沟壑，安敢望仕进乎？”然后笔锋一转，说自己所写的诗文“沉郁顿挫，随时敏捷”，赶得上西汉的枚皋、扬雄，陛下宜哀怜我，启用我，何必让我劳苦终老呢？韩愈深受前贤孟子的影响，孟子的浩然之气使韩愈显然比杜甫更有大丈夫气概。贞元十一年（795）一个多月内给当朝宰相赵憬、贾耽等人连写了三封信，陈情求职。

韩愈在第一封信《上宰相书》里说，教育天下英才的人只有皇帝和宰相，在当今社会，天下太平，大小官吏各守其职，宰相

---

① 杜甫:《奉赠韦左丞丈二十二韵》。

无须过问钱粮兵甲之事，应以教育天下英才为首要的职责。他说这话的时候，唐王朝经历的最大社会动荡“安史之乱”已经平息了三十多年，社会的创伤渐渐平复，百姓生活稳定，史称的唐王朝中兴正是这一时期，所以他谈天下英才教育。韩愈这样说有自己的用意，眼下谁是英才呀？他就是英才，他需要得到宰相们的栽培。然后，韩愈不再客气了，说自己28岁了，没有以农工商为职业，鸡鸣就起床，读圣人的书，写文章歌颂尧舜之道，孜孜不倦；为人抑邪兴正，生活居穷守约，不悖教化，我这样一个好人居然四举于礼部才得了进士，三选于吏部竟无所得，在四海之内惶惶然无立身之地，饥不得食，寒不得衣，忧患交加。我的这些情况不能不告诉你们，如果不告知，那不是自我放弃吗？如果告诉你们了，我还不能得一官半职，那我就只能认命了。再说，我不能走传统的入仕老路，先由州县推荐，再参加礼部、吏部考试，考些文辞华丽、歌功颂德以及规定程式的长短章句，然后从下级官吏做起，慢慢地往上升迁。我给你们几位宰相上书，请你们把我推荐给皇帝陛下，让陛下授我官职，这样那些怀才不遇的人都会动心前来报效朝廷，真是劝赏不必遍施于天下，天下人会自然跟随为国家效力。

韩愈这番话暗用了战国时燕昭王的故事。燕昭王兴国，问身边的侍臣郭隗应该怎么办。郭隗很有意思，先给燕昭王讲了一个古代君王买千里马的故事，说是有个君王用千金买千里马，三年没买到。他身边有个打扫卫生的人说，你派我去买就行了。这人三个月就与他人达成买一匹千里马的意向，但等他花钱去买时，这匹千里马却死掉了。于是，这人花了五百金买了死去的千里马的马头，回来向国君报告。国君很生气，说让你去买活的千里马，你却花五百金买了死千里马的头，太令人失望了。这人说，大王息怒，别人要是知道了您买死千里马头都花了五百金，那活千里马很快就会送上门的。果然，不到一年就有三匹千里马送上门。郭隗讲完故事接着说，大王求贤好办呀，你就先从重用我开始，天下那些比我有才能的人，就会纷纷投奔燕国，为你所用。燕昭王觉得很有道理，真的重用他，结果天下贤人都到燕国为昭王效力。现在大唐王朝也想招募隐居于山林岩穴的人才，没有人前来应征，不是国家没有人，而是朝廷没有给这些人特殊的礼遇。

韩愈的话说白点，就是你们先用我，比我有才能的人也会为你们所用。再说，我现在很想为朝廷做事，你们最好顺应我的欲望，推举我，给我特殊的礼遇，让我有一官半职。韩愈这样说是有缘由的，他没能通过吏部的博学宏词科的选拔考试，朝廷直接给他官做还不容易。而他干脆说，像我这样的人不必考了。再说我之所以没考上，是因为我不能顺从，不能随波逐流、与时俯仰，而不是我没有才能，你们看看我写的几篇文章吧。

韩愈这信是正月二十七日写的，当时宰相赵憬、贾耽、卢迈等人没有把韩愈放在眼里，自然不会把他的信当一回事。韩愈自说自话，不见动静，让他心里很受煎熬。他忍耐不住了，才过十九天，便接着写了第二封信，开篇就说："向上书及所著文后，待命凡十有九日，不得命。恐惧不敢逃遁，不知所为。乃复敢自纳于不测之诛，以求毕其说，而请命于左右。"[①] 韩愈心急火燎，说我等了十九天，一点消息都没有，我又不敢贸然离去，不知道该干什么好。我宁愿再次领受意想不到的责备，如果是那样的话，请让我把话说完，然后你们想怎么处置就怎么处置。韩愈要把话说完，想说什么话呢？其实他在焦急地等待中，五心不定，忧烦

---

① 韩愈:《后十九日复上书》。

难抑。他向宰相们大声疾呼：我现在处在又穷又饿的水火之中，上封信里的呼救，想必你们是知道的。你们既然知道，又有可以援救我的办法，为什么至今不肯出手相救，你们还是“仁人”吗？韩愈在第一封信里，称众宰相为“仁人”。这时，心头冒火的韩愈有点出言不逊了，他想引起当朝宰相的关注，但那时他只是一般的进士，谁真把他当一回事，见他求官就给他官做呢？韩愈第二封信这样说，说得很严厉，但还是没有回应。

又过了二十九天的三月十六日，韩愈写了第三封上宰相书，他有意把写信的时间点明了：《后二十九日复上书》，以时间标示他内心求官的急迫，十九天，二十九天，他是多么难熬呀！在第三封信里，韩愈先说历史上求贤最有名的西周初年的周公。周公是周成王的叔父，辅佐周成王治天下，为了西周能够得到很好的治理，他广纳贤才。有贤才求见，周公甚至是一饭三吐哺，一沐三握发，所以天下贤才莫不尽力为他所用。于是，周公尽除奸邪，四海太平，八方宾从；施行礼乐教化，使风俗淳厚，物得其宜。韩愈借周公的故事说当朝宰相，希望他们人人都像西周的周公。可现在天下贤才未能尽用，奸邪未能尽除，天灾时变未能尽息，礼乐教化未能尽施。韩愈说，如果你们不能像周公那样吐哺握发，那推贤进能是你们该做的事呀！你们怎么能够沉默，对我求官的事一声不吭呢？

韩愈的话越说越激动，他说现在不像春秋战国时期，一个人在周王朝不被任用，他可以去诸侯国，譬如到鲁国去求职；在齐国不被任用可以去宋国，在宋国不被任用可以去郑国，总有诸侯国会接纳的。“今天下一君，四海一国，舍乎此，则夷狄矣，去父母之邦矣。故士之行道者，不得于朝则山林而已矣。山林者，士之所独善自养，而不忧天下者之所能安也。如有忧天下之心，则不能矣。故愈每自进而不知愧焉，书亟上，足数及门而不知止焉。”[①] 韩愈太焦虑了，他迫不及待的心情完全可能理解，28 岁在那时不算年轻，却无所作为。他也敢说话，说以前诸侯林立，东方不亮西方亮，你不用我，我还有地方可以去；可现在天下一家，我就是这家里人，你不用我，我没地方求职了。要我与夷狄同伍吗？我不干；要我离开祖国吗？我不干；要我在深山老林里隐居自养，我也不干。我心忧天下，要为祖国效力，别怪我这样汲汲求进，请给我一个职位吧。儒者达则兼济，穷则独善，他这时候求兼济天下不成，是可以自寻独善其身的。但他完全没考虑自我独善，只求兼济。

韩愈三上宰相书，把自己满肚皮的话都说了，说得恳切，哀求中又有几分愤激。不知道宰相们看到他急如星火的三封信没有，反正横竖没人搭理他，韩愈在长安磨蹭了一年多，想求官终无所获。第二年七月，他闷闷不乐地离开长安，委屈自己到汴州（今河南开封）宣武军节度使董晋的麾下做了一个观察推官，掌管文书，勉强算是入了仕途。韩愈在汴州干了一年，不太如意，身体也出了毛病，他说是“中虚得暴下，避冷卧北窗”[②]，即中气虚弱而畏冷，于是以这为冠冕堂皇的借口，说是自己不能胜任，辞官不干了。接下来怎么办呢？在彷徨中，他很想重新选择生活道路，但又想到自己眼下的状况和过去在长安受到的冷遇，心里满是犹疑和痛苦，自叹“进既不获其志愿兮，退将遁而穷居”[③]。这里说的进取不如愿是现实，但退隐穷居又

① 韩愈：《后二十九日复上书》。

② 韩愈：《病中赠张十八》。

③ 韩愈：《复志赋》。

心有不甘，毕竟他是进士出身。韩愈思来想去，觉得还是暂时忍耐一下，骑驴看唱本，走着瞧吧。不料随后董晋病亡，他的部下不满代理宣武军节度使陆长源的作为，一时哗乱，也就是史称的“汴州兵乱”。有幸狼狈脱难的韩愈在诗里记述了这段经历：“夜闻汴州乱，绕壁行傍徨。我时留妻子，仓卒不及将。相见不复期，零落甘所丁。骄女未绝乳，念之不能忘。忽如在我所，耳若闻啼声。”[①] 因兵乱，百姓四散，一时间韩愈一家骨肉分离，不知所之。乱后，他为董晋扶丧去洛阳，然后到徐州（今江苏徐州）武宁节度使张建封门下就职，仍为一个小小的推官。这段时间延续了他在汴州的不开心，有诗《赠徐州族侄》说自己当时“卑栖寄徐戎”，与身为仆射的张建封好打马球有关。张建封的马球打得很好，“侧身转臂著马腹，霹雳应手神珠驰”，身手矫健，技艺纯熟。但韩愈说了让张建封很扫兴的话，他劝张建封说：“当今忠臣不可得，公马莫走须杀贼。”[②] 他说你张建封是国家忠臣，不应骑马奔跑在马球场上，应该驰骋沙场，奋勇杀敌。

贞元十八年（802），韩愈的命运迎来转机，他成为朝廷的四门博士，虽说是闲职文官，官职卑微，但好歹是京官，入了仕宦的正途。从贞元十一年（795）到现在的七年时间，饱学而深富文才的韩愈实在是太不容易，幸亏他的才学和忍耐。贞元十九年（803），韩愈的官职获得升迁，当上了监察御史，负责监督朝廷众官吏的履职情况。这官也不大，但比四门博士实在强多了，可以对朝政、官吏说一点自己的话了。他这人口无遮拦，有话好直

① 韩愈：《此日足可惜赠张籍》。

② 韩愈：《汴泗交流赠张仆射》。

说，不能说话的时候尚安然无恙，终于能够说话了，没承想话一出口，灾祸就降临了。

这一年，京城长安及周边各县夏逢干旱，秋遇严霜，庄稼歉收，十不存一。韩愈眼见百姓遭受的灾难，心地仁厚的他为百姓的痛苦而痛苦。他这屁股还没坐热的监察御史给德宗皇帝上了《御史台上论天旱人饥状》，说天旱人饥。在这封奏章里，他有说得很好听的话，那是对德宗皇帝说的。韩愈说，陛下对百姓真是好哇，恩德超过了慈母，仁爱胜似阳春，因为天灾，应征的赋税少征，能免的赋税全免；找百姓要的东西很少，施舍给百姓的很多。陛下呀，您的恩情这么大这么深，但老百姓的日子还是过不下去，弃子逐妻，只顾自己有口饭吃，还拆屋砍树交纳税钱；即使是这样，还有人过不下去，一些人没吃没穿，倒毙在道路旁，尸填沟壑。韩愈的语气沉重，但说到这里他话锋一转，再说就很刺耳了。他说：社会上百姓的这些情况群臣没向你报告，使陛下有所不知。陛下您爱民如子，对有罪的人能宽容就宽容，何况是对无罪的人呢？如果您知道百姓生活的这些惨状，怎么会不拯救百姓？关键是您不知道哇。是群臣蒙蔽了您。在这种情况下朝廷还在征税。我权衡了一下，“急之则得少而人伤，缓之则事存而利远”。从长远看，税还是缓征的好，让百姓安心活命，等明年粮食丰收了再征税吧。

韩愈这封信，说了德宗皇帝的好话，说了群臣的坏话。而说群臣的坏话委婉地责怪唐德宗昏庸，不能明察天下，才使百姓如此遭罪。这一状告得群臣不高兴了，你韩愈做好人，说我们没有尽职尽责，百姓蒙难；德宗也不高兴，你韩愈怎么能拐着弯说我这个人无能呢？君也怒，臣也怨，韩愈也就没有好结果了。唐德宗下令，把韩愈贬为阳山县令，韩愈好不容易得到的京官，就因尽自己监察御史的职责，告了这一状丢掉了。这时是贞元十九年（803）十二月。

韩愈离开京城，千里迢迢赴阳山任职。他赴阳山途中路过湘水，写了七绝《湘中》寄托情怀：

> 猿愁鱼踊水翻波，自古流传是汨罗。
> 蘋藻满盘无处奠，空闻渔父扣舷歌。

汨罗（今湖南汨罗），是战国末期楚国爱国诗人屈原的殉国地，因此它成为许多流贬文人的怀念情结，只要路过湘水，免不了写诗作文吊唁一番。西汉贾谊贬长沙时有《吊屈原赋》，与韩愈同时的柳宗元贬永州时有《吊屈原文》。韩愈过湘水，想起屈原，在诗里说猿、鱼之愁，用比兴寄托自己内心的不平和愁思。他说汨罗江上长满了蘋藻，想祭奠屈原却无处可以祭奠，只能听见当年屈原被楚顷襄王放逐到汨罗后、行吟泽畔时渔父敲着船舷唱的那支歌谣："沧浪之水清兮，可以濯吾缨；沧浪之水浊兮，可以濯吾足。"韩愈怀念屈原，想到自己的遭遇而有难以言说的忧伤。他这首诗以"渔父歌"收束，似乎渔父也劝他顺从时俗，屈原当年做不到而投水自尽，韩愈也做不到，哪怕他要去阳山做贬官。

韩愈第二次大的遭贬是在唐宪宗元和十四年（819），离他第一次被贬阳山过了 16 年。这时韩愈 52 岁了，不再年轻。在这 16 年中，先是唐德宗李适驾崩，太子李诵继位，号唐顺宗。唐顺宗身体不好，永贞元年（805）正月即位，八月就被迫让位给太子李纯，也就是唐宪宗。唐顺宗在位的时间短，却有身边宠臣王叔文主持的"永贞革新"这样的大事，那时韩愈在阳山当县令，轮不上他什么事；"永贞革新"失败，对与错、成与败当时都没有牵连他。不久，他从阳山县令改任江陵（今湖北江陵）掾曹，还是不在长安。宪宗即位后，韩愈终于回到京城，重任国子博士，还升任都官员外郎。不久又因华阴（今陕西渭南）令柳涧的牵连，复为国子博士，这时他对自己的处境不满意，写了《进学解》，借弟子问答为自己的人生失意辩说。这之后，韩愈慢慢做到知制诰、中书舍人，又有人不高兴了，说韩愈做江陵掾曹时，和荆南节度使裴均关系亲密，于是韩愈又被贬为太子右庶子。随后在贞元十二年（796），韩愈在淮西宣慰处置使、彰义军节度使裴度帐下做行军司马，因军功升任刑部侍郎。这真是艰难的16年，韩愈在宦海进进退退，仍没有大的进步。但他仗义执言的性情没有变，想说就说还是年轻时的模样，依旧胸怀天下而不是计较一己恩怨。不过，韩愈这次被贬和柳宗元、欧阳修、苏轼都不一样，除了他自身直率性格的因素外，与上次被贬没有直接联系，却同样让人惊诧不已。

韩愈为人鲠切，说话往往没有顾忌，不顾忌自己批评的对象，也不顾自己曾有过的遭遇。元和十四年（819），信佛的唐宪宗有一个震动全国民众的举动，这就是派中使杜英奇率三十多位宫人，捧着香花，前往凤翔（今陕西凤翔）的法门寺迎请佛骨舍利到京城长安的皇宫供奉，信儒而不信佛、道的刑部侍郎韩愈忧思重重，愤激地写了《论佛骨表》（一作《谏迎佛骨表》），他这次陈情不像16年前以批评群臣的方式批评皇帝，而是直截了当地指向唐宪宗，猛烈抨击他痴迷佛教、供奉佛骨的行为，甚至没有想一想自己这样冒犯皇帝会不会丢了性命。

韩愈坚定不移地排佛、排道，儒学是他思想的主旋律，不能受异端的侵扰，但这哪里是他可以左右的？佛教在东汉末年从印度传入中国后，渐渐影响了社会的各个领域，魏晋之际有一门新学说兴起，即把儒、道、释三教或者说三种学说融合在一起的新学说，人称“玄学”。这也促进了佛教的流行，进入南北朝，佛教大兴，并延续到隋唐。韩愈在这样的文化氛围中难以忍受，写了《原道》弘扬儒学的道统，响亮地提出“不塞不流，不止不行”。他还说对佛、道两家要“人其人，火其书，庐其居”。这九个字斩钉截铁，掷地有声，是说要让和尚道士还俗，把他们的经书烧掉，把佛寺道观改造成民房。儒学在西汉武帝的时候，曾经“独尊”过，那是研究《公羊春秋》的大儒董仲舒为大汉天下一统提出的“罢黜百家，独尊儒术”，怀有雄才大略的汉武帝采纳了。但唐宪宗奉佛，想的是自己长生，统治长久，这就注定了韩愈反唐宪宗奉佛只可能是一个悲剧。

韩愈很善于论辩，他在《论佛骨表》里对唐宪宗说，只听说没有佛教的时候帝王长生，您看看历史，“黄帝在位百年，年百一十岁；少昊在位八十年，年百岁；颛顼在位七十九年，年九十八岁；帝喾在位七十年，年百五岁；帝尧在位九十八年，年百一十八岁；帝舜及禹，年皆百岁”。他还说到商汤年百岁，周文王年九十七岁，武王年九十三岁。这些传说都被韩愈作为帝王不奉佛而长寿的依据，他言之凿凿，可这些只是传说，本不可信，怎能让唐宪宗相信呢？不管宪宗陛下信不信，韩愈就是说了，他希望唐宪宗相信：不奉佛是可以长寿的，陛下您不是想长寿吗？还有，陛下您不是想国运长久吗？我告诉您奉佛国运是长久还是短命。他告诉唐宪宗，东汉以后奉佛的朝代国运都不长，西晋 53 年，东晋 104 年，南宋 60 年，南齐 24 年，南梁 56 年，南陈 33 年，享国最久的元魏即北魏也不过 148 年。这些朝代的帝王，除了梁武帝在位 48 年外，其他的在位时间都不长，所以韩愈说“事佛渐谨，年代尤促”。

韩愈还专门拎出梁武帝萧衍来说了一通。梁武帝萧衍（464—549），字叔达，兰陵（今江苏常州）人，世家子弟。他开始做过齐雍州（今陕甘青宁部分地区）刺史，被封为梁王，南齐和帝中兴二年（502）接受禅让称帝，国号“梁”。梁武帝是一个很复杂的人，他原本善于骑射弓马，勤于政务毫不懈怠，但好儒而痴迷佛教。他好儒是要用儒术治理天下，痴迷佛教则是用来修身养性。只是他过分痴迷佛教，广建佛寺，盛造佛像，讲经说法，还多次舍身“同泰寺”，戒酒肉和女色，做寺庙的住持，鼓励民众向佛，人们称他为“菩萨皇帝”。结果朝政松弛，部将侯景叛乱，86岁的萧衍最后的下场是饿死在台城。果真是“事佛求福，乃更得祸”。韩愈讲了这个故事，得出一个自以为足以劝导唐宪宗放弃奉佛的结论：“由此观之，佛不足事，亦可知矣。”言外之意，希望宪宗皇帝吸取教训，不要重蹈梁武帝的覆辙。

韩愈语重心长的话还没说完。他接着说：陛下您刚即位时，不许人们去当和尚、尼姑、道士，不许建造寺庙、道观，现在因为年成很好、百姓高兴，所以您把迎佛骨到宫中供奉当作是奇异的游戏，率大众游乐一场。但百姓不会觉得这是一场游戏，而会认为陛下是真心事佛，上行下效，自然带动社会风气的变化，会出现一些人迷恋佛教，焚灼头顶和手指，解开衣服，散发钱财，表示对佛教的虔诚；人们纷纷效仿您，争先恐后，老幼奔波，连自己赖以生存的产业都抛弃了。长此以往，一定还会有人做出极端的事来，折断手臂，割自己身上的肉供佛。迎供佛骨看似一件小事，却令韩愈如此忧心。他劝唐宪宗，别供奉佛骨舍利了，最好把佛骨舍利扔进水里，抛进火里，断了人们奉佛的念想。最后，韩愈表态：如果求佛能够显灵，那排斥佛教就会带来灾祸。如果灾祸降临了，那所有的灾祸我一人承担，无论将会遭遇什么，我都无怨无悔。

唐宪宗看了韩愈的奏章，没有感受到韩愈的忠诚，他大发雷霆，气急败坏地把韩愈的这篇奏章给群臣看，大臣裴度、崔群劝慰他说："韩愈劝陛下不要供奉佛骨，冒犯了陛下，但他对陛下一片忠心，所以不惧怕陛下的斥责贬谪，陛下宽容他吧。如果因为他的言论惩治他，就堵塞了世上的言路，只怕以后没有人敢说话了。"唐宪宗说："韩愈说我奉佛太过分了，我还可以宽容。但他怎么可以说东汉以后，奉佛的帝王都短命呢？怎么这样违背常理常情，这样狂妄呢？"唐宪宗这话背后还有话，你韩愈说的奉佛者短命，不是说我也会短命吗？而他可是渴望长命的，因而一时间恨不得砍了韩愈的脑袋解气。不过他终究还是听裴度、崔群等人的劝告，没有杀韩愈，只下令把韩愈贬为潮州刺史，以解心头之恨。

五代·关仝《关山行旅图》

元和十四年（819）正月十四，韩愈又一次被迫离开长安，途经蓝田（今陕西蓝田）关时，心情沉重地写了七律《左迁至蓝关示侄孙湘》，这首诗被广为传诵：

一封朝奏九重天，夕贬潮州[1]路八千。
欲为圣明除弊事，肯将衰朽惜残年。
云横秦岭家何在？雪拥蓝关马不前。
知汝远来应有意，好收吾骨瘴江边。

韩愈抱怨，我赤胆忠心想为宪宗皇帝的圣明天下除掉奉佛的坏事，连自己衰朽的残年都不顾惜，但忠心不被理解，反而把我贬到遥远的潮州。这“云横秦岭家何在”，既是家为云、岭阻隔，也是长安为云、岭阻隔。“雪拥蓝关马不前”用的是屈原《离骚》“仆夫悲余马怀兮，蜷局顾而不行”的表达方式，意思是自己实在不愿被贬潮州，一旦去了潮州，估计难以生还。死就死吧，所以他对侄孙韩湘说，到时候你来收拾我的尸骨吧。类似的情绪他在随后的七绝《武关西逢配流吐蕃》里也有流露，说是“我今罪重无归望，直去长安路八千”，韩愈尽忠遭贬，心里很悲戚。

心情沉重的韩愈一路前往潮州，路宿增城（今广东增城）南边的曾江口时，他不禁又给侄孙韩湘写了两首诗诉说衷肠。第二首写道：

舟行亡故道，屈曲高林间。
林间无所有，奔流但潺潺。
嗟我亦拙谋，致身落南蛮。
茫然失所诣，无路何能还。

---

① 州，一作阳。

这首诗很伤感，船行江上，江水静静地流淌，他没有心思欣赏江岸和江上美景，想的是自己怎么这么愚蠢，不善谋划，好心进言却落得流贬潮州。前程迷茫，不知重回长安的路在哪儿。不过，韩愈的思想是有矛盾的，那时他不知道潮州的情况，曾在昌乐泷问过那儿的小吏，知道潮州多有罪人流放，又有鳄鱼、飓风作恶，实在不宜人居。但韩愈忽然说："潮州虽云远，虽恶不可过。于身实已多，敢不持自贺。"[①] 是呀，从长安到潮州路途迢迢，到潮州本不是什么好事。但对他来说，冒犯了皇帝陛下能够免了死罪、到潮州做刺史就很不错了，不是可悲而是可贺。想到这一点，韩愈内心的忧愁顿时消散，从而变得格外的达观。

韩愈三月二十五日到了潮州。他在潮州待的时间不长，这年十月以潮州刺史的身份平调袁州安置，稍接近中原了一点。但"遇赦移官罪未除"[②]，韩愈还是不太高兴。好在不久他就进京了，做了国子祭酒。

① 韩愈:《泷吏》。

② 韩愈:《量移袁州张韶州端公以诗相贺因酬之》。

第二节　一败居然定了终生

韩愈贞元十九年（803）十二月在监察御史任上被贬阳山，这年的闰十月，31 岁的柳宗元从蓝田尉调任监察御史里行，这是非正式任命的从事监察事务的官职或者说是见习监察御史。柳宗元先到任，韩愈年底遭贬去了阳山，两人之间有极短暂的交集。他俩共同的朋友刘禹锡那时随淮南节度使杜佑入朝，杜佑做宰相，刘禹锡任监察御史。刘禹锡年少于韩愈而长于柳宗元，三人都卓有才华，也是难得的论辩对手。刘禹锡在韩愈死后，写下了《祭韩吏部文》，回忆那段往事，以矛与盾打比方，说自己和韩愈各有所长，韩愈长于古文，他长于论说，论辩时两人不分上下，就像矛不能克盾、盾也不能胜矛一样。每当这时候，柳宗元在他们两人之间发表真诚而平和的议论，上自伏羲、神农，下至当时，或称道韩愈，或称道刘禹锡。柳宗元说理透彻，最终大家都心服口服，这实在是人生快事。可惜这段时光太短暂了，不久三人先是韩愈遭贬，再是柳、刘遭贬，天各一方。这一段交往，使柳宗元和韩愈结下了深厚的友谊，他们彼此相知，惺惺相惜，但因各自有不同的命运，大多时候做着不一样的官，生活在不同的地域，除文字上的往来之外，实际的交往并不多，这是后话。

那时，柳宗元风头正劲，在贞元二十一年（805，这年 8 月后为永贞元年）由监察御史里行升任尚书礼部员外郎。唐德宗死后，太子李诵即位做了顺宗皇帝。顺宗做太子时与王叔文关系很好。王叔文（753—806），越州山阴（今浙江绍兴）人，当时是翰林待诏兼度支使、盐铁转运使，职位很低，会下围棋又很有政治见识。李诵未即位时，有一次在宫中和身边的侍读及王叔文谈论朝政，其中说到“宫市”。“宫市”是以宫中需要为名，让宦官到集市上用低价强取百姓的财物。贞元末年，朝廷甚至设立“白望”，专门强买豪夺，百姓怨声载道。当时，李诵说他将极力劝谏陛下，众侍读交口称赞，唯独王叔文一言不发。待众侍读走了以后，李诵问王叔文：“你刚才为何一句话都不说？是不是别有想法？”王叔文说：“你问我，我不敢不说。太子的本职是给陛下侍膳问安，不宜谈论外事。陛下在位的时间已经很长了，如果怀疑你私下收买人心，你怎样解释呢？”这话一出，把太子李诵吓出一身冷汗，因为不当议政而议政，弄不好太子就做不成了。李诵被王叔文的警示感动，从此格外宠信王叔文，同时受宠信的还有他的书法老师王伾（后为翰林学士）。王伾在唐德宗弥留之际进宫，随之先诏令王叔文进宫，再与德宗身边的宦官议定，发布遗诏，让李诵顺利做了皇帝。顺宗让自己倚重的王叔文、王伾主持社会政治革新，史称“永贞革新”，变革社会弊端，压制宦官的势力，两人与宰相韦执谊联手，重用了一批亲信从事社会改革，其中就有柳宗元、刘禹锡等人。二王位卑权重，但所仰仗的唐顺宗重病在身，连生活都不能自理。尽管他们广结天下名士，与柳宗元、刘禹锡等人定为死交，终究势单力薄，从一开始就注定了“永贞革新”的失败结局。

柳宗元（773—819），字子厚，祖籍河东（今山西永济），人称“柳河东”。柳宗元和韩愈的家世不一样，他在《先侍御史府君神道表》里数说过柳家先祖，从七世祖柳庆以下，六世祖柳旦、高祖柳楷、曾伯祖柳奭、祖父柳从裕到父亲柳镇，代代为官。尤

柳宗元像

其是曾伯祖柳奭，在唐高宗时做了宰相，地位显赫。父亲柳镇做过太常博士、左卫率府兵曹参军、殿中侍御史，官虽不大，但也是皇帝的近臣，也就非同一般。柳氏家族到柳宗元父子时相对衰落了，但仍不是韩愈可比。韩愈死后，学生李翱为他作“行状”，述说他的一生。韩愈的先辈只数到了曾祖韩泰，而韩泰只做过曹州司马；往下数有做过桂州长史的祖父韩睿素，做过秘书郎的父亲韩仲卿，地位卑微。再说，柳宗元的父亲柳镇平生遍交天下善士，父亲死后，柳宗元梳理父亲交往的朋友，在《先君石表阴先友记》中记载了和父亲交往的 67 人，并为这些人写了略传。其中提到了韩愈的堂兄韩会：“善清言，有文章，名最高。然以故多谤。”这是什么话呢？韩会清谈是把好手，写文章也是把好手，在朋友中享有很高的声誉，但批评他的人多，说他好话的人不多。对韩愈来说，他这位兄长还是死得太早，难说对他产生了多大的影响。有人根据柳宗元的记载，说韩愈和柳宗元的关系非同一般，是“世交”，柳宗元因为父亲和韩愈堂兄的关系，也许对韩愈的感觉和一般人有点不一样。

韩愈比柳宗元年长 5 岁，柳宗元不幸，天不假寿，早韩愈 5 年离世。这是韩愈没有想到的事。柳宗元死后，韩愈为之作《柳子厚墓志铭》，对柳宗元一生的记述较为全面。其中说到青少年时的柳宗元，他很动情：

子厚少精敏，无不通达。逮其父时，虽少年，已自成人，能取进士第，崭然见头角。众谓柳氏有子矣。其后以博学宏词，授集贤殿正字。俊杰廉悍，议论证据今古，出入经史百子，踔厉风发，率常屈其座人。名声大振，一时皆慕与之交。诸公要人，争欲令出我门下，交口荐誉之。

刘昫等在《旧唐书·柳宗元传》中也套用了韩愈的这段评价。就“精敏”和“通达”而言，韩愈早年不及柳宗元。柳宗元“聪明绝人”[①]，贞元五年（789）17岁时就参加了进士考试，惜榜上无名；贞元九年（793）得中进士，晚韩愈一年，但他中进士时刚21岁，算是很年轻的了。这一年柳宗元的父亲在长安病逝，享年57岁。过了三年，柳宗元又中了吏部的博学宏词科，随后被授予集贤殿正字，在集贤殿做校刊文字的工作。那时他年轻气盛，既有性情，又有才华：善学，饱学经史，融会贯通；敢用，说理论辩之际，纵横捭阖，意气风发，常使人下不了台。柳宗元死后，刘禹锡把他的诗文编成三十卷的《柳河东集》，并在序言里说柳宗元少年时就像童星在天空闪耀。“以童子有奇名”，他清冷纯正，人望而敬之。

那时，柳宗元很张狂，人们称他为“狂疏人”[②]，认为他为人轻薄，总有人想打击他的气焰，把他的张狂劲压下来。但他博识洽闻，清高自傲，常常令人屈服，而不能屈服于人，以致“名益恶，势益险”[③]，这为他后来的流贬生涯埋下了伏笔。柳宗元说这些话的时候，是在自我反思，与韩愈、刘禹锡对他的揄扬相表里，

---

① 刘禹锡:《祭柳员外文》。

② 柳宗元:《与杨诲之第二书》。

③ 柳宗元:《与裴埙书》。

让人从中能够揣摩出他年轻时的神态。

柳宗元跟着王叔文顺风顺水地往前走，本来想大干一场，而王叔文想干事，也得有所依附。当初，翰林学士韦执谊深知王叔文和太子李诵的关系，和王叔文私交很好。李诵登基后，王叔文推荐韦执谊做了宰相，但实际把持朝政大权的仍是王叔文。王叔文极力推进社会改革，让顺宗把老百姓深恶痛绝的“宫市”废了，减轻百姓的赋税，盐铁使的“月进”即每月供奉也停了下来。还下令减少后宫人数，第一次放出宫女三百人，第二次又放出宫女和教坊女妓六百人，听任她们还家；下令不许挑选寺庙、道观里长得漂亮的侍女进宫当奶妈，百姓大喜。不过这些改革对于当时“重症缠身”的大唐王朝来说，如医癣疥之疾，根本不足以使社会现状迅速变得更好。要命的是，当时许多人不服王叔文，中丞武元衡瞧不起他，左仆射贾耽称病还家，尚书平章事郑珣瑜称病辞职，尚书右丞韩皋自认为是有辈分的旧人而傲慢地说自己不能事奉新贵人。当王叔文压制宦官，想夺宦官的兵权，更激发了宦官的不满。

王叔文后来想做翰林学士，以方便出入内廷，但遭到宦官俱文珍的阻挠，在诏书上删掉了，让王叔文心惊；与王叔文相互倚重的王伾，曾想推举王叔文做宰相，没有弄成；想让他担任威远军使平章事，又不成。王伾是想抬高王叔文的地位，以求自保，没想到一再不成，心生恐惧，就以“中风”为由头还归乡里，不问政事。王叔文开始因为韦执谊对他的依附，把韦执谊推举为宰相。韦执谊做了宰相以后，情形渐渐发生变化。起初韦执谊顾念这份情谊，不敢违忤王叔文，但时间长了，两人免不了发生一些矛盾。为缓和关系，他曾暗地里派人向王叔文解释：我不敢违背和你的约定，只想和你共同把国事办好。但王叔文并不买账，于是两人的关系逐渐变得紧张起来。

再说，唐顺宗做皇帝以前身体就很不好，按皇家规矩，勉强做了皇帝，即位后病情越来越重，慢慢连话都说不出来。当皇帝得上朝，接受百官朝拜、奏事，但顺宗只能让人扶上皇帝的宝座，勉强做做样子。一时天下事都取决于王叔文，可此时的王叔文已是众叛亲离，加上宦官联手拥戴李纯为太子，随后逼迫病重的唐顺宗让位，演了一曲“永贞内禅”的把戏，转眼之间唐顺宗成为被架空的太上皇，政权易手，王叔文的靠山倒了，王叔文也倒了，“永贞革新”终告失败。

“永贞革新”从永贞元年（805）二月开始，到八月结束，革新来得快，失败得也快，快得令参与革新的人都猝不及防，仅仅半年多的时间，位高权重的王叔文被贬为渝州司户，第二年被赐死，悲剧性地完结了自己的一生。应了他晚年常吟的杜甫名句：“出师未捷身先死，长使英雄泪满襟。”[①]与他一道参与革新的王伾被贬为开州司马，韦执谊被贬为崖州司马，并先后死于贬所；追随他的柳宗元、刘禹锡等人“名在党人”[②]也遭贬，史称“二王八司马之难”。这些人蒙受流贬的灾难，除早死者外，其他人都在流贬地生活了许多年。

柳宗元和王叔文过从亲密，曾在贞元二十一年（805）写过《为王户部荐李谅表》，这“王户部”就是时为户部侍郎的王叔文。这是代王叔文为李谅说话，希望唐德宗任命李谅为谏官。不光是这样，他还写了《为户部王叔文陈情表》。当时，王叔文的母亲去世，秘不发丧，只说母亲病了，仍在翰林院宴请宾客，遭人非

① 杜甫：《蜀相》。

② 柳宗元：《永州龙兴寺西轩记》。

议。柳宗元为王叔文上陈情表，用王叔文的口气说母亲突然病了，又只他这一个儿子，他心忧焦劳，须尽孝子之道，侍奉汤药，等母亲的病稍好再报效陛下。这封陈情表写得很动情，柳宗元代笔，可以说明在王叔文主持革新前，他们的交往和感情非同一般。还有，当时王叔文依靠宦官李忠言，李忠言和牛美人侍奉唐顺宗，一般是牛美人把顺宗的旨意传达给李忠言，李忠言告诉王叔文，王叔文得旨后和柳宗元等人商定应该怎么办。所以，柳宗元后来说在受王叔文牵连的同人中，他罪孽最重，和王叔文走得很近、参与的谋划多可能是重要原因。不过，柳宗元在强势的王叔文面前，主要是追随者。他能从监察御史里行升任礼部侍郎，是王叔文欣赏他的结果，王叔文很想重用他，但还没来得及就一起从高高的政坛上跌落下来。

“二王八司马”被贬时，柳宗元最初贬为邵州（今湖南邵阳）刺史，这年十一月，人未到邵州，改贬为永州司马。柳宗元 33 岁，仍然是风华正茂的时候。他在永州待了 11 年，随后被召回长安，满以为会在长安有新的生活，不意迎来的却是又一次被贬。

元和十年（815）正月，柳宗元按唐王朝的旧例受诏回长安。永州岁月，他这个永州司马表面在官场上，但他拥有的仅仅是贬官身份，又远离政治文化的中心长安，被边缘化到完全不能在仕途有什么作为。所幸他在永州受了这么长时间的冷落，唐宪宗没有忘记他，诏命他回了京城。同时受诏回京的还有他的好友刘禹锡等人。

这时，柳宗元的心情大好，他在回京途中收到朗州刺史窦常的赠诗，于是写了《朗州窦常员外寄刘二十八诗，见促行骑走笔酬赠》，诗说：

投荒垂一纪，新诏下荆扉。
疑比庄周梦，情如苏武归。
赐环留逸响，五马助征騑。
不羡衡阳雁，春来前后飞。

他说自己流贬荒凉的永州将近十二年，没想到宪宗皇帝的新诏书降临寒舍，赦免他的罪过，让他返回京城，一时惊喜得疑惑不知这赦免是真还是假。他用“庄周梦”打了一个比方，“庄周梦”出自战国时道家的代表人物庄周，人称庄子。他好讲寓言故事，故事里说梦最著名的是“庄周梦”即“庄周梦蝶”，在《庄子·齐物论》中。故事说庄周做梦变成了一只蝴蝶，这只蝴蝶飞得轻松而快乐。正在这时，庄周的梦忽然醒了，发现自己躺在床上，蝴蝶的快乐只是一个梦。但在那一刻他产生了疑惑：是我庄周做梦变成了蝴蝶，还是蝴蝶做梦变成了我庄周呢？柳宗元这样说，是说自己一度怀疑被赦免不是真的，沉静下来，疑惑消散，真的是被赦免了。

清·黄慎《苏武牧羊图》

他离开永州回长安，心情急切，又用西汉苏武来比拟此时的自己。苏武受汉武帝差遣，以中郎将的身份出使匈奴，被匈奴单于强留了19年，最艰苦的时候在北海放羊。没有吃的，就啮雪茹毛、捕鼠食草为生，一心只望回到大汉王朝的都城长安，终得如愿。柳宗元说自己想回大唐长安的心情和苏武当年的心情一样，内心的盼望已经很久了。他用了“赐环”的典故。战国晚年荀子曾说“绝人以玦，反绝以环”，“玦”是半圆形有缺的佩玉，以“玦”赠人表示断绝关系。而“环”是圆而无缺的佩玉，以“环”赠人表示交好，后以“赐环”比喻放逐之臣被召还。诗中的“五马”用了汉乐府《陌上桑》“使君从南来，五马立踟蹰”的典故，“五马”是使君的马，用这些典故表明他远行返京喜气洋洋。走吧，快快地走，衡阳雁恋南方而他要北归了。这也难怪，他在永州待了这么长时间，盼望返京是早有的心思。他在永州时写过一篇《梦归赋》，梦到故乡田园荒芜、荆棘峥嵘，房屋破败，有东晋陶渊明“田园将芜胡不归”的感伤。可惜他不能像陶渊明那样高吟《归去来兮辞》，慨然辞官还乡。身为贬官，在朝廷的名册上，是不能离开永州的。

柳宗元回到长安后，兴奋未了，又写下七绝《诏追赴都二月至灞亭上》：

> 十一年前南渡客，四千里外北归人。
> 诏书许逐阳和至，驿路开花处处新。

“十一年”，漫长；“四千里”，遥远。这样对举隐含难言的人生落寞和悲凉，他离开京城实在太久，当“南渡客”成为“北归人”的时候，那落寞和悲凉瞬间不复存在了。诏书追赶着春天和煦的阳光而来，一路驿花无不鲜艳美丽。他的心情实在是太好了。43岁的柳宗元满以为有了新的生活希望，完全没有想到，盼来的却是又一次远行。元和十年（815）二月他才从永州回到长安，三月便被任命为柳州刺史，由司马到刺史，表面上升迁了，柳州较之前的贬地永州更为偏远荒凉，实际无异于一次加贬。

柳宗元的满腔喜悦被泼了一盆凉水。宪宗皇帝和朝臣还记着当年他参与革新的那些往事，在心底并没有真正宽恕他。到柳州当刺史，虽说是主政一方，但还是远离了朝政。严旨之下，柳宗元没有任何可能不去柳州。而他这一去，就再也没能回到长安。一败居然定了终生，不禁令人唏嘘。

第三节　君子之朋蒙受惩处

907年，唐王朝在唐哀帝李柷治下，由梁王朱全忠敲响了丧钟，朱全忠逼迫李柷让位，自己取而代之，建国“大梁”，史称后梁。它开启了五代十国数十年天下分裂、诸侯纷争的局面，直到宋太祖赵匡胤在“陈桥兵变”被部将拥戴做了皇帝，灭了后周，开启了北宋的历史，才使分裂的江山重归一统。但“陈桥兵变”成了赵匡胤的心病，他总在忧虑，部将可以拥戴他做皇帝，万一有一天拥戴别人，同样来一次黄袍加身，那他这个皇帝就做不成了，大宋的江山也岌岌可危。

于是，赵匡胤心生一计，一次召见老臣宴饮，在酒喝得正酣的时候，他忽然向大家诉说自己当皇帝不快乐，还赶不上以前做节度使的时候，并把自己内心忧虑有人重演他的故事和盘托出，吓得老臣石守信等人跪在地上连连磕头，从此放弃兵权，按赵匡胤指引多攒钱，多买房屋田地留给子孙。这一幕后来被称为“杯酒释兵权”。原本好武的赵匡胤，就此大权独揽，解除了后顾之忧，也把北宋引向了文官政治的方向，文化日益强盛，武备日渐衰弱，最后遭遇“靖康之难”，连皇帝宋徽宗、宋钦宗都被金人掳去，北宋灭亡。有人说这与赵匡胤立国之初的做法很有关系，让原本趋于强盛的北宋王朝逐渐积贫积弱，在金人入侵的时候完全不能招架，赵宋王朝的宗室只好仓皇南渡，最后定都杭州，偏安一隅，这就是南宋。北宋前期的日子好过，宋太祖之后，经宋太宗、宋真宗的经营，再到宋仁宗时，北宋进入鼎盛时期，经济、文化空前繁荣，名人辈出，延续到宋神宗、宋哲宗时代，其中就有欧阳修和苏轼。

欧阳修和苏轼所处的北宋不同于韩愈、柳宗元生活的中唐，中唐在“安史之乱”后渐归平复，韩愈、柳宗元有幸在这中兴时期参与社会治理，人生的不幸也在这一时期发生。而欧阳修和苏轼是在北宋一天天走向强盛的形势下参与社会治理的，欧、苏和韩、柳原本隔着晚唐和五代十国的悠悠岁月，各自的情况有很大的差异。韩、柳仰望文坛星空时，多看到先秦两汉的群星闪烁；而欧、苏同样仰望文坛星空，在星空里不仅看到了韩、柳所看到的，还看到唐代包括韩愈和柳宗元在内的群星。欧阳修特别崇拜韩愈，他以韩愈为标杆，走自己的奉儒和古文写作道路；苏轼也崇拜韩愈，晚年贬居海南的时候还特别喜欢柳宗元。

欧阳修（1007—1072），字永叔，号醉翁，晚年号六一居士，吉州（今江西吉安）永丰人。他的曾祖欧阳彬、祖父欧阳偃在南唐做过官，父亲欧阳观在宋真宗时做过道州（今湖南道县）判官、泗州（今江苏盱眙）和绵州（今四川绵阳）军事推官、泰州（今江苏泰州）判官等，欧阳修出生在绵州，四岁丧父，母亲郑氏守节不移，以俭约治家，传说她以芦荻画地教欧阳修识字读书。欧阳修少时聪颖，不负母教，10岁时就能下笔成文，文字的老练已

欧阳修像

不输成人；17 岁时在随州（今湖北随州）参加州试，因没用官韵而榜上无名。那时，文林郎范仲淹有《奏上时务书》，批评当时的文章之道不效法夏商周三代的古风而崇尚六朝文风的柔弱纤细，希望朝廷能够广用博雅之士，复兴古道，以厚风化。宋仁宗也颁旨，要礼部贡举务明先王之道而摒弃浮夸轻软的缛丽之文。欧阳修在随州落榜，他归结为好韩愈古文、不好时文造成的，为登科继而应俗作时文。当时尽管有宋仁宗的旨意，但天圣七年（1029）国子监考试，考题《监试玉不琢不成器赋》，仍用时文的骈体。这次，欧阳修名列第一。第二年，资政殿学士晏殊等人主持贡举，欧阳修参加礼部考试，名居榜首；殿试时以甲科第 14 名得了进士，这一年他 24 岁。第二年得官，官不大：西京洛阳（今河南洛阳）的留守推官。当时留守是钱惟演，在他的门下，一时间多有文学名士，欧阳修、尹洙、苏舜钦、梅尧臣等，大家交游甚欢。而这一年，他又娶了翰林学士胥偃的女儿，新婚宴尔，因此这一年他自感人生格外得意，在《送徐生之渑池》诗里讲述当时的情形：

我昔初官便伊洛，当时意气尤骄矜。
主人乐士喜文学，幕府最盛多交朋。

钱惟演（977—1034），字希圣，临安（今浙江临安）人，在当时的诗坛和文坛享有盛名，乐于文人学士在他门下交游唱和。欧阳修悠游其间，直到景祐元年（1034）三月西京推官任满，才离开洛阳到东京（今河南开封）。同年六月升任宣德郎、大理评事兼监察御史等职，这时候 28 岁的欧阳修才算是真正进入社会政治的圈子，而命运的转折随之悄然来临。

景祐三年（1036）天章阁待制、权知开封府范仲淹（989—1052）和当朝的宰相吕夷简不和，并和吕夷简在宋仁宗面前辩论官员序列，说超格不宜都交给宰相裁决，引起吕夷简不快。再辩建都洛阳和东京事，范仲淹说洛阳险固，东京是四战之地，太平时宜居东京，天下有事时一定要居洛阳。吕夷简不以为然，说范仲淹迂腐得很。于是范仲淹上书批评时政，吕夷简则说范仲淹离间君臣关系，所用的人都是朋党。宋仁宗采信了吕夷简的意见，范仲淹被贬饶州（今江西鄱阳）。欧阳修和范仲淹的关系很好，自然受到牵连。他并不避讳范仲淹，专门写了《与高司谏书》，因范仲淹遭贬事狠狠地痛斥高司谏。

高司谏名高若讷，天圣二年（1024）进士，尹师鲁曾告诉欧阳修，说高司谏是真正有学问的君子。欧阳修在给高司谏的信中说，你高司谏果真是有学问的君子吗？君子正直，不可屈曲；有学问者，一定能够明辨是非，但你高司谏身为言官，不是人云亦云，就是沉默不语，这和众人有什么差异呢？不单如此，范希文为人刚正，博古通今。因进言得罪了宰相，你不能为他辨明是非也就罢了，反倒跟着别人诋毁他，说他的坏话。你这个人，为了老母亲顾惜官职，害怕饥寒顾惜利禄，害怕触犯宰相遭受刑罚，都是庸人常情，可以理解。但“足下身为司谏，乃耳目之官，当其骤用时，何不一为天子辨其不贤，反默默无一语；待其自败，然后随而非之”[1]？你高司谏何贤之有？不仅不贤，你待在朝中做谏官，眼见贤人遭贬而不说话，是连羞耻心都没有。

面临范仲淹遭贬，欧阳修火冒三丈，对高司谏的斥责痛快淋漓，完全不顾说了这番话会给自己带来怎样的后果。高若讷挨骂

---

① 欧阳修:《与高司谏书》。

后很生气，上奏仁宗皇帝，告了欧阳修一状，说欧阳修诋毁他。仁宗皇帝又信了高若讷，决定惩处欧阳修，把他贬为夷陵县令。这一年，他 30 岁。

欧阳修正在仕途上升期被贬夷陵，一些人为他惋惜，觉得他如果不写信痛斥高若讷，也不至如此。何况高若讷以前是你欧阳修的朋友，犯得上吗？他的朋友尹师鲁也这样看。他对尹师鲁说："当与高书时，盖已知其非君子，发于极愤而切责之，非以朋友待之也。其所为何足惊骇？路中来，颇有人以罪出不测见吊者，此皆不知修心也。"[①] 欧阳修说得很坚定，他说自己斥责的高若讷是一个小人，并不是朋友，有人见他欧阳修被贬安慰他，是不了解他的本心。遭贬，他无怨无悔，毫不在意。尹师鲁还说，你做这事的时候，也不想想自己还有老母在堂。欧阳修仍然是一身正气，说即使遭遇死刑，也不会忘却自己的老母，但为了国家社稷是可以慷慨赴死的。所以他对同仁的非议不以为然，说这种事古代天天都有，不必大惊小怪，只看自己说得对还是不对。于是，他慨然前往夷陵做他的小小县令。

欧阳修赴夷陵途中，虽为流贬却诗兴不减。他路过黄溪，当晚船泊江岸，兴起吟了一首《黄溪夜泊》：

楚人自古登临恨，暂到愁肠已九回。
万树苍烟三峡暗，满川明月一猿哀。
非乡况复惊残岁，慰客偏宜把酒杯。
行见江山且吟咏，不因迁谪岂能来。

---

① 欧阳修：《与尹师鲁第一书》。

是呀，如果不是“迁谪”，他怎会来到夷陵这么偏远的地方呢？沿途江山的风光是有的，欧阳修免不了触物感兴，以诗寄怀，但不是满怀愁苦，而是坦荡得有几分喜色。在另一首七绝《望州坡》里，他写道：

闻说夷陵人为愁，
共言迁客不堪游。
崎岖几日山行倦，
却喜坡头见峡州。

清·吴湖帆《巴峡江流图》

人们在心目中实在承受不了的夷陵，他居然能够见之欣然。欧阳修在迁谪中能有这样的心态，为一些有同样遭遇的人不能及。他也不是没有牢骚，譬如说同时的范仲淹贬饶州，尹洙贬郢州（今湖北武昌），而他被贬夷陵，所以他会感慨“三峡倚岧峣，同迁地最遥。物华虽可爱，乡思独无聊”。何止是这样呢？还有“寄信无秋雁，思归望斗杓。须知千里梦，长绕洛川桥”[1]。身在流贬中，他希望有一天能够回到京城。而在夷陵境内，船行江中，从船上看到两岸山石绝险的地方长满了黄杨树，他有

① 欧阳修：《初至夷陵答苏子美见寄》。

感而作《黄杨树子赋》，描述黄杨树独立生长在人迹罕至的地方，“负劲节以谁赏，抱孤心而谁识”，看似在说黄杨树，实际说的是他自己。

欧阳修30岁被贬为夷陵令，起因是为范仲淹辩解，有人说他和范仲淹是朋党。这事他后来对梅尧臣说，所谓朋党不过是世俗中人强加的，我们这样的人哪有什么朋党。康定元年（1040）七月，欧阳修被召回京时，担任陕西安抚使的范仲淹请他去幕府掌管文书，他坚辞不就，他说我当初为范公辩说，不是为了我己的私利：我能和你一起遭贬，但我不能随你一同升迁。

欧阳修在宝元元年（1038）三月离开夷陵到乾德（今湖北老河口），后来又到过许州（今河南许昌）、滑州（今河南滑县）任职。仁宗皇帝庆历三年（1043），朝廷增设谏官，欧阳修入选而进京任太常丞知谏院。37岁的他再度成为京官。这本来是仕途重现光明的好事，不料竟是他再度被贬的前奏。

康定元年（1040），欧阳修34岁时，他写了《通进司上书》，说关西弛备，敌势已显而民不见兵，忧心忡忡，希望积累粮食和钱财，利用漕运，发展农业生产，平抑商品贸易，不用两三年功夫，就会使“国力渐丰，边兵渐习，贼锐渐挫，而有隙可乘，然后一举而灭之，此万全之策也”。随后，庆历二年（1042），欧阳修又有《准诏言事上书》，忧虑当今兵老贼强，民困财乏，并且说，“陛下之心日忧于一日，天下之势岁危于一岁”。庆历三年（1043），欧阳修完全按捺不住了，给仁宗上书，请求仁宗陛下召见韩琦和范仲淹，说他们才识超凡，又多年在外，可以听听他们关于西部边境的见解，怎么能让他们每天只是随例上殿，报告一些平常的公事呢？他还说韩琦禀性忠直，遇事不逃避敢于担当，如果他在枢密院，一定能够大有作为。而范仲淹，素来天下人都认为他有宰相之才，朝臣妒忌他名声的人很多，陛下要不为众说迷惑，敢于独断，就会深知他是可用之人。欧阳修这样为韩琦和范仲淹说话，他后来被诬为韩琦和范仲淹的“朋党”就不奇怪了。欧阳修不避忌为韩、范等人说话，根植于他对人对事的基本看法，他说：“大凡善恶之人，各以类聚。故守廉慎者，各举清干之人；有赃污者，各举贪浊之人；好徇私者，各举请求之人；性庸暗者；各举不材之人。”[①] 欧阳修自认为是清正廉洁、精明能干的人，他也这样看韩琦和范仲淹，认为他们可以为国所用，所以坚定地和他们站在一起。

这时候的欧阳修身为谏官，进言是职责所在。他还上疏谈西夏扰边、按察之法、矾务利弊、杂税减免等，也涉及大臣的升迁和贬谪。这一年，王举正任参知政事，欧阳修和同官余靖、蔡襄上疏说王举正懦弱少言，不称职；说范仲淹有宰相之才，推荐他取代王举正任参知政事，宋仁宗采纳了他们的意见。做了参知政事的范仲淹，想的是社会变革，推行严明官吏升迁制度、均公田、厚农桑、减徭役等一系列举措，史称“庆历新政”。范仲淹果真是有政治抱负的人，他在庆历四年（1044）应巴陵（今湖南岳阳）太守滕子京的请求写的《岳阳楼记》，想象洞庭湖阴晴变幻的自然景观，感慨万千，留下了“先天下之忧而忧，后天下之乐而乐”的名言，这也是他的内心独白。欧阳修积极响应范仲淹变革，专门上疏请求仁宗皇帝施行范仲淹、富弼的新政主张。但内侍蓝元震、枢密史夏竦说范仲淹、杜衍、欧阳修、尹洙等人搞“朋党”，牟取私利，这动摇了宋仁宗对他们的信任，尹洙上《论朋党疏》，

---

① 欧阳修：《准诏言事上书》。

劝告仁宗皇帝不要因为这些人的“朋党”说法就“知贤而不能任，任之而不能终”。欧阳修也坐不住了，他写了《朋党论》，又一次为范仲淹等人、也为自己辩解。

欧阳修是文章高手，此时的锋芒不减当年批高若讷欺蒙当世、不知羞耻。他慷慨激昂地论说“朋党”，居然迎“朋党”说而上。你们不是说我们是“朋党”吗？那我明白地告诉你们，“朋党之说，自古有之”，只看是同道的君子之朋还是同利的小人之朋。“朋党”一向是贬义的，欧阳修做翻案文章，否认小人有“朋党”，有“朋党”的都是君子。他说：

> 大凡君子与君子以同道为朋，小人与小人以同利为朋，此自然之理也。然臣谓小人无朋，惟君子则有之，其故何哉？小人之所好者，禄利也；所贪者，财货也。当其同利之时，暂相党引以为朋者，伪也。及其见利而争先，或利尽而交疏，则反相贼害，虽其兄弟亲戚，不能相保。故臣谓小人无朋，其暂为朋者，伪也。君子则不然，所守者道义，所行者忠信，所惜者名节。以之修身，则同道而相益；以之事国，则同心而共济，始终如一，此君子之朋也。故为人君者，但当退小人之伪朋，用君子之真朋，则天下治矣。

这番辩解明快犀利而又恳切，因为小人好禄利，贪财货，同利之时相互勾结，貌似朋党但见利争先，利尽交疏，甚至走到互相贼害的地步，这算不上什么朋党，所以欧阳修说他们是伪朋。而君子守道义、行忠信、惜名节，修身则同道相益，事国则同心共济，终始如一，君子之朋才是真朋。欧阳修将道义、忠信、名节作为终生信奉的准则，在他眼里君子如此修身、事国，实际上与儒者信奉的修身、齐家、治国、平天下相一致，只有这样才能够治理好国家。欧阳修还引用历史故事证明他说的道理，尧舜、商周、东汉末年的汉献帝（实为汉桓帝）以及晚唐时代，任用君子之朋则国兴，用小人之朋则国亡，他希望宋仁宗明察历史，任用守道义、行忠信、惜名节的君子之朋，保持国家的兴盛。

欧阳修的《朋党论》是强辩之辞，他是个坦诚而好直言、敢怒敢恨的人，一心为公，真没有结朋党的私念。他一向论事切直，也因此得罪了不少人。无端被扣上“朋党”的帽子，他不能不辩，既然避不开“朋党”说，干脆迎“朋党”而上，直接为“朋党”辩。所以他作《朋党论》，从正面立论，侃侃而谈。他自认为有理，层层推论，既有逻辑力量，说的话也很动听，何况处处在维护皇权，时时想的是天下太平。殊不知这样说反而坐实了“朋党”的身份，想变被动为主动的欧阳修，陷于更大的被动中。

宋仁宗看了《朋党论》后，为欧阳修的精神所感动，对身边的侍臣说：“如欧阳修者，何处得来？”① 意思是像欧阳修这样敢于直言的人才实在难得。但他对欧阳修的态度很不满意，颁诏书严厉批评“朋党”，说你欧阳修有“君子之朋”，岂不是承认你们在搞“朋党”吗？搞“朋党”，查！他下令中书省、御史台追查。结果，庆历五年（1045）正月，志趣相同的杜衍、范仲淹、韩琦、富弼等人一起遭贬。杜衍罢枢密使，知兖州（今河南兖州）；范仲淹罢参知政事，知邠州（今陕西郴县等地）兼陕西四路安抚使；韩琦罢枢密副使，知扬州（今江苏扬州）；富弼罢枢密副使，为京东西路安抚使，知郓州（今山东东平等地）。这段历史稍后秦观

① 脱脱等：《宋史・欧阳修传》。

在《朋党》一文中也有记载，他说欧阳修和范仲淹一行人被诬为“朋党”遭贬时，奸臣们举杯相庆，得意把对手一网打尽了。

庆历五年（1045），代理真定（今河北正定）府事务的欧阳修给宋仁宗上了《论杜衍范仲淹等罢政事状》。他说：“士不忘身不为忠，言不逆耳不为谏。”我尽忠极谏，不避群邪切齿之祸，请陛下明察，再次直率坦诚地为杜衍、韩琦、范仲淹、富弼等人说话，说他们是“天下至公之贤”，“小人谗为朋党，可谓诬矣”。并且告诉仁宗皇帝：“自古小人谗害忠贤，其说不远。欲广陷良善，则不过指为朋党；欲动摇大臣，则必须诬以专权。其故何也？夫去一善人而众善人尚在，则未为小人之利；欲尽去之，则善人少过，难为一二求瑕；惟有指以为朋，则可一时尽逐。”说到这里，他的心情是很沉重的。

欧阳修这番辩词可以说是其《朋党论》的延续，他忘身报国，不肯沉默避罪以尽愚忠。就“朋党”所论，时隔一年，他先说君子有朋而小人无朋，且盛赞君子之朋利国。当他再以《论杜衍范仲淹等罢政事状》为他们辩解，说他们不是“朋党”的时候，为时已晚，杜衍、范仲淹等人已经遭贬，欧阳修敢于说话，也没有力量挽狂澜于既倒。他也因此被朝廷，被要贬杜、范的人惦记了，这年八月他的河北都转运按察使、龙图阁直学士被免了，降为知制诰，知滁州。贬他的由头不好直接说是为范仲淹等人鸣不平，而借他外甥女张氏犯法说事，说他与外甥女张氏的关系亲密。欧阳修急切上了《乞辨明蒋之奇言事札子》，说自己在庆历三年、四年担任朝廷谏官的时候，曾感谢仁宗皇帝的恩遇，奋不顾身，力排奸邪，不避仇怨，全朝廷的人对我侧目切齿，恨我如仇人。在这样的时候又碰上了外甥女张氏的事，被人诬陷而贬知滁州军州事。许多人为欧阳修说话，其中有他的学生、朋友曾巩，他说欧阳修被贬是因为得罪人太多，发生外甥女张氏的事，让人钻了空子，抓了把柄；是奸臣借张氏甥女的事，诽谤加害于天下大贤。这年欧阳修 39 岁。当时，谏官蔡襄等人也为他说话，蔡襄说事情有轻有重，衡量人的才能方好做出安排；人的才能有长有短，以适用为宜。他的意思是欧阳修长于议论而不长于实干，不宜弃其长而用其短，把他贬到滁州。同僚赵概、张方平等人也为他辩解，都无济于事。这些人想留住欧阳修，晏殊却不乐意，他烦欧阳修老好说直话，有时连他的面子都不给。而他可是主持过欧阳修的进士考试的，算是欧阳修的老师呀！

欧阳修从河北赴安徽滁州，心情不太好，他说自己本图报国，不料却招仇取祸，遭流贬也不奇怪，他在途中自道："阳城淀里新来雁，趁伴南飞逐越船。野岸柳黄霜正白，五更惊破客愁眠。"①他重入京城做谏官的时间不长，接着便去了河北做都转运按察使，仕途似欲起势之时忽而被贬，其失落之情可想而知。但自称是君子之朋的欧阳修，也不得不接受这样的局面。

① 欧阳修:《自河北贬滁州初入汴河闻雁》。

第四节　算不完的新账与旧账

元祐七年（1092），潮州太守王涤新修的韩公庙竣工了，得找一个名家为韩公庙写一篇碑文。王太守派人送信和韩公庙图给远在扬州的苏轼，请苏轼代劳。苏轼果真不负众望，随即写下了《潮州韩文公庙碑》，为韩愈的人生落下了浓墨重彩的一笔。许多人正是通过这篇碑文知道了韩愈，并且为韩愈的人生所感动。碑文开篇就说："匹夫而为百世师，一言而为天下法。是皆有以参天地之化，关盛衰之运，其生也有自来，其逝也有所为。"这话说得很震撼，满含对韩愈的崇敬之情。《礼记·中庸》说君子的言行举止应该是天下人的法则，这实在是做人的最高标准，但说起来容易，做起来难。苏轼对韩愈的评价很高，也出于韩愈本身的非同一般。更感人的是，苏轼数说东汉后道丧文弊，异端突起，有人奋起以济时艰，这奋起的人就是韩愈。苏轼的话说得很有气魄，直击人的内心："独韩文公起布衣，谈笑而麾之，天下靡然从公，复归于正，盖三百年于此矣。文起八代之衰，而道济天下之溺，忠犯人主之怒，而勇夺三军之帅。此岂非参天地，关盛衰，浩然而独存者乎？"韩愈的文与道、忠与勇，可以参天地造化，关时运盛衰，这大大超越了韩愈古文的意义。

苏轼对柳宗元也别有会心，南迁后更为突出。他在惠州时，曾应邀为柳宗元《大鉴禅师碑》作跋文《书柳子厚大鉴禅师碑后》，说柳宗元被贬南迁后，开始研究佛法，所作曹溪、南岳诸碑，"妙绝古今”。他又在《书柳子厚南涧诗》里，称道柳宗元的诗写得“清劲纡徐”。他从惠州贬儋州时，随身只带了两个人的书，一是陶渊明集，一是柳宗元诗文。居儋州时，他又作《书柳子厚〈牛赋〉后》，告诫人们不要杀牛祭鬼以驱病；为姜唐佐写了《书柳子厚诗后》，是他书写了柳宗元《饮酒》《读书》二诗的跋文，表示自己与姜唐佐分别后，就只剩喝酒、读书这两桩事了。

苏轼和欧阳修有师生之谊，因为他在嘉祐二年（1057）参加礼部考试的时候，欧阳修是主考官，欧阳修当时见了苏轼的试卷，兴奋异常，本想取他第一名，只因试卷是糊名的，害怕这试卷是自己弟子曾巩的，因此把他压为第二名。后知是苏轼，欧阳修后悔不已，觉得委屈了苏轼。随后苏轼写了《谢欧阳内翰书》表示对欧阳修的感谢，看了苏轼的来信，欧阳修止不住内心的兴奋，对梅尧臣说：“读轼书，不觉汗出。快哉！快哉！老夫当避路，放他出一头地也。可喜！可喜！”甚至还说，以后天下的人都会知道苏轼，不知道我欧阳修。苏轼七八岁时，因读书知道天下有欧阳修，说他为人像古代的孟轲、韩愈，曾昼诵其文，夜梦其人，直到22岁参加礼部考试才见到欧阳修。欧阳修因科考的试卷知道了苏轼，特别欣赏苏轼，这一点后来苏轼也知道。因为这一年欧阳修还要自己的老朋友晁美叔和苏轼结交，晁美叔拜访苏轼时直率地说：“吾从欧阳公游久矣。公令我来与子定交，谓子必名世，老夫亦须放他出一头地。”[1]欧阳修还给仁宗皇帝上了《举苏轼应制科状》，说苏轼“学问通博，资识明敏，文采烂然，论议蜂出，其行业修饬，名声甚远”，特举荐苏轼应试“材识兼茂明于体用科”。礼部一试，此后苏轼终身奉欧阳修为老师。欧阳修病逝时

---

① 苏轼:《东坡后集》卷二《送晁美叔》。

他流着泪说："不肖无状，因缘出入，受教于门下者，十有六年于兹。闻公之丧，义当匍匐往吊，而怀禄不去，愧古人以忸怩。缄词千里，以寓一哀而已矣。"[①]

苏轼第一次遭贬相对较晚，这晚是从年龄来看的。第一次遭贬时，韩愈 35 岁，柳宗元 33 岁，欧阳修 30 岁，而苏轼 44 岁。

苏轼（1037—1101），字子瞻，一字和仲，中年流贬黄州躬耕东坡时，始号"东坡居士"，眉州眉山人。10 岁时听说古今成败的故事，就能说出故事的要点。20 岁时，博通经史，能诗善文。开始喜欢西汉贾谊、唐朝陆贽的书，后来读了《庄子》，深感于心，一生受庄子影响很大。嘉祐元年（1056），他和弟弟苏辙随父亲出川赴京应礼部秋试，嘉祐二年（1057），兄弟二人成了同榜进士，名震京师。苏洵感慨而又欣慰地说："莫道登科易，老夫如登天。莫道登科难，小儿如拾芥。"这一年，是苏轼人生的真正开局。

熙宁二年（1069），王安石 49 岁，苏轼 33 岁。这一年，社会情势的变化直接影响了苏轼的人生，他的命运随之悄然发生变化。这是因王安石实施变法引起的，但也是苏轼自己的心性使然。

苏轼像

王安石（1021—1086），字介甫，号半山，抚州临川（今江西临川）人。曾给仁宗皇帝上万言书，要矫正社会、改变风俗，主张以天下之力生天下

① 苏轼：《祭欧阳文忠公文》。

之财，以天下之财供天下之费。他上书给宋仁宗陈述自己的想法时，仁宗已进暮年，没有改革的锐气了。仁宗驾崩后，英宗赵曙即位，在位四年便驾崩，神宗赵顼继位。王安石变法的机会来临。神宗任命王安石为参知政事，主持变法。王安石设置了三司条例司，统管社会改革，并实施均输法、青苗法、农田水利法等法规，后来这场变法被称为"熙宁变法"。他下大力气想兴利除弊，但变法的系列举措激起许多人不满，其中就有苏轼。

熙宁四年（1071）四月，苏轼上书建议神宗皇帝结人心、厚风俗、存纲纪，说不结人心就失了人心，不厚风俗就伤了元气，不存纲纪就难以内外相制，轻重相权。并说神宗皇帝"求治太速，进人太锐，听言太广"[①]。苏轼的这封上书措辞既尖锐又恳切，他料定自己会得罪许多人，事实确是如此，新党人士都不高兴。不过，这时神宗皇帝和王安石都没有治苏轼的罪，倒是苏轼自己不能适应改革的氛围，觉得京城难待，请求外放到地方上去，以太常博士直史馆的身份到杭州做了通判。

做了杭州通判的苏轼，随后的几年还做过密州（今山东诸城）太守、徐州（今江苏徐州）太守。熙宁八年（1075），他在密州任上写了《密州通判厅题名记》，毫不掩饰地说自己本性不慎言语，不论亲疏，都好吐肺腑之言，如言而不尽，就像有什么东西卡在喉咙里一样很不舒服，吐而后快，结果遭人怨恨。有意味的是，神宗元丰元年（1078）正月，他又在《思堂记》里反思自我，说自己遇事不加思考，言由心生，说出来会冒犯别人，不说会违背自己的性情。在这种情况下，自以为宁可说出来冒犯别人，也不想违背自己的性情。主要是君子对于善，应像爱好美色一样；

① 苏轼:《上皇帝书》。

对于恶，应像讨厌臭味一样。如果遇事反复思考，讳言是善还是恶，有选择地趋善或避恶，那就不是君子了。“临义而思利，则义必不果；临战而思生，则战必不力。若夫穷达得丧，死生祸福，则吾有命矣。”他以君子自居，遇事而发，不假思索。他说这话的时候，正拟去徐州做太守，已处在“乌台诗案”的前夜了。他似乎觉察到有人要拿他是问，但好直言的性情仍然如故。

元丰二年（1079）三月，苏轼从徐州去知湖州（今浙江湖州）军州事时，照旧例写了《湖州谢上表》，报告已到达湖州。他的话多，开始说的话也好听。他说自己没有什么才能，却过多蒙受了皇帝的恩宠，感激涕零。这客套话可得神宗皇帝的欢心，说说无妨，但他笔锋一转，委婉地发起牢骚来，说神宗皇帝“知其愚不适时，难以追陪新进；察其老不生事，或能牧养小民”。“牧养小民”，是指他在地方官任上奉法勤职，为百姓效力而深受百姓爱戴；“愚不适时”则是含蓄批评朝廷用新锐之士变法，他持不同的意见也不愿参与。此时距离王安石变法已有十年，王安石早已罢相，“熙宁变法”也悄无声息了。

苏轼的《湖州谢上表》还是刺痛了参与变法的“新党”人士，监察御史舒亶给神宗皇帝上书，说苏轼《湖州谢上表》讥评时事，非议新法，包藏祸心，怨恨陛下，没有臣子的操守。还说陛下发青苗钱帮助贫民，苏轼说没有用，只是“赢得儿童语音好，一年强半在城中”；陛下明法以考察郡吏，苏轼说“读书万卷不读律，致君尧舜知无术”；陛下兴修水利，苏轼说“东海若知明主意，应教斥卤变桑田”；陛下实行官盐法，苏轼说“岂是闻韶解忘味，迩来三月食无盐”。不仅如此，苏轼应口所言，无一不是以讥谤为主。这样，苏轼在诗歌里对变法举措的批评，都成了反皇帝的证据。说苏轼坏话的大有人在，国子博士李宜也上书神宗皇帝，说苏轼在《灵璧[1]张氏园亭记》里这样写："古之君子，不必仕，不必不仕。必仕则忘其身，必不仕则忘其君。譬之饮食，适于饥饱而已。然士罕能蹈其义，赴其节。处者安于故而难出，出者狃于利而忘返。于是有违亲绝俗之讥，怀禄苟安之弊。"他说这里的"不必仕"是教天下的读书人没有仕进之心，搅乱了朝廷取士的法度；而"必不仕"则是教天下人没有尊君的道义，损害忠君的操守；那"士罕能蹈其义，赴其节"，表明天下仕与不仕的人都不敢忘君，唯独苏轼"不必仕"有忘君之意。御史中丞李定说，按照先王的法令，应该处死苏轼。御史何正臣说，像苏轼这样怙恶不悛的人，能够不惩治吗？舒亶最厉害了，说苏轼有怨天之心，造讪上之语，情理深害，事已败露，即使是让他死一万次也不足向当今的圣明表示歉意。"乌台诗案"就这样开场了。

元丰二年（1079）七月，在湖州任上的苏轼被台吏皇甫遵拘捕，押赴京城乌台即御史台监狱。八月即受到拷问，要他招认自己以诗文讥评朝政和大臣的罪过。此后诛杀苏轼的风声越来越紧，苏轼感到在劫难逃，在狱中给弟弟苏辙写了两首诗以作诀别，"其一"说："是处青山可埋骨，他时夜雨独伤神。与君今世为兄弟，更结来生未了因。"[2] 面对死亡，苏轼的心情平静，他说自己要死了，和你子由下辈子还做兄弟。

苏轼入狱的消息传开，许多人伸出援手帮他脱难。曾向欧阳修推荐苏轼兄弟的张方平上疏宋神宗，说苏轼是天下奇才，不过是性情直率，出言不慎罢了，怎么能够杀他呢？况且本朝没有杀过士大夫，现在要杀苏轼，那么杀士大夫是从陛下开始的，以后

---

① 今作灵璧。

② 苏轼：《狱中寄子由二首》。今世，一作世世。

的人要杀士大夫必定会以陛下为榜样。也是，宋自太祖赵匡胤建国以来，以仁治天下，对士大夫一向慎用刑罚，张方平借此劝宋神宗千万别杀苏轼，暗示神宗若杀了苏轼，将在后世留下残杀士大夫的骂名。曹太后对神宗说："当年仁宗皇帝策试举人，回来后很高兴地说，我今天为子孙得了两位太平宰相。我老了，不能用他们了，把他们留给子孙用吧。他说的两位太平宰相就是苏轼、苏辙，你能够杀苏轼吗？"王安石的弟弟王安礼也进言："自古以来，大度的君主都不以言论治人的罪，苏轼凭才能奋进，自以为立马可以取得官爵、禄位，没有想到现在还碌碌无为，心里会有怨恨。一旦处罚他，后人会说陛下不能容才。"宋神宗回复说："我本来就不想深责他，就是为你，我也会赦免他。"苏辙也上书求情，说自己没了父母，唯与哥哥苏轼相依为命。请陛下可怜他，赦他不死，以报再生之恩。

苏轼在御史台监狱待了半年，"乌台诗案"同年 12 月结案，苏轼以文字讥讽朝政的罪名被贬为检校水部员外郎、充黄州团练副使，着黄州安置，不得签署公事。

元丰三年（1080）正月，苏轼离京赴黄州，他在黄州生活了四年半，直到元丰七年（1084）四月，才离开黄州去汝州（今河南汝州）做团练副使。第二年神宗皇帝死了，哲宗皇帝即位，让他做了朝奉郎，知登州（今山东登州），半年后就回京做了礼部郎中。后来又做到翰林学士、龙图阁学士，曾以龙图阁学士的身份出知杭州。仕途的高峰是官至兵部尚书、端明殿学士兼翰林侍读学士、礼部尚书。这是在哲宗皇帝元祐八年（1093），苏轼时年 58 岁。做皇帝的近臣，许多人梦寐以求，也有很多人不愿做，伴君如伴虎，不免会战战兢兢、如临深渊、如履薄冰。苏轼对哲宗皇帝说，我担任这么多重要的职务，即使是当世的豪杰，也不容易做，何况我一身孤危，怎么能名副其实呢？再说，天下安定，王朝稳固，像我这样年迈的人对国家也没大用，陛下怎么这样厚待我呢？苏轼这样惶然不安是有原因的，他曾因“乌台诗案”贬居黄州，是有“案底”的人，而新党人士依然在朝廷，又怎么能尽释前嫌，接纳他呢？

苏轼的朋友、后来被誉为江西诗派领袖之一的陈师道对他说：“经国向来须老手，有怀何必到壶头。遥知丹地开黄卷，解记清波没白鸥。”[①]陈师道的话说得很婉转，但分量很重。他说治国需要老手，你苏轼是老手吗？你想有所作为，其实也已经实现了，何必要死而后已呢？这里的“壶头”用的是东汉马援的典故。马援南征蛮夷时，在浪泊大破敌兵，后进军壶头（今湖南沅陵壶头山），天热患病而死，时年62岁。陈师道说，我远远就知道你在朝廷给皇帝讲经书，那你是否记得自己诗里面写的“万顷沧波没两鸥”[②]呢，你不是想和弟弟子由隐居江湖吗？为什么你不隐居江湖、全身而退呢？

果然，从监察御史任上被贬为荆湖北路转运判官的董敦逸、被贬为福建路转运判官的黄庆基等人在这年五月就开始生事了，二人一唱一和：黄庆基三次上书、董敦逸四次上书，恶意攻击苏轼。黄庆基说，苏轼天资凶险，不顾义理，言辞虚假却巧于辩说，行为偏邪，性格执拗，名声足以迷惑百姓，智慧足以掩饰过失，是小人之雄，君子之贼。他本是一个罪人，陛下怎么能够提拔重用他、把他放在侍从的位子上，怎么能够因为自己喜欢就废弃朝廷的制度呢？并说苏轼在位之后，援引朋党，苏辙、张耒、晁补之、

① 陈师道：《寄侍读苏尚书》

② 苏轼：《次韵子由书王晋卿画山水一首，而晋卿和二首》。

秦观等人得到任用，而且为陛下所拟的制诰，往往讥讽先帝。如苏轼拟的《李之纯除河北都转运使诰》中说，黄河水溢，洪水泛滥，老人孩子纷纷四出奔走，流离道路。先帝神宗时，北方哪里有老幼奔走、流离道路的事情呢？又如苏轼拟的《苏颂除刑部尚书诰》中说："法病于烦，官失其守，盗贼多有，狱市纷然。"先帝神宗时，慎用刑罚，哀怜百姓，又有严格审查的案件制度，怎么会有苏轼说的情况呢？黄庆基在奏章里举了许多例证，说苏轼借制诰的机会，公开讽刺先帝神宗，抒发当初遭贬黄州时的内心愤恨，读来让有识见的士大夫痛心，使有志气的士大夫扼腕。黄庆基甚至还说，苏轼被提拔以来，无毫发功劳，贪污积恶，无所不为。

黄庆基和董敦逸对苏轼恶意诽谤，受到宰相吕大防以及苏轼、苏辙的反击，吕大防说本朝补裨先朝缺政是因时制宜的常态，也没听人说是诽谤先帝。黄庆基所说动摇朝廷，用意不善。苏辙说，我哥哥苏轼说先帝有帝尧的仁爱、孔子的圣德，他怎么会讽刺先帝呢？这一次黄庆基和董敦逸因言论不当被贬官，此后苏轼上了《辨黄庆基弹劾札子》，对黄庆基列举他的所谓罪行进行驳斥。他还说："我料想黄庆基诬陷我的言论不止这些，我也不可能完全知道。现在朝廷已经查出他是奸邪诬妄之人，免了他的官。我理应不必再为自己辩说了。但人臣以名节为重，还是请陛下耐心听我表白。"五天后，苏轼又在《谢宣谕札子》里说，如果不是哲宗皇帝"至公而行之以恕，至仁而行之以明，察消长之往来，辨利害于疑似"，那我早就像汉末的孔融、西晋的嵇康，冤死于九泉之下了。这一场论争，苏轼胜出也感到不快，才回京城八个多月的他上表，请求外放知越州（今浙江会稽），还写了绝句《七年九月，自广陵召还，复馆于浴室东堂。八年六月，乞会稽，将去，汶公乞诗，乃复用前韵三首》。在“其三”中自问：“东南此去几时归”，又自答“倦鸟孤云岂有期”，心里疑惑不知什么时候可以外放。但他想得更多的是隐居，“其二”说：

> 梦绕吴山却月廊，白梅卢橘觉犹香。
> 会稽且作须臾意，从此归田策最良。

会稽多好，白梅卢橘，梦魂牵绕，不过去哪儿也只是暂时的驿站，最终还是要彻底归田。他厌倦了官场，也因此厌倦了京城，不想再回来。他没有想到的是，这一走还真就再也没能回来。哲宗皇帝没让他去越州，而让他去了距东京一千多里的定州（今河北定州）做知州。临行前苏轼上了《朝辞赴定州论事状》。说哲宗皇帝现在亲政，应该了解下情、消除壅蔽，处晦而观明，处静而观动，不用几年时间，就能够知道利害、邪正，然后因物而动，办事就没有不成功的。同时，苏轼在这封奏章中对哲宗皇帝说：我听说治理国家就像用药一样，现在天下虽然没有大治，但也没有大的毛病。如有一点不适，可以服用和缓的中药，这比服用那些很猛烈的恶药要好得多。我最担心那些急功近利之臣，动不动就劝陛下革新，希望陛下守中药的安稳万全之策，不要为那些恶药所误，那就是国家的幸事，百姓的幸事。

苏轼离京时，朋友陈师道为他送行，写下了“功名不朽聊通袖，海道无违具一舟。枉读平生三万卷，貂蝉当复自兜鍪”[①]的诗句，很巧妙地用了苏轼“用舍由时，行藏在我，袖手何妨闲处

---

① 陈师道：《寄送定州苏尚书》。

明·张路《苏轼回翰林院图》(局部)

看"[①]和"约他年、东还海道，愿谢公、雅志莫相违"[②]的词意，说你苏轼已经功成名就，是时候袖手悠游于江湖之上。但你这读过万卷诗书的一介儒生，却要去定州做一方统帅，镇守边疆，好像是要美女貂蝉统兵打仗一样。陈师道很明智，他旁观苏轼身处险境，劝他引退，最好是"海道无违具一舟"，驾一叶扁舟漂泊江湖。苏轼在其诗文中虽然时常流露出隐退之意，但大抵多出于怨懑，而并非源自本心。这年十月到定州后，照常在《定州谢到任表》发点牢骚，说自己才微命轻，而陛下禄厚恩重；又说自己近几年老在京城和地方之间奔波。可不是吗？元祐六年（1091）六月，他在杭州知州任上接诏赴京任翰林学士兼承旨侍读，八月就以龙图阁学士知颍州；元祐七年（1092）正月，改赴扬州，知扬

① 苏轼:《沁园春·孤馆灯青》。

② 苏轼:《八声甘州·寄参寥子》。

州军州事，七月又受命为兵部尚书，九月抵京；元祐八年（1093）又离京知定州，岂不是“筋力疲于往来，日月逝于道路”？他自我反省，说不是朝廷不用我，而是我自已愚蠢，不安守本分。

苏轼远在定州，京城又刮起了要贬他的风暴，领头的是泉州（今福建泉州）晋江人吕惠卿。吕惠卿做过真州（今江苏仪征）推官，任期满后到京城拜见了王安石，两人意趣相投，成为好友。王安石当政后，曾向宋神宗推荐吕惠卿，说当今学先王之道而又能用先王之道的，只有吕惠卿。吕惠卿长于阿谀奉承，王安石在位时，迎合王安石；王安石变法失败后，又落井下石。苏辙曾经斥责他说：王安石对你有护佑之恩，父师之义，你求进的时候，就和他紧紧地粘在一起，一旦彼此不合，势力倾轧，就成了仇敌，不遗余力地打击。这样的事，猪狗都不会做，你吕惠卿却做。就是这个吕惠卿，元祐元年（1086）六月，苏轼曾代拟诏书《吕惠卿责授建宁军节度副使本州安置不得签书公事》，在诏书里斥责他狭隘短浅、以穿墙打洞的本事，谄媚当朝宰相，同升庙堂。并且乐祸贪功，好兵喜杀。以聚敛为仁义，以法律为诗书，实行的青苗法、助役法、均输法等，造成的灾祸下及鸡豚，真是蠹国害民。他既严厉批评了吕惠卿的人品，又狠狠批评了王安石的新法。过了不到八年，吕惠卿反过来清算苏轼，尽管苏轼在定州，对京城的反对派没有一点威胁。

吕惠卿煽动殿中侍御史来之邵等人，照旧在苏轼拟的诰词中找麻烦，说他在先朝被罢官，元祐元年（1086）才重得启用，但他在诰词里发泄对先朝遭贬的怨恨，借古讽今，多用衰微世道的事情报私仇、泄私愤。还特别提到苏轼拟的贬吕惠卿的诏书，说苏轼行污丑正，学辟欺愚，积罪深重，贬到定州实在是太便宜他了，应该把他贬到更偏僻荒远的地方。结果，苏轼端明殿学士、翰林侍读学士的职务被免了，只以左朝奉郎知英州（今广东英德）。苏轼得知被贬英州后，在绍圣元年（1094）四月二十四日写了一篇很短小的《题三国名臣赞》：

> 西汉之士多智谋，薄于名义。东京之士尚风节，短于权略。兼之者，三国名臣也。而孔明巍然三代王者之佐，未易以世论。

这篇小文说西汉之士与东汉之士的差异在于名节和权谋，称赞诸葛孔明兼而有之。他自己在宦海浮沉中，名节是有的，但“短于权略”。人生的起伏看似命运的捉弄，其实何尝不是因为自己不善权略呢？事实上他不是不善，而是不屑于权略，他一生都有东汉名士的风节，少时即欲效东汉的范滂，老来也没有改变。他在给定州同僚的诗中说：

人事千头及万头，得时何喜失时忧。
只知紫绶三公贵，不觉黄粱一梦游①。

人生纷扰，得官也好，失官也好，官至三公又怎样呢？不过是黄粱一梦，终会因死亡沦于虚无。言外之意是你们要贬我就贬吧，我很无所谓。但事情还没完，绍圣元年（1094）六月，苏轼人没到英州，诏书《苏轼散官惠州安置制》就来了，仍然是旧话重提，哲宗诏书严厉，说苏轼以前就罪恶深重，依法应处死的，先帝施恩特赦。我即位以来，任用苏轼兄弟，不料他们竟然忘国大恩，以怨报德，不顾父子之恩，君臣之义。大家都说对你是罪大罚轻，国家有法，不是我可以宽恕的。好吧，免了你的万死之罪，贬到偏远的荒凉之地。于是，授苏轼为宁远军节度副使，接着又改授建昌军司马，着惠州安置。

绍圣元年（1094）十月二日，59岁的苏轼抵惠州，陪伴他的有侍妾王朝云和小儿苏过。绍圣三年（1096）七月，王朝云病逝于惠州，从此苏轼身边再无亲密的女人陪伴，他的生活由小儿苏过照料。苏轼在惠州一直待到绍圣四年（1097）六月，前后两年八个月。他本来逐渐安于惠州的生活，并在惠州的白鹤山建了新居，让大儿子苏迈带着家人来惠州居住。没有想到诏命又下，再贬儋州。

苏轼被贬儋州没有更多的理由，他被贬黄州是犯了“乌台诗案”，再贬惠州是因为新党中人忘不了他的旧事，容不得他东山再起，因此老揪着他的案底不放。苏轼也没放下旧事，在拟的诰词中，往往批评旧事。因此反对派在他所拟的制诰中做文章，让

---

① 苏轼:《被命南迁途中寄定武同僚》。

他无法躲避，遭遇一次次的打压。但在惠州的第三年，苏轼已经62岁了，惠州又是大陆最边远的地方之一，想着随缘委命和安度晚年的他，为什么会再度遭贬呢？据说与他的白鹤山新居有关。

苏轼在惠州，先后住在行馆合江楼和僧舍嘉祐寺，但两个地方都不是久居之地，于是他在白鹤山选了一块地方建房。在白鹤山新居上梁的时候，按习俗得写一篇上梁文，于是他写了《白鹤新居上梁文》。这篇文章无非是说几句好听的话，说给别人听，也说给自己听。他把白鹤山称为福地，并说："东坡先生，南迁万里，侨寓三年，不起归欤之心，更作终焉之计。"这是他当时真实的想法，南迁之后还是很喜欢惠州，朝廷没有说让他回京，他这把年纪也没有想过回京，就在这儿养老终生是可以的。随后他就上梁的东、西、南、北、上、下六个方位，写了六支上梁号子。其中第一支号子是："儿郎伟，抛梁东，乔木参天梵释宫。为报先生春睡美，道人轻打五更钟。"这号子轻快而喜庆，体现了东坡这时愉悦的心情和安逸的生活状态。

问题就出在这支号子上。南宋曾季貍的《艇斋诗话》里记载了这支号子后面的故事。他说："东坡《海外上梁文口号》云：'为报先生春睡美，道人轻打五更钟'。章子厚见之，遂再贬儋耳。以为安稳，故再迁也。"章子厚即章惇，字子厚，苏轼同榜进士，生性豪俊且博学能文。王安石变法时，章惇深得信任，做过编修三司条例官、集贤校理、中书检正、参知政事，后贬知蔡州（今河南新蔡）、陈州（今河南淮阳）、定州。哲宗亲政后，欲重兴熙宁、元丰变革，章惇拜相，以继承先王事业为旗号，凡是元祐年间被贬的官吏都恢复原职或改居要地，新党一派的人重新得到启用，他们联手报复旧怨，致使旧党中人再遭贬抑。苏轼正是在这种背景下被贬惠州的。苏轼在惠州生活的安逸闲适让章惇不快，决计把苏轼再贬到孤悬海外的海南岛。同时，把苏辙从筠州（今江西高安等地）再贬雷州（今广东雷州）。有人说苏轼被贬海南儋州和他字“子瞻”有关，“儋”与“瞻”同“詹”。而被贬雷州的弟弟苏辙字子由，“雷”下之“田”和“由”相近。当然这只是戏说。对于新党权臣来说，即便不能置苏轼于死地，也一定要让他多受些苦。他们哪里知道，天性豁达的苏轼很快就适应了儋州的生活，像喜欢惠州一样喜欢上了儋州。他抱定随缘委命、随遇而安的人生态度，所到之处就有快乐，这让算他新账和旧账的人也只能叹息。

第二章

身居流贬地的作为

有作为的人，到哪都能干出一番事业。韩柳欧苏因为遭遇流贬，各自都几度被他们关注的社会政治边缘化。那时韩柳被迫离开了长安，欧苏不得不离开东京，无论流贬到哪里，人生的路还得自己一步步往前走。他们一仍率性走着自己的路，在各自的道路上欣赏沿途的风光，也创造着沿途的风光；能为实务之时，用心为民；无奈赋闲之际，也会笔耕不辍。正因为如此，韩柳欧苏在流贬地也成了亮丽的景色。他们的功业让人惦记，他们的诗文让人惦记，甚至他们的休闲也让人惦记，这一切都因为他们堂堂正正地做人。因此，他们在各自的时代都属社会名流，身居流贬地的时候也让人念想。走进韩柳欧苏在流贬地的生活，也许会知道他们让人惦记的理由。

第一节　重学儒生也有豪气

韩愈在贞元十九年（803）十二月被贬连州阳山，次年好友杨仪之因公前往阳山，两人短暂相聚。临别之际，韩愈为之作《别知赋》，明为惜别，暗叹不遇。他没有细想才正儿八经地踏上仕途做了京官，为什么这么快就遭贬，而是感慨自己在天下交友二十多年，上寻下求，唯知己难得。所得知己，没有谁独享高官、富贵和安闲，也没有谁见困厄贫穷而不一起忧愁。可如今的他被贬到虫蛇所居的偏远海角。虽说群友忧伤而他独笑，但他要借此表达自己的心声。既然在京城之乐不能长久，那就驾马回走自己的道路。此时，眼前的乱石穿空，树木蓊郁，大雨哗哗不停，云雾漫天飘浮。他与知己道别时心情沉重，不禁说“知来者之不可以数，哀去此而无由。倚

明 · 沈周《会友图》

郭郛而掩涕，空尽日以迟留”[1]。本来很坦然的韩愈，真要告别的时候，还是很舍不得，不由自主地靠着城墙流泪，终日徘徊难行。既因自己尽忠遭贬的无端委屈，又忧虑不知什么时候才能返回京城，与诸友重逢。

连州阳山是偏僻荒远之地，韩愈离开的都城长安是李唐王朝社会政治、经济、文化中心，繁荣与热闹哪里是阳山可以比拟的。韩愈在阳山和一个来自南海的青年区册交了朋友。区册离开阳山回乡之前向韩愈辞行，韩愈为他写了《送区册序》，文章介绍了那时阳山的模样。他说："阳山，天下之穷处也。"这"穷"说的是偏远荒凉，自然环境恶劣。古代官员的流贬地，往往是"天下之穷处"。人们熟知的战国时楚国屈原被贬汨罗、西汉贾谊被贬长沙即是如此。韩愈后来再贬的潮州、柳宗元被贬的永州、柳州也是如此。当韩、柳的朋友刘禹锡被贬播州的时候，连柳宗元都忍不住说那不是人住的地方。将官员流贬至"穷处"，就是要让被贬者在环境恶劣的地方体验身心之苦，反省自新，重新做人。宋仁宗景祐三年（1036），欧阳修被贬峡州（今湖北宜昌等地）夷陵。他和峡州判官丁元珍是老朋友。丁元珍在景祐元年（1034）离京赴峡州任军事判官时，欧阳修还写诗为他送行。此番被贬，旧友重逢，交游甚欢。欧阳修曾和丁元珍聊过流贬的事，说是当权者要惩治罪人有两种方法：一是严刑，"鞭肤刑肉以痛切其身"，让罪人遭皮肉之苦；二是贬官后流放到偏僻险恶的地方，让他身陷困辱，"颠踬窘苦，左山右壑，前虺虎而后蒺藜"，动则有难。两种方法一个目的，"欲其知自悔而改为善也"[2]。至于所谓的在流

---

① 韩愈：《别知赋》。

② 欧阳修：《回丁判官书》。

贬地养育或说治理百姓，对流贬官员来说，治理百姓固然是可以做的事，但根本的还是自悔从善，以免再犯，成为“新人”。

韩愈这样描写阳山：“陆有丘陵之险，虎豹之虞。江流悍急，横波之石，廉利侔剑戟，舟上下失势，破碎沦溺者，往往有之。县郭（一作廓）无居民，官无丞尉；夹江荒茅篁竹之间，小吏十余家，皆鸟言夷面。始至，言语不通，画地为字，然后可告以出租赋，奉期约。”[①] 这是怎样的阳山呀？丘陵险峻，人行还有虎豹危害；江流有滩石，船行容易遇险，船碎人溺是常有的事。阳山县城没有多少居民，韩愈身为阳山县令，县衙居然没有丞尉。住在荒茅竹丛间的十多家小吏，与中原人语言不通，长相各异。韩愈是河南河阳人，河南河阳话和广东阳山话区别太大，他听不懂阳山话，好在语言虽不通但文字相同，彼此交流的方式是画地为字。运用这种方式，韩愈告诉他们交纳赋税的数量和时间，这给他自己带来不便和痛苦。不过，他更痛苦的还是自己陷于人生的低谷，这阳山县令，怎能与他在长安、在皇帝身边做监察御史相比呢？更何况他一点都不知道什么时候能够走出低谷，日子难熬。

一天，韩愈坐在阳山县斋里，心有所思，写了首《县斋有怀》。在这首五言古风里，他对人生进行了反省，说自己少小立志，想做的不是像孔子门生子夏那样的书生，而愿意像孔子的另一个弟子樊迟那样学习种田。这其实是说自己想做社会实务而不是做空头的读书人。但他人生的道路不太顺利，怀才求官，但“谁为倾国媒，自许连城价”。这“倾国媒”用了汉武帝李夫人的故事。李夫人身在深闺不为人识的时候，她哥哥李延年借给汉武帝跳舞，乘机唱了一首歌：“北方有佳人，绝世而独立。一顾倾人城，再顾

① 韩愈：《送区册序》。

倾人国。宁不知倾城与倾国，佳人难再得。”李延年的歌唱得动听，汉武帝听得怦然心动，长叹一声：“哪里有这样的佳人呢？”平阳公主说：“有哇，李延年的妹妹就是。”汉武帝喜不自胜，立马召见。李延年的妹妹果然是绝世佳人，且妙丽善舞，随后就成了李夫人。“连城价”出自赵国和氏璧的故事，秦昭王假意用十五座城换取赵国的和氏璧，赵惠文王派蔺相如捧璧入秦。蔺相如见秦昭王无意用城换璧，设计完璧归赵。韩愈说这些话，哪里真在反省，明明是拐着弯炫耀自己的才能，抱怨才高而不为世所用，主要是因为“人情忌殊异，世路多权诈”。他不平庸，但不善权诈，也不屑于权诈。他被贬出京城，在连州阳山过的是什么生活呢？韩愈低沉地叙说：“身将老寂寞，志欲死闲暇。朝食不盈肠，冬衣才掩骼。”这样的日子，吃不饱，穿不暖，有的是寂寞和闲暇，他觉得自己很可能会死在这寂寞和闲暇里。不过他还是反省了，说“投荒诚职分，领邑幸宽赦”，对自己被贬阳山有一种无可奈何的认同。这一年，德宗驾崩，顺宗即位，韩愈奉承了一句“率土日流化”。《诗经·小雅·北山》云：“溥天之下，莫非王土；率土之滨，莫非王臣。”他再说率土之滨，莫不受到礼乐教化，还是恭维之辞。尽管这样，他面对的阳山生活，是这样的田园场景：“禾麦种满地，梨枣栽绕舍。儿童稍长成，雀鼠得驱吓。官租日输纳，村酒时邀迓。闲爱老农愚，归弄小女姹。”他这番描写和述说，颇有东晋陶渊明田园诗的风貌和情趣，他好像很安于阳山困苦的生活了，躬耕之余，含饴戏女，当然是很快乐的事。如此，他不像是阳山的一县之主，而像是阳山田园的隐者。

在阳山，韩愈真的反省在《五箴》（即“游箴”“言箴”“行箴”“好恶箴”和“知名箴”）里。“箴”是一种很庄重的文体，往往用于对他人或自我的告诫。他的《五箴》就是自我告诫之词，文前有小序：“人患不知其过，既知之不能改，是无勇也。余生三十有八年，发之短者日益白，齿之摇者日益脱，聪明不及于前时，道德日负于初心，其不至于君子而卒为小人也昭昭矣！作五箴以讼其恶云。”韩愈说38岁的自己头发花白了，牙齿松动要脱落了。贞元十九年（803），他就因掉了牙齿，特别写了一首题为《落齿》的五言诗。诗叙事很散文化，说是“去年落一牙，今年落一齿。俄然落六七，落势殊未已。余存皆动摇，尽落应始止”。这诗如此直白，且不讲求唐诗最看重的意象和兴味，他率性而为，乐于这样表达，没有悲戚。虽说牙齿松动脱落不是什么好事，但他心里依然是敞亮的。在后面讲述人的生死道理，听起来也很平和，“人言齿之落，寿命理难恃。我言生有涯，长短俱死尔”，冷峻地告知人生的悲剧结局。他这时候因牙齿脱落给人们的生命启示，有自我的洒脱与旷达，仿佛生生死死，死死生生，都无所谓。不过，他不久后遇上了侄儿韩老成（即十二郎）之死，写下了《祭十二郎文》。在这篇祭文里，他因太过悲痛无论如何都很难淡定了。这是后话。他在《五箴》的序里还说自己的聪明不及从前，道德日负初心，弄不好做不成君子而会成为小人，所以他写了《五箴》，坦诚地说出自己的不足。

韩愈反思，说自己的现在不如年少的时候，年少时孜孜求学而有所能，现在呢？饱而嬉戏，早晚无为。这难道不是弃君子之行而为小人之举吗？韩愈反思，自己言多有失，懂得自己心的人，眉目足以传意；不懂自己心的人，又怎么可以和他言说呢？韩愈在武宁节度使张建封的幕府，直言无忌，本出自好心，却违背了长官的意愿；在御史台说天旱人饥，却被看作是讥讽离间。他觉得自己没有能耐惩治邪恶，话说得太多，妨碍别人的生活。

韩愈还反思，自己的行为和道义相背，议论与法令相背，尽管行为“无邪”，言论也“无颇”，但还是应该追悔。只有悔过，才能使自己的言行更臻良善，舍此别无他途。还有，他说自己的好恶也有问题。以前喜欢的，现在才看到它的过错；以前讨厌的，现在才看到它的好处。这样的自己怎么会不被贬，怎么会不颠沛流离于阳山呢？还有，他说自己不能像孔子门生子路，不求有名却名传千载，而自己图名，以己之长取人之短，又好为人师，不请而教，如果再不幡然悔悟，灾祸降临也是应该的。

韩愈在阳山做的这些反省，让人看到他的心路历程。人生的坎坷让他内心还是有许多纠结。但这些反省又不纯粹是自我批评，让人感到是正话反说，他的自我批评也是在批评社会。他有太多的话要说，却没有直说，而是以这样一种特殊的自我剖白的方式表达对社会的看法。韩愈在阳山，除却日常的县务管理之外，读书是少不了的。他还写了《县斋读书》诗，记录自己的读书生活：

出宰山水县，读书松桂林。萧条捐末事，邂逅得初心。哀狖醒俗耳，清泉洁尘襟。诗成有共赋，酒熟无孤斟。青竹时默钓，白云日幽寻。南方本多毒，北客恒惧侵。谪谴甘自守，滞留愧难任。投章类缟带，伫答逾兼金。

明·吴伟《松下读书图》

诗中所说的“松桂林”，当在阳山县斋的周边，与县斋相邻。《阳山县志》记载，这“松桂林”的所在，即今阳山县北二里的贤令山，后人为纪念韩愈，在此建了读书台。可想而知的是韩愈那时候阳山县萧条得很，居民和事务较少，使韩愈有闲可以读书。韩愈把这里说得很不一般：猿狖哀鸣，让他从世俗中醒来；清泉流水，洗净了他染有红尘的衣襟。这是什么话呢？本来朝廷让他到阳山受苦的，他不觉得苦，环境恶劣的阳山仿佛能够洁净他陷于世俗的灵魂，使他的精神得到洗礼，从而反观自己混迹的官场，相比之下还是读书松桂林的好。再说，他身居阳山同样有生活的快乐呀！不是吗？“诗成有共赋，酒熟无孤斟”，想必能够与他一起赋诗、对酌的应该是阳山的小吏，又或者是阳山的读书人，如《送区册序》中提到的区生即区册。韩愈说区册“仪观甚伟”“文义卓然”。区册到韩愈家，听韩愈谈《诗》《书》，谈仁爱道义，欣欣然有喜色，让人感到他心怀仁义。为此韩愈十分高兴，没有想到在阳山会遇上这样的人，喻之为空谷足音。

韩愈诗里说的垂钓、游山玩水，在《送区册序》里也有相应的说法：“与之翳嘉林，坐石矶，投竿而渔，陶然以乐，若能遗外声利，而不厌乎贫贱也。”这告诉人们，在阳山韩愈和区册成了很好的朋友，两人一起在树林里乘凉，一起坐在水边的岩石上垂钓，怡然自乐。韩愈是一个很有责任心的人，他表示自己甘于流贬阳山做一介县令，惭愧的是很难胜任。诗最后说“投章类缟带，伫答逾兼金”，“缟带”是未染的丝带，“兼金”语出《孟子·公孙丑下》齐王馈孟子“兼金”一百，意为价值倍于常金的好金子。韩愈这里只是比喻。说自己所予甚轻，而所得甚重，隐喻自己赋诗赠朋友，期盼得到一个好的回应。

韩愈在阳山一年多，诗文创作不多，但从他的这些诗文中，往往能看到他张扬的所思所想。如他为咏南阶新竹而作的《新竹》

诗，俏皮地说这些新竹“纵横乍依行，烂熳忽无次”，赞美了新竹的勃郁生机；而“高标陵秋严，贞色夺春媚”，褒扬了新竹挺拔不畏秋寒，新竹的坚贞甚至比明媚的春光还要美丽。他还在《晚菊》诗里写道：

少年饮酒时，踊跃见菊花。
今来不复饮，每见恒咨嗟。
伫立摘满手，行行把归家。
此时无与语，弃置奈悲何。

大意是说，少年时喜爱菊花，见菊欲饮，如今不再，从前的喜悦现在也没有了，取而代之的是感叹。他没有说感叹什么，但那摘花无语之悲，大概是因菊花遭了冷落。这菊花的冷落，不正如他在阳山的冷落？菊花的被弃置，不正如他被“弃置”么？

在阳山，韩愈写了《燕喜亭记》，说的是被贬连州做司户参军的王弘中与学佛的景常、元慧一起游玩。一天，三人登住地后面的荒山，心有所喜，于是“上高而望，得异处焉。斩茅而嘉树列，发石而清泉激。辇粪壤，焚椔翳。却立而视之，出者突然成丘。陷者呀然成谷，洼者为池而缺者为洞，若有鬼神异物阴来相之。”这是韩愈诗文中少有的自然风物描写，可以和柳宗元《永州八记》的山水描写相比，只是少了一点灵动。颇具意味的是，韩愈给这里的丘、谷、池、泉的命名，分别是竢德之丘、谦受之谷、君子之池、天泽之泉，都有一定的道德取向，彰显了他的“夫子味”。随之他从这里走到“智者乐水，仁者乐山”的路上去了，借此说王弘中有德，以后是能够辅佐朝廷、建功立德的。和柳宗元、欧阳修、苏轼相比，韩愈虽然写了《燕喜亭记》，透露出一点山水趣味，但他生性不好游山玩水，没有柳、欧、苏那样的闲情雅兴。他在这篇文章中也表明了自己虽处阳山之远，心却在庙堂之上。

当时，有位窦秀才找他请教读书写文章的事，韩愈写了《答窦秀才书》作为回应。他说自己从小胆小愚笨，不会其他技艺，又不通达时事，与世俗的人和事多有不合。只是想到人生总得有所成就，才发愤专心于儒学。这些年来，自己没有学到真正的处世方法，辛辛苦苦学的东西，都是空洞的言辞，一点都不合实用。学成之后，所求之道更加拘束；而自己年纪大了，智力愈发困顿。更糟糕的是，自己因罪被朝廷贬到阳山，管理这个穷乡僻壤的小县，忧愁无聊，瘴疠交加，朝不虑夕。你这个青年才俊，辞雅气锐，正逢朝廷汲汲求贤之时，掌管事务的又是好官吏，你为何不凭自己的文才在仕途上求进取，干吗乘不测之舟、入无人之地来找我请教怎样写文章呢？你这个勤劳的人做的事不合情理，言辞恳切，付出这么多，想得到的又那么少，真是考虑不周呀。韩愈还说，像我这样又笨又无才的人，临事自感羞愧，怎么好意思来教诲你呢？我的钱财不够贿赂陛下左右的大臣，解决他们经济上的匮乏；我的文章不足以推进你的事业，连自己都是怀才而去，铩羽而归，你应该知道吧。这时的韩愈心气很不平，这些自我贬损的话，带有对当权者的强烈讥讽嘲弄。也是，他好不容易做了监察御史，才能完全没有得到施展，因一番救治社会民生的直言，就被贬到阳山，想想也是心有不甘。他还在《送杨支使序》里称赞杨支使即杨仪之，说“仪之智足以造谋，材足以立事，忠足以勤上，惠足以存下”，很适宜去潭州府做从事。最后说：我这人本心乐于说人的好话，但如果认为我是为奉承别人，那就太不了解我了。

刚正不阿是韩愈的本性。他在阳山自我反省之后，仍不改赤子之心。所以他在十多年后遇上唐宪宗迎佛骨到宫中供奉这件事，依然敢于触皇帝的逆鳞，直言劝谏。不过他流贬潮州之后，生活的处境和心态都发生了变化。

元和十四年（819）三月，韩愈到潮州，首要的事情是向宪宗皇帝报告已经到任，因循旧例作《潮州刺史谢上表》。韩愈这个人喜欢叫苦，他当年三上宰相书求官时，就叫苦不迭，要宰相们快快伸以援手，不要见死不救。韩愈到潮州写谢上表也好一阵叫苦，对宪宗皇帝说：我这个人狂妄愚昧，不懂得陛下迎佛骨到宫中供奉的礼数，一通狂言，对陛下实在不敬。陛下即使把我处死一万次，对我的处罚也是很轻的。但陛下仁厚，同情我的愚忠，宽恕我的狂直，让我免于死刑，到潮州做刺史。我得诏命后，即刻上路，跋山涉水，日夜兼程。一到潮州就和当地的官吏百姓见面，对他们说陛下神圣、威武仁慈，治理天下百姓不分远近亲疏，潮州虽在万里之外，岭海之角，但陛下对这里的百姓就像对京城的百姓一样，有善必闻，有恶必见，早早上朝，很晚退朝，唯恐四海之内、天地之中，有一物不得其所。现在派我来看望潮州的百姓，转告他们的诉求。我看潮州百姓安宁，听说皇帝圣德，大家都欢欣鼓舞。

他此番为宪宗皇帝唱颂歌，只因不久前对宪宗皇帝迎佛骨到宫中供奉进行了严厉的批评，尽管他的话表露的是一片忠心，却不被理解，结果领受了宪宗皇帝的恼怒和惩治，吓得他在潮州呈谢上表时不敢再说坏话了，转而说宪宗皇帝的好话。不过，这些话更像是上表所需的客套话、表面文章，他以此为前奏，再往下说，贴近潮州人的生活与自己的遭遇，那就是掏心窝子的话了。

韩愈说，潮州偏远，离广州府有两千里路，来回得一个多月，太不便利；船过海时，波涛凶猛，飓风鳄鱼，随时出现，祸患莫测；还有毒雾瘴气，早晚常常发作，这地方的自然环境如此恶劣，陛下您把我弄到这儿来做刺史，可您知道我的身体情况吗？我从小多病，50岁头发就白了，牙齿也掉了，按理是活不长了。类似的话，韩愈十五年前在《祭十二郎文》中就说过，现在再表白，心情实在是更加沉重了。韩愈说：唉，我的命原本就难长久，罪孽又这么重，潮州地处偏远，条件恶劣，让我心里惶恐不安，看来离死亡真的很近了。陛下呀，您知道我茕茕孑立、形影相吊吗？我年幼时爹妈就死了，12岁时哥哥死了，后来抚养我的嫂子死了，侄儿也死了，已经没剩下什么亲人，我在朝廷也没有什么朋友，住在潮州这蛮夷之地，与魑魅鬼怪为伍，陛下您不可怜我，还有谁可怜我呢？我性情愚鲁，不太通人情世故，好在学问文章，还受同时的人推许。我的时文写得一般，但歌颂陛下功德的文章，可以和《诗》《书》媲美。即使是古人死而复生，让他们写文章与我比试，我也是毫不羞怯的。大唐王朝需要有人写文章歌颂，并向神明天地报告功绩，既然这样，为何不让我在朝廷奏薄技以赎罪呢？陛下呀，苍天呀，同情可怜我吧，我感激不尽。韩愈把自己说得这么可怜，和他在《论佛骨表》中表现出来的凛然正气形成了鲜明的对比。他太想返回长安，可一时并不可能，于是很快安下心来。

韩愈在阳山做县令，没有什么大的作为。在潮州，他待的时间同样很短暂，但有所作为。他做的两件事一直为人称道，这就是办学和驱赶鳄鱼。

韩愈一贯重学。贞元十八年（802），年方十七而好古文的小青年李蟠向他求教怎样写文章，他为李蟠写了《师说》，专说求学为师之道。这事还可以往前推到贞元十四年（798），那时韩愈在汴州董晋幕府做观察推官，为进士府试写了《进士策问》十三篇，第十二篇就学与师说道："古之学者必有师，所以通其业，成就其道德者也。”这是好学者的通则，春秋时孔子曾说，有生而知之者、学而知之者、困而学之者和困而不学者，他称自己是学而知之者，并给后人留下了“三人行，必有我师焉”的格言。韩愈说圣人孔子都有老师，曾向老聃学礼，向苌弘学乐，为什么现在的人分明不及孔子，却不求师通其业、成其道德呢？《师说》的至理名言是：“古之学者必有师。师者，所以传道受业解惑也。”还有他的“师道”也说得很好，因为“闻道有先后，术业有专攻”，所以“弟子不必不如师，师不必贤于弟子”。韩愈这些话道出的是人生常理，经他点明，更精妙易懂，他以此激励人们向学，也可见其重学思想。

韩愈虔诚地学孔孟之道，形成自己奉行儒学、尊崇孔孟的鲜明“道统”论。他尊孟，孟子尊孔，因此他也尊孔；孟子奋力排墨翟、杨朱之学而捍卫孔子之道，他奋力排佛、道而捍卫孔子之道。他说如果不是孟子，我们这些人至今都可能没有受到教化。言外之意，中唐如果不是他弘扬孔孟的儒学，那佛、道就会横行天下，儒学就衰微了。还有一点韩愈也很像孟子，孟子说过：“人之患，在好为人师。”话虽这么说，但他始终好为人师，老是去游说齐宣王、梁惠王，教导他们应该施行仁政王道，怎样从人的恻隐之心开始，用仁心仁术治国。尽管孟子把自己的能耐说得很大，大有当今如治天下、舍我其谁的气概，但他终究生不逢时，美妙的仁政理论在当时也没有产生什么实际的社会效果。韩愈学孟子，也好为人师，面对社会弥漫着人们自以为是而不事师、甚至排斥求师的风气，他的《师说》公开亮出旗帜，说自己就是要为人师。当时素有革新精神的柳宗元还对朋友韦中立说，韩愈为人师自以为是蜀之日，我不可为越之雪。蜀地出太阳的时候少、越地下雪的时候少，蜀地日出与越地雪落，都会因怪异而招致犬吠。而我平日遭人非议已经不少了，就缺为人师了，所以人师不可为。还说自己的才能和勇敢都不及韩愈。

从贞元十八年（802）著《师说》，到元和十四年（819）写了《潮州请置乡校牒》，韩愈走过了 17 年的道路。这 17 年他经历了许多人许多事，尊孔崇道没变，好教育为人师没变。他在这篇要求设置乡校的公文里说，孔子说用德用礼与用法用刑治理国家会有不同的效果。用法用刑，可以使百姓不犯法，但不能使其知羞耻；用德用礼，可以使百姓不但不犯法而且知道行为的准则。韩愈对孔子的说法有些修正，他的意思是地方治理要以德礼优先，以法刑为辅，不像孔子只谈用德礼治理社会。用德礼治理社会，就得办学校，兴教育，请老师教育子弟。但潮州这个地方教育荒废得也太久了，近百年来没有人去参加进士考试，没有人懂得饮酒的礼仪，没有人会唱迎宾歌，没有人鼓励尽忠行孝，不办学怎么行呢？教师的问题可以就地解决，有一位尊孔通经又会写文章的赵德就能做老师，办学的经费就从韩愈自己的俸禄里支取，以使社会安宁，百姓和睦。到潮州就跟宪宗皇帝叫苦的韩愈，也真是爱民惠民的父母官。

韩愈来潮州的路上，就听说潮州有鳄鱼祸害百姓。到潮州后，他四处探访，有人告诉他，潮州西边的湫水里有长数丈的鳄鱼，好吃百姓的牲口，弄得当地的百姓都很穷困。韩愈虽是一介儒生，却不乏英雄豪气。他以一头猪、一只羊作祭品祭鳄鱼，并写了《祭鳄鱼文》，对危害一方的鳄鱼宣示：我受命治理潮州这个地方，你们这些鳄鱼居然祸害民畜。你们不能和我杂处此地，现在与你们约定，限你们三天内迁到南海去，三天做不到就五天，五天做不到就七天。如果七天还做不到，那就是你们冥顽不灵，不听招呼，就怪不得我对你们不客气了。我将选拔能操弓箭的官吏和百姓，用强弓毒箭把你们统统杀光。这篇《祭鳄鱼文》让人感到了韩愈的威严，不过它更像是一篇寓言，彰显韩愈为民除害的决心。韩愈的英雄豪气三年后再次得以展现。那是在唐穆宗长庆二年（822），他奉命去镇州（今河北正定）宣抚王廷凑兵乱的时候。

韩愈在元和十四年（819）七月被赦免，十月迁为袁州（今江西宜春）刺史，他在《袁州刺史谢上表》里说宪宗陛下“德重恩弘”，而自己“身微命贱”，他很想报答陛下的恩德，但“无阶答谢”，暗寓自己得有一个合适的官职才能报答皇帝呀。皇帝能给他这样的官职吗？

第二节　率性山水不失忧国

柳宗元被贬永州，身居司马闲职，没有什么事情需要他去打理，朝廷有意让他无所事事，在永州这个偏远、困苦的地方受点活罪。柳宗元没有自我放弃，游赏永州山水，消磨光阴，抒发幽情，虽不无忧愁牢骚，但更多的时候是在淡泊心性，读书写作。在这些日子里，他在遭遇流贬的无奈中，表达过孤居独处的意愿，但没有切断和现实社会的联系，总是把自己的思考和情绪形诸文字。他在流贬永州的 11 年里，笔耕不辍，创作了大量的诗文，人生的失意换来了诗文创作的丰硕成果。

柳宗元初到永州的时候，暂住在永州龙兴寺西厢房，门外是江流奔涌，群山叠翠，站在窗前尽可以观赏外面美妙的自然景致。就眼前的美景来说，柳宗元本应该有好心情，但适逢新贬，心情实在不太好。他忽然想到战国时楚国的屈原。一千年前，屈原因遭上官大夫忌恨、进谗言而被楚怀王疏远，往日“博闻强志，明于治乱，娴于辞令。入则与王图议国事，以出号令；出则接遇宾客，应对诸侯。王甚任之”[①] 的楚国重臣，一下从政坛的巅峰跌落低谷。至楚顷襄王时，他再度被贬，流落至汨罗。那时屈原行吟泽畔，身心憔悴，仍然不肯变心从俗，与时俯仰，最后在秦军攻破楚国郢都（今湖北江陵）时，陷于绝望，愤而投汨罗

① 司马迁：《史记·屈原贾生列传》。

明·陈洪绶《屈子行吟图》

江自杀了。

柳宗元被贬的永州也是古楚地，他写了一篇《吊屈原文》哀悼屈原，赞美屈原“不从世兮，惟道是就”的高尚情操，而这也是柳宗元自己信奉的，被贬的他也不愿随俗变易。他还写了《瓶赋》，说要学习瓶的淡泊，保持清白而不媚私；写了《牛赋》，说牛有耕田拉车的辛劳，利满天下，但与牛无关。柳宗元自比屈原，又以瓶和牛自喻，说明自己被贬但心性没改。本为救世，却遭流贬，难免心怀愤懑，但又无可奈何。也是，流贬他最终的决策者是宪宗皇帝，诏令如山，哪是他能抵制的。他能做的就是淡泊处世，保持自己的名节。

这时年轻的柳宗元内心痛苦，思想也很纠结，还写了《惩咎赋》《闵生赋》《愈膏肓疾赋》，既自伤自悼，也伤悼国家命运，有命不可续、国不足理的忧思，说出“气沉郁以杳眇兮，涕浪浪而常流”①，“膏肓之疾不救，衰亡之国不理。巨川将溃，非捧土之能塞。大厦将崩，非一木之能止”②这样哀愤的话来。他忧虑王朝

① 柳宗元:《闵生赋》。眇一作渺。常一作尝。

② 柳宗元:《愈膏肓疾赋》。

身染沉疴，面临衰亡无人诊治，感叹巨川将溃、大厦将崩，非一己之力能够拯救。至于他个人的命运，微不足道。虽然如此，因之苦痛伤怀仍旧是免不了的，元和四年（809）他给前辈许孟容回信说：

> 宗元于众党人中，罪状最甚。神理降罚，又不能即死。犹对人言语，求食自活，迷不知耻，日复一日，然亦有大故。自以得姓来二千五百年，代为冢嗣。今抱非常之罪，居夷獠之乡，卑湿昏雾，恐一日填委沟壑，旷坠先绪，以是怛然痛恨，心肠沸热。茕茕孤立，未有子息。荒陬中少士人女子，无与为婚，世亦不肯与罪大者亲昵，以是嗣续之重，不绝如缕。每当春秋时飨，孑立捧奠，顾眄无后继者，惸惸然，欷歔惴惕，恐此事便已，摧心伤骨，若受锋刃。此诚丈人所共悯惜也[①]。

许孟容（743—818），字公范，长安（今陕西西安）人。他的仕途顺利，中了进士后又明经及第，从秘书省校书郎做起，后来做到了太常卿、尚书左丞。他给柳宗元写信时，刚从刑部侍郎做了京兆尹。柳宗元在永州接到京兆尹许孟容信的时候，真的是很感动。他想到被贬以来，没有故旧大臣给他写过一封信，年长他 30 岁的许京兆给他写信，怎不令他感动呢？柳宗元的回信写得很长，先说了一些感恩的话，说遭贬之后“坐食俸禄，明德至渥”，自责年少气锐，不识时务，一心追求能有所成，不意触犯刑法，流贬也是咎由自取，怪不得别人。随后，他说了上面这番话。

① 柳宗元:《寄许京兆孟容书》。

这番话说得相当沉重。因为和王叔文的关系亲密，参与王氏的政治革新又过于积极，所以他说自己“罪状最甚”。他还说自己在遭贬的时候不能负罪赴死，居然还跟人攀谈，求食活命，也是太迷糊太不知羞耻了。作为柳家的子孙遭此重罪，流贬在低矮潮湿、雾气昏濛的蛮荒之地永州，不知道自己哪一天会突然死去，使先辈的事业戛然而止。想到这些，他心里就忧伤痛恨，沸热不宁。况且他孤身一人在永州，没有子嗣，每当春秋祭祀的时候，只有自己一人捧着祖先的牌位，后继无人。只怕自己死后，柳家的传承就这样完结了。想到这些，他就心如刀割。柳宗元的心真痛，这一年已经 37 岁的他，不再有少年芳华，身为贬官日子过得凄凄惨惨，仕途步履维艰不说，这把年纪居然连妻子、儿子都没有，也是够难过的了。柳宗元 24 岁时，曾娶弘农杨凭的女儿杨氏为妻，没有生育，三年后杨氏死去。

许孟容不是等闲之辈，柳宗元向许孟容倾诉，盼许孟容施以援手、为他辩冤。不过在永州，他终归还是显得沉静淡泊。

一天，有朋友从京城来看他，原本打算好好地安慰他一番。不料看到的柳宗元依然坦荡平和，淡泊旷达。朋友为此心喜，说我本来想安慰你的，现在没有什么可安慰的了，还是改安慰为祝贺吧。于是，柳宗元写了《对贺者》作为回应。

柳宗元说：你看我的模样是可以这样认为。按理，我被贬永州是令人忧伤的事，但我是一个有志向的人，如果老是忧伤，对自己的人生没什么好处；我罪过太大，宪宗皇帝宽待我，只作流贬处分，以平息社会的矛盾，对我来说已经很幸运了。既然这样，我为什么要忧伤呢？我曾做过尚书郎，那时候没为陛下出谋划策，却纠结朋党以求声名，蒙受了耻辱，只能等待不测之诛。在这样的时候，谁不恐惧战栗呢？我也曾静静地反省，想到自己上不能自处于朝廷，下不能奉祀祖先，在父母的坟墓前祭奠，只是苟且偷生，承续先祖。你看到我的坦荡平和，淡泊旷达，其实不过是登高远望或者是泛舟于大海时不知所往的茫然。你这样祝贺我，哪里是我能够接受的呢？于是，他说了一段让人特别震撼的话：

> 嘻笑之怒，甚乎裂眦；长歌之哀，过乎恸哭。庸讵知吾之浩浩非戚戚之尤者乎？[①]

人外在的快乐有时掩饰着内心极度的痛苦，裂眦之怒可以用嘻（嬉）笑来表达，恸哭之哀也可以用长歌来表达。这让人想到先于他的盛唐诗人李白在《将进酒》里以欢乐说忧愁，“五花马、千金裘，呼儿将出换美酒”的痛饮之乐，实际上抒发的是“与尔同销万古愁”的苦闷。柳宗元对祝贺他的朋友说，你别祝贺我，你看我表面上没有忧伤，哪里知道我的忧伤是深藏在内心呢？这样的表白，与他向许孟容的诉说相一致。柳宗元对流贬永州心怀不平，痛苦万分。他在永州写下的《溪居》，表达了与《对贺者》相似的情怀：

> 久为簪组累，幸此南夷谪。
> 闲依农圃邻，偶似山林客。
> 晓耕翻露草，夜榜响溪石。
> 来往不逢人，长歌楚天碧。

意思是说自己早就不想做官了，官员的冠簪和绶带束缚他的

---

① 柳宗元：《对贺者》。

时间太久，幸好把他贬到南方的永州来了。看看他在永州的生活，闲时与农家的菜园相邻，不像永州司马，而像一个居于山林的隐士。清晨起来耕作满是露水的小草，夜晚船桨发出敲击溪石的声音，来来往往遇不到一个人，于是纵情放歌，让歌声在永州的上空回荡。初唐王绩写过一首《野望》，说傍晚登东山远眺，树树秋色，山山落晖，牧人赶着小牛、猎人带着猎物回来了。然后说“相顾无相识，长歌怀采薇”。“采薇”出自《诗经·小雅·采薇》，这是一首哀怨忙于王事而不能归家的诗。王绩素有隐逸之心，后弃官归乡，躬耕于家乡的东山。柳宗元诗的最后两句显然是受王绩诗的影响，却更为飘逸自然。柳宗元俨然就是隐士，在山水之间、碧空之下，享受着人生逸乐。然而这长歌里，何尝没有恸哭之悲呢？

正因为如此，柳宗元有很多时候都徘徊在隐与仕之间，他写了《旦携谢山人至愚池》诗，说与隐士谢山人同行到愚池，一路身居红尘之外，见“霞散众山迥，天高数雁鸣”是何等的快意。但他随后说的是“机心付当路，聊适羲皇情”。这“机心”是《庄子·天地》里说的，一个老人不用机械浇灌菜地而用瓦罐浇灌，遭假托的孔子门生子贡的责问，老人说有机械就有机事，有机事就有机心，这样心地就不纯粹、精神就不淡定了。而“当路”出自《孟子·公孙丑上》，学生公孙丑问老师孟子，如果孟子在齐国“当路”（即掌权），可以恢复齐国管仲、晏婴的功业吗？而“羲皇”是陶渊明在《与子俨等疏》中说的，每年五六月间，躺在北窗下任凉风吹来，只觉自己是羲皇上人（即传说中伏羲氏以前的人），过着自由自在的生活。这就可以明白柳宗元说的是，把那些烦心的俗事都交给当权者吧，我像陶渊明一样，做一个自由而顺应自然的人，享受惬意的生活。

柳宗元还在《首春逢耕者》里写道："农事诚素务，羁囚阻平生。故池想芜没，遗亩当榛荆。慕隐既有系，图功遂无成。聊从田父言，款曲陈此情。"柳宗元年少成名，进士及第后，又考取了博学宏词科，比当年得进士后未中博学宏词科的韩愈神气多了。他曾对杨诲之说："吾年十七，求进士，四年乃得举。二十四求博学宏词科，二年乃得仕。其间与常人为群辈数十百人，当时志气类足下，时遭讪骂诟辱，不为之面，则为之背。积八九年，日思摧其形，锄其气，虽甚自折挫，然已得号为'狂疏人'矣。"[①]这时他遭受流贬的沉重打击，心境变了，说自己本来想的就是农耕，不意进了官场，就被官场的事务给绊住了，想归田而不能。想想，不是田园将芜，而是田园已经荒芜，有心归隐没归隐，有心建功未建功，只是向农夫倾吐心声，说说归居田园的事。永州司马是个闲职，他想躬耕是真可以躬耕了，挖池可以养鱼，种黍可以酿酒，于是他说出"甘终为永州民"[②]这样的话。只是每当想到自己的过失，就日夜忧虑，身不能安，心不得平。所以他对岳父杨凭说："凡人之黜弃，皆望望思得效用，而宗元独以无有是念。自以罪大不可解，才质无所入，苟焉以叙忧栗为幸，敢有他志？"[③]流贬对他的打击太大，以致他说自己怀忧思恐惧而不敢有其他的想法。但他并没有真正平静，内心的痛苦总要流露，如《入黄溪闻猿》：

溪路千里曲，哀猿何处鸣？
孤臣泪已尽，虚作断肠声。

---

① 柳宗元：《与杨诲之第二书》。

② 柳宗元：《送从弟谋归江陵序》。

③ 柳宗元：《与杨京兆凭书》。

是呀，哀猿之鸣足以令人断肠。南朝宋刘义庆在《世说新语·黜免》里讲了一个凄楚的故事，说东晋桓温将军过三峡时，部队中有人逮了一只小猿，小猿随船行于江中，母猿沿岸哀号，紧追百余里，后来终于追上，可跳上船就死了。剖开猿腹，人们惊讶地发现它的肠子都断成了一寸寸，从此这一典故便常被用来形容悲痛到了极点。柳宗元说，哀猿的断肠声此时也难让人悲伤了，不是他不悲伤，而是“孤臣泪已尽”，这该是怎样难以言说的哀痛呢？在这种情形下，柳宗元有点思乡：“问春从此去，几日到秦原。凭寄还乡梦，殷勤入故园。”[①]“秦原”此处代指山西。他问春而思归，可归乡的却只是甜蜜的梦，只能借此聊以安慰自己。他还在《闻黄鹂》里写道：“乡禽何事亦来此，令我生心忆桑梓。”此刻远在永州，什么时候能够回到家乡呢？尽管如此，柳宗元的心性没变，一首脍炙人口的《江雪》，便是最好的证明：

千山鸟飞绝，万径人踪灭。
孤舟蓑笠翁，独钓寒江雪。

这诗只有短短的二十字，但“千山”“万径”让人看到天地无垠。在这样浩瀚的天地之间，没有鸟的踪影，也没有人的足迹，只有江雪、孤舟和独钓的渔翁。这不禁让人想到初唐陈子昂的《登幽州台歌》：“前不见古人，后不见来者。念天地之悠悠，独怆然而涕下。”陈子昂把自己置身于无穷的时空中，感受那旷世的孤独和寂寞，唤起人们深深的悲悯情怀。柳宗元的《江雪》不同，只以千山、万径展示了博大的空间，而让孤独的渔翁在漫天江雪

① 柳宗元：《零陵早春》。

中以孤舟和独钓表现出强大的生命张力。柳宗元也不像陈子昂有怆然而下的泪水，只有坚韧和孤傲，与他少时的性情相合。他后来还写了一首《渔翁》，给人们留下了“欸乃一声山水绿”的名句。但这首小诗最要紧的两句是“回看天际下中流，岩上无心云相逐”，取李白“孤帆远影碧空尽，惟见长江天际流”[①]和陶渊明“云无心以出岫，鸟倦飞而知还”[②]的诗意，表现自我一任自然的情怀。

明·沈周《寒江独钓图》

在永州，柳宗元依旧喜欢读书，写了一首《读书》诗，说是读起书来，沉浸其中，不理俗务，静观古往今来的历史，世事起伏，“遇欣或自笑，感戚亦以吁”，说得很真切，让人感到他读书真是读到心里去了，与书中人物有强烈的共鸣，书中人物高兴他也高兴，书中人物悲哀他也悲哀。不过这时候的他与从前大不一样了，从前读书、议论今古、出入经史百子是何等的意气风发，过目难忘，现在呢？“临文乍了了，彻卷兀若无”。读的时候什么都明白，读完后却像什么也没

---

① 李白:《送孟浩然之广陵》。

② 陶渊明:《归去来兮辞》。

读过一样。这种状态，他在给许孟容的信中也提到了："往时读书，自以不至抵滞，今皆顽然无复省录。每读古人一传，数纸已后，则再三伸卷，复观姓氏，旋又废失。"[①] 这多少有点悲哀，记忆力不如从前，大多是受心绪的影响。但这一点不影响他读书可以读得自在，书放得散乱不说，"倦极便倒卧，熟寐乃一苏"；读得快乐，"欠伸展肢体，吟咏心自愉"；读得痴迷，"竟夕谁与言，但与竹素俱"。再说，青少年时读书还有功名的念想，现在没有了，想怎么读就怎么读，"书史足自悦，安用勤与劬。贵尔六尺躯，勿为名所驱"[②]。只要"得意适其适"就再好不过了。这"适其适"的得意，适合性情、适合趣味、适合需要，是读书人的最高境界了。这时候的柳宗元，又有点像退居田园"闲静少言，不慕荣利。好读书，不求甚解；每有会意，便欣然忘食"[③] 的陶渊明。

柳宗元读书勤奋，思考也勤奋，思考的结果往往落实在勤奋的写作上。他曾说："仆近求得经史诸子数百卷，常候战悸稍定，时即伏读，颇见圣人用心、贤士君子立志之分。著书亦数十篇，心病，言少次第，不足远寄，但用自释。"[④] 他不仅写文章，也写诗，诗多随物起兴，有感而发，意趣的指向多是仕途坎坷的愁怨以及隐居山林的追求。他读史，写了《咏史》《咏三良》《咏荆轲》等诗；形之于文，则有《非国语》系列文章。柳宗元很有思想，对历史通常有自己独到的认知，他在《咏荆轲》里讲述了荆轲的故事，说荆轲受命于燕太子丹，易水一别，赴秦刺杀秦王嬴政，图

---

① 柳宗元:《寄许京兆孟容书》。

② 柳宗元:《读书》。

③ 陶渊明:《五柳先生传》。

④ 柳宗元:《与李翰林建书》。

穷匕首现，最后刺杀未成，反为秦王嬴政所杀。不仅如此，随后秦国灭了燕国，荆轲被夷七族。柳宗元说荆轲怎么能够做出这样愚蠢的事呢？止祸不成反启祸端，导致了更大的杀身灭国灾难。柳宗元的《非国语》有序，说左丘明《国语》的文章写得深闳杰异，痴迷其间的世人很多。但其中有许多不实的论说，不合圣人之道。因此他担心当世的学者好《国语》的文采而不辨是非，不从儒学的中庸进入尧、舜之道，因此他写了《非国语》。《非国语》上有31篇，下有36篇。一事一议，这里讲两个人们熟知的故事。

一是齐鲁长勺之战。鲁庄公十年，齐军伐鲁，鲁庄公准备迎战之际，曹刿拜见他，问鲁庄公凭什么和强大的齐国交战。他否定鲁庄公说的凭借自己的衣食与人共享和诚信祭神与齐国一战。当鲁庄公说自己对国内大大小小的案件，虽然不能尽察，一定依情判决时，曹刿说可以一战，最终鲁军大败齐军。但柳宗元说，怎么能够单纯用判案作为两军可以一战的依据呢？曹刿应该说的是：您的大臣谁的谋划可以制敌，有多少人可以为国献身慷慨赴死，训练有素的将士有多少，兵器锋不锋利，可以迎敌的有利地形在哪里。相较而言，柳宗元的说法更周全、更务实，他批评曹刿的主张完全是在误国。

二是晋公子重耳流亡。晋献公宠妃骊姬为了让自己的儿子奚齐做太子，迫害太子申生。说申生想害死父亲晋献公，申生被迫自杀。骊姬又说公子重耳参与了这事，重耳无辜受到牵连，只得流亡诸侯。流亡期间，他从狄国去齐国，经过五鹿这个地方的时候，乞食于五鹿野外的农夫，农夫给他一块土。重耳很生气，想鞭打这农夫。从臣子犯制止了他，说这是老天爷的恩赐，十二年后您一定会得到这块土地。柳宗元说，这是好事者添油加醋弄的，如果真是这样，楚灵王流亡的时候，他身边的人给他一块土做枕头，为什么十二年后楚灵王没有得到那块土地呢？

柳宗元的这些思想很难验证，齐鲁长勺之战，鲁军一鼓作气，大败齐军，并成为古代军事史上以小敌大、以弱敌强的著名战例；楚灵王在位前后仅十二年，再说能否得到那块土地，还取决于当时的形势和个人的素养。但柳宗元对历史的思考启发了后人的再思考也是真的。有人说柳宗元是思想家，他成为成熟的思想家也在永州。他在永州写下了极具哲学思想的《天对》和《天说》，《天对》是对屈原奇诗《天问》的解答。据说《天问》是屈原被放逐后，在楚先王、公卿的庙宇或祠堂里，见到山川神灵的壁画，就壁画启示的问题叩问苍天，从宇宙起源问起，问到天地之间、历史上下的一百七十多个问题，问而未答。不知屈原心底有没有答案，但他这些问题真是少有人能够回答。柳宗元在《天对》里一一作答。如屈原问："遂古之初，谁传道之？上下未形，何由考之？"柳宗元回答："本始之茫，诞者传焉。鸿灵幽纷，曷可言焉？"屈原问得清楚，远古的情形是谁传下来的，天地没形成的时候是谁考证而知道的。柳宗元说远古苍茫，是那些好臆想的人传下来的，那些混乱的原始传闻，有什么可说的呢？又如屈原问："九州何[①]错？川谷何洿？"意思是九州是怎样分开设置的，河川山谷为什么那么深？柳宗元回答：九州是土地神考察后设置的，暴躁的河川和静静的山谷形成时便有高有低。柳宗元的解答，像屈原提问一样，构成了他关于宇宙和历史的系列思考，也是他这位思想家最有代表性的作品。至于他的解答是不是科学，当然还可以再推敲。柳宗元的《天说》是就韩愈说天发论的，两人对天的看法截然不同，

---

① 何，一作安。

这在后面谈韩柳的友情时会专门说到。

在永州，柳宗元当然不是总在想这些深奥的哲学问题，没有什么公干，纵情山水也是重要的生活方式。他有南朝宋谢灵运那样的山水情趣。谢灵运出身陈郡阳夏（今河南太康）的谢氏家族，祖父谢玄是东晋名将。谢灵运当年在永嘉（今浙江永嘉）做太守时，不好好做地方百姓的父母官，而痴迷游山玩水，竟然到了逢山开路、遇水架桥的地步。那时候谢灵运不愁钱，也不愁权，出游动辄百人，动静很大。同时写诗消遣，居然把自己写成了古代诗歌史上山水诗的代表诗人，留下了千古名句："池塘生春草，园柳变鸣禽。"谢灵运游山玩水的功夫是柳宗元学不来的，他缺少谢灵运呼风唤雨的权力，也没有谢灵运那么大的阵势，而是自己带着童子和三五好友去开山伐木，用火焚烧杂草，从而让山水美景呈现出来，供他和朋友享受。他在《钴鉧潭西小丘记》说，买下那不足一亩的小丘，同行的李深源、元克己大喜："即更取器用，铲刈秽草。伐去恶木，烈火而焚之。嘉木立，美竹露，奇石显。由其中以望，则山之高，云之浮，溪之流，鸟兽之遨游，举熙熙然回巧献技，以效兹丘之下。"在这样的时候，他忘了自己的不幸遭遇而有了特别的快意。

柳宗元不畏辛劳以凸显山水之美，然后赏玩这些山水，形诸文章，这才有了驰名古今的《永州八记》。他还写了《八愚诗》，这首诗已经失传，好在有《愚溪诗序》存世。从这诗序里，人们知道"愚溪"原本是当地的冉溪，柳宗元以己"愚"而居于冉溪，干脆把冉溪改名为"愚溪"。以"愚溪"为起点，逐渐发掘出八景，同样冠之以"愚"，他是这样说的："愚溪之上，买小丘，为愚丘。自愚丘东北行六十步，得泉焉，又买居之，为愚泉。愚泉凡六穴，皆出山下平地，盖上出也。合流屈曲而南，为愚沟。遂负土累石，塞其隘，为愚池。愚池之东为愚堂。其南为愚亭。池之中为愚岛。”它们表现了柳宗元的“愚”趣，实为对当权者的暗讽。

《始得西山宴游记》是《永州八记》的首篇。柳宗元在这篇文章开头说，自己身为罪人，到永州后常常惶恐不安。这是流贬偏远之地的人常有的心理。他在同一时期所写的诗歌里也说自己“窜伏常战栗，怀故逾悲辛”[①]，说不知什么时候灾祸会突然降临。不过他主要想说的是，得空闲就漫无目的地游山玩水，“上高山，入深林，穷回溪，幽泉怪石，无远不到。到则披草而坐，倾壶而醉。醉则更相枕以卧，卧而梦。意有所极，梦亦同趣。觉而起，起而归。以为凡是州之山水有异态者，皆我有也。”柳宗元的“无远不到”，也体现忘却悲愁的人生快意。那欲坐则坐、欲醉则醉、欲卧则卧、欲起则起、欲归则归的率性，哪有什么“惴栗”之感？有的是尽得永州奇异山水的无穷快乐。

还有，柳宗元和觉照和尚一起站在永州法华寺西廊下，环视四周，眼前翠竹丛生，妨碍了他纵目远望。于是他和觉照和尚商量，让仆人砍去这片竹林，以见更多的美景。觉照和尚觉得他的主意不错，便让仆人去砍伐，伐去之后，“丛莽下颓，万类皆出，旷焉茫焉，天为之益高，地为之加辟，丘陵山谷之峻，江湖池泽之大，咸若有而增广之者”。果真是眼前无比开阔，天高地宽，丘陵高耸，山谷峻峭，江湖浩瀚。柳宗元心旷神怡，很高兴地用自己做永州司马的薪俸，建了法华寺西亭。西亭建成之后，他写了《永州法华寺新作西亭记》来记叙这件趣事。还与追随他的八人在西亭宴饮，酒酣后又作《法华寺西亭夜饮赋诗序》和《法华寺西亭夜饮》，笑言“莫厌樽前醉，相看未白首”，

---

① 柳宗元:《种白蘘二首》(其二)。

人生还有乐子。

不过，柳宗元率性山水之时也没有放弃对社会政治的思考，所作《封建论》《天爵论》等，也反映了其思想的通透和缜密。这时，他像是社会的批判者和建设者，全然忘记了自己的贬官身份。且不说他这些理论性很强的文章，他有些看似游戏的小文，也有很深的寓意。如《临江之麋》说临江的麋鹿得意忘形，与别人家的狗嬉闹，被别人家的狗咬死了，血肉满地，却不知道是为什么。《黔之驴》里说黔（今贵州别称）地的驴看起来很有本事，但只能虚张声势，最终被老虎吃得一干二净。《永某氏之鼠》里的永州某氏爱老鼠，任老鼠在家里胡作非为，把家里的东西都咬坏了。某氏搬走以后，来了新主人，这些猖狂的老鼠不知换了新主人，还是照样放肆。结果新主人弄来几只猫，关上门，用水灌鼠洞，把这些猖狂的老鼠都打死了。这三则寓言的总题是“三戒”，柳宗元在讲这三个故事之前，说社会上有些人不知自己本来的能力，借物或仗势逞强，都不会有好的结果。这是对当官的人说的，劝诫为官者要廉洁，要守本分，要保持低调。

柳宗元做人做事有自己的标杆，但他在流贬中身不由己。所以他在永州即使讲很幽默的故事，也能让人感到故事背后有很多的苦涩。他曾在《梦归赋》里自述“罹摈斥以窘束兮，余惟梦之为归”，遭流贬窘困，只有在梦中怀乡思归。与《梦归赋》相应，元和九年（814），也就是柳宗元接到诏令返京的前一年，他又写了《囚山赋》，在赋中对“仁者乐山”这一传统观点唱了反调，而视山为樊笼。但这是一种隐喻，说的不是山，而是委婉地表示自己希望结束放逐生活重返京城。当然，他实在想不到刚被召回京城，接着就被贬到了柳州。柳州比永州好一点，主要是他从永州司马升迁为柳州刺史了，可以为百姓做点事了。

柳宗元对山水的兴趣，后来延续到了柳州。他在柳州写了《柳州山水近治可游者记》，记载柳州周边好玩的山水，北面的背石山、浔水、龙壁，南面的甑山、驾鹤山、屏山，西面的四姥山、仙弈山，东面的石鱼山、灵泉、雷山、雷水、雷塘、峨山、峨水等。还在《柳州东亭记》里说，居住在山水之间，陶醉其中，有时甚至忘却了自己是在人间。在柳州，他的做派依旧，砍竹伐木，除草去秽，让美景得以呈现。不过，他在柳州对所见所游山水的描写，较之永州时所记诗意大减，这也许和他的年龄、心境有关。他去柳州时已经43岁了。可喜的是，他到柳州的第二年终于有了自己的长子，取名周六，对祖先算是有交代了。

柳宗元刚到柳州时，登上城楼，面对满目异乡风物，百感交集，写下千古名篇《登柳州城楼寄漳汀封连四州》：

城上高楼接大荒，海天愁思正茫茫。
惊风乱飐芙蓉水，密雨斜侵薜荔墙。
岭树重遮千里目，江流曲似九回肠。
共来百越文身地，犹自音书滞一乡。

这漳、汀、封、连四州，是指同时被再贬的漳州（今福建漳州）刺史韩泰、汀州（今福建长汀）刺史韩晔、封州（今广东封开）刺史陈谏和连州刺史刘禹锡。他说自己登城上高楼远望，水天相接，愁思茫茫，近观惊风、细雨，远眺岭树、江流，自己和上述四人同遭流贬，各处一方，地域阻隔止不住绵绵思念，尽管音书难寄。同时，再度远徙亦勾起了他的思乡之情，五绝《登柳州峨山》即是其时所作：

荒山秋日午，独上意悠悠。
如何望乡处，西北是融州。

融州（今广西融水苗族自治县）在柳州西北，西北又是柳宗元生于斯长于斯的长安所在，但乡关为融州阻隔，望乡而不见乡，又平添一重忧思。不过，他到柳州心情还是稍好了一点，自我调侃“柳州柳刺史，种柳柳江边。谈笑为故事，推移成昔年”[①]。这给人生活闲适、往事如烟的感觉，现实的他有了几分轻松。

此时，柳宗元是一州之主，在柳州修建孔子庙，兴礼乐教化，修整城墙巷道，种植名树，百姓精神振奋，齐心向仁。大家纷纷说：“柳州远离京城，但我们都是皇帝的子民，如果还不接受教化，那我们就不是人了。”百姓这样的心声，源于柳宗元的魅力和德政。他治柳州，百姓遵令顺服，亲切地称他为“柳侯”，办事总要想着他满意不满意。当时，柳州的穷人往往以儿女作抵押换取粮食和财物，如果超过时间没有赎回，儿女就会沦为债主的奴隶。柳宗元主政柳州，令穷人打工，用工钱补偿，最后让这些被抵押的儿女都回到自己的家和亲人团聚。

柳宗元在永州想到的社会治理方法，在柳州得到了运用，于是在他治下，柳州呈现出一派祥和的社会局面。韩愈是这样描写这个景象的：“民业有经，公无负租，流逋四归，乐生兴事，宅有新屋，步有新船，池园洁修，猪牛鸭鸡，肥大蕃息。子严父诏，妇顺夫指，嫁娶葬送，各有条法，出相弟长，入相慈孝。”[②]这真

---

① 柳宗元：《种柳戏题》。

② 韩愈：《柳州罗池庙碑》。

让人感慨，柳宗元治下的柳州欣欣向荣，百姓遵纪守法、崇德尚善，家庭和谐，事业兴旺，柳宗元亦因之声名远播，被人们尊称为“柳柳州”。

第三节　与民同乐的醉翁快意

欧阳修30岁被贬夷陵，他离开东京时有些狼狈，台吏粗鲁地催促他赶紧上路，责问他为什么不动作快些，让欧阳修深有遑迫不安之感。从东京到夷陵，水陆两路，他本来想走陆路，但念及天热又没有马车，最终选择了水路。宋仁宗景祐三年（1036）五月，他带着老母和其他家人启程，沿汴渡淮，浮江而下，一路上亲戚朋友接应、款待，花了五个月时间，船行了几千里，终于在十月二十六日到达夷陵。

夷陵古为荆蛮之地，三国时这里发生过著名的吴蜀之战。吴军大都督陆逊火烧刘备的七百里连营，大败蜀军，从而开启了新三国时代。唐朝时夷陵是峡州的治所。“青山四顾乱无涯，鸡犬萧条数百家。楚俗岁时多杂鬼，蛮乡言语不通华。”[①] 这是欧阳修对当时夷陵的摹画。夷陵人少，鸡犬萧条是自然的现象，白姓的鬼神信仰是先秦以来就有的，因为各地方言不同，说话和中原有别也是常态。欧阳修来夷陵之前，就知道夷陵和东京、洛阳一样，有米、面、鱼、橘、柚、茶、笋等四时之味，生活无虞。但峡州本是小州，夷陵毕竟地处偏远，城市不繁荣，交通不便利。所谓的“通衢大道”，竟狭窄得连马车都走不了；集市没有百货，鲍鱼之市臭不可入，路过的人都掩着鼻子快步离开。还有，百姓的房

① 欧阳修：《寄梅圣俞》。

子是用茅草和竹子搭建的，往往上面住人，下面养牲口，炉灶、仓库、水井都挤在一起，既脏又容易着火，常常发生火灾。老百姓生活俭朴，大多自给自足。

这种情况在欧阳修贬夷陵的前一年方有所改变。当时尚书驾部员外郎朱庆基治峡州，他教百姓弃茅屋而建瓦房，人畜分住，炉灶和库房异处，又让刘光裔治夷陵县。欧阳修很高兴到夷陵时，夷陵县的治理已经完成了。朱庆基是欧阳修的旧友，同情他的遭遇，把县舍的东厢房腾出来给欧阳修一家居住。

欧阳修把这东厢房收拾收拾，让一家人安顿下来。取名为“至喜堂”，还写了《夷陵县至喜堂记》来记述这一段经历。他说：“夫罪戾之人，宜弃恶地，处穷险，使其憔悴忧思，而知自悔咎。今乃赖朱公而得善地，以偷宴安，顽然使忘其有罪之忧，是皆异其所以来之意。”这是什么话呢？他说朝廷贬逐罪臣，是为了让其待在荒远险恶的地方，生活过不下去，瘦得皮包骨，从而认识到自己的过错。可现在他待的居然是个好地方，不禁忘了自己是戴罪之身。不仅是他这样的人，就是无罪而来夷陵做官的人，“莫不始来而不乐，既至而后喜也”[①]。他还在给友人薛少卿的信中说，夷陵的水土好，物产丰饶，生活无忧；在这里做官也不错，夷陵县的百姓只有一两千户，又太平无事，“罪人得此，为至幸矣”[②]。他又从河南刘几那儿得到一张琴，面对夷陵的青山绿水，操琴自娱而无俗事的拖累，也是惬意的事，什么烦恼都不复存在。

欧阳修做夷陵县令，到底心气难平，在峡州官署中吟咏千叶红梨花时说：“夷陵寂寞千山里，地远气偏时节异。愁烟苦雾少芳

---

① 欧阳修：《夷陵县至喜堂记》。

② 欧阳修：《与薛少卿书》（其一）。

菲，野卉蛮花斗红紫。可怜此树生此处，高枝绝艳无人顾。”① 他怜树怜花，也是在自我怜惜。后来黄庭坚为他这首诗作跋，称道这首诗语气豪壮，下笔绝尘。话虽这么说，其实欧阳修内心还是有点苦。

欧阳修做夷陵县令时，正值壮年，依然好读书，他很想再读读司马迁的《史记》、班固的《汉书》，却借不到这两部书，县衙没有，民间也没有。于是，只好把县衙里的陈年旧案翻出来，反复阅读，发现夷陵官署的陈年公案判得糊里糊涂，黑白不分。无中生有的事有，以错为对的事有，违法徇情的事有，灭亲害义的事有，让欧阳修感慨不已。他从夷陵想到天下，小小的夷陵有如此多的冤案，天下该有多少冤案呢？于是暗自发誓，自己绝不能这样轻忽。夷陵事少，在县务上欧阳修没有大的作为，闲暇之余游山玩水、喝酒吟诗，游历的地方往往有诗歌为证，如《夷陵九咏》，分别叙说夷陵的三游洞、下牢溪、虾蟆碚、劳停驿、龙溪、黄溪、黄牛峡祠、松门、下牢津，类似柳宗元《永州八记》，柳宗元用文，他则用诗。

欧阳修在夷陵的朋友除朱庆基外，还有峡州判官丁元珍。他的《冬至后三日陪丁元珍游东山寺》这样写道：

幕府文书日已稀，清尊岁晏喜相携。
寒山带郭穿松路，瘦马寻春踏雪泥。
翠藓苍崖森古木，绿萝盘石暗深溪。
为贪赏物来犹早，迎腊梅花吐未齐。

---

① 欧阳修：《千叶红梨花》。

这诗是他当时生活状态的写照，“清尊岁晏”“为贪赏物”正是日常生活的两面。他在诗中流露出平和的心境，倒是山中环境阴森，让人感到幽深神秘。他与丁元珍游处还写了其他的诗，流传最广的是《戏答元珍》：

春风疑不到天涯，二月山城未见花。
残雪压枝犹有橘，冻雷惊笋欲抽芽。
夜闻归雁生乡思，病入新年感物华。
曾是洛阳花下客，野芳虽晚不须嗟。

欧阳修对这首诗很满意，对人说“春风疑不到天涯，二月山城未见花”两句，“若无下句，则上句不见佳处。并读之，便觉精神顿出”。[①] 诗中的欧阳修心情落寞但不消沉。夷陵的春风不到，隐含了皇恩不及夷陵的意味，所以无花的山城也无喜色。而残枝下冬橘犹存、笋欲抽芽，是他内心自信和精神不衰的象征。诗的后四句说乡思，说对岁月变迁的感受，说自己曾在牡丹城洛阳欣赏过牡丹花，在夷陵出门赏花而不见花。但这也没有什么关系，他并不在意被贬的生活。同时，他也写诗给丁元珍，说自己感受了夷陵荆楚胜迹和“游女髻鬟”“野巫歌舞”的古朴风俗[②]。

欧阳修还对尹师鲁说过这样一番话：“每见前世有名人，当论事时，感激不避诛死，真若知义者，及到贬所，则戚戚怨嗟，有不堪之穷愁形于文字，其心欢戚无异庸人，虽韩文公不免此

① 胡仔：《苕溪渔隐丛话·前集》引《西清诗话》。
② 欧阳修：《夷陵岁暮书事呈元珍、表臣》。

累，用此戒安道慎勿作戚戚之文。”[①]他这里提到的“安道”是余靖（1000—1064）的字，余靖，韶州曲江（今广东韶关）人，也因为范仲淹辩护，坐贬监筠州酒税，徙泰州。欧阳修说有些名人论事慷慨激昂，即使面临死亡也不逃避。但他们到贬谪地时，往往会悲伤怨叹，把自己的穷愁写在文字里告诉人们。在这样的时候，这些人和一般的庸人也差不多。还说韩愈也是这样。是的，韩愈被贬潮州在谢上表里就一个劲地说自己的穷愁，希望能够引起宪宗皇帝的同情，赦免他的罪过。但欧阳修说，他不想余安道也这样，贬就贬吧，没有必要叹说穷愁失了男子汉的骨气。

欧阳修在《与尹师鲁第二书》里说，到夷陵无事，可以治治旧史。他检阅了以前写的《十国志》，说尹师鲁的史笔不错，问他是不是可以合作重修《五代史》。尹师鲁修唐、晋部分，他修梁、和汉、周等部分。然后他说：“吾等弃于时，聊欲因此粗申其心，少希后世之名。如修者幸与师鲁相依，若成此书，亦是荣事。”[②]30岁的欧阳修，没有因为被贬夷陵而放弃自我，而是开始修起了《新五代史》《新唐书》，并因这两部史书名垂千古。

欧阳修对流贬夷陵也不无感慨，宝元二年（1039），他给刁景纯学士写信说自己在夷陵身穷迹疏，与世隔绝，长叹：“嗟夫！世俗之态既不欲为，愚诚所守又未克果，惟有望门长号，临柩一奠，亦又不及，此之为恨，何可道也！徒能惜不永年与未大用，遂与道路之人同叹尔。”[③]他那时身体不太好，担心自己寿命

① 欧阳修:《与尹师鲁第一书》。

② 欧阳修:《与尹师鲁第二书》。

③ 欧阳修:《与刁景纯学士书》。

不长，怀才不得其用而平庸如路人。康定元年（1040），欧阳修受诏回京做了馆阁校勘，当他在38岁做到知制诰后，第二年即被贬滁州。

庆历五年（1045）十月，欧阳修抵滁州，照例写了《滁州谢上表》，再次为自己辩解，说陛下任用我做了谏官，我评说的都是当朝权贵，这些人心怀怨怒，恨不得我被贬赋闲，他们就可以逃罪免罚。所以他们向陛下进谗言，让人惊诧；再说外甥女张氏出嫁已有五六年，与我相距数千里，彼此之间没有见面，没有交谈，她想什么我也不知道，她自为丑秽的行径，与我有什么关系呢？这些人罗织我的罪名，幸赖陛下圣明，知道我遭了诬陷，同情我奋不顾身以当众怨，爱惜保全我，把我从知制诰贬放滁州做太守，在安闲处远离风波以避陷阱，不致陷于倾危而不保。

滁州跟夷陵一样，地方偏僻，事务很少。欧阳修感叹自己享受朝廷俸禄却无事可干，不知道有什么办法可以报效朝廷，惶惶不可终日。那时的他内心也有些抱怨，听到山中鸟啼，不禁产生“我遭谗口身落此，每闻巧舌宜可憎”[①]的感慨。他还写过一首五言古风《憎蚊》，说自己来滁州守这地气潮湿的穷山，“官闲懒所便，惟睡宜偏足”，只是这里的蚊子太多，让人讨厌，“虽微无奈众，惟小难防毒”。有人说他这首诗借讨厌的蚊子，影射朝廷里的小人。不过，这是他初到滁州时的状态，不久后就渐渐释怀。游琅琊山时，“行歌招野叟，共步青林间。长松得高荫，盘石堪醉眠。止乐听山鸟，携琴写幽泉。爱之欲忘返，但苦世俗牵”。[②]

① 欧阳修:《啼鸟》。

② 欧阳修:《游琅琊山》。

他不再听鸟声而心生憎恶了，想漫步就漫步，想喝酒就喝酒，想弹琴就弹琴。如果不是做滁州太守还有些事务，他就乐而忘返了。他还给朋友梅尧臣写信说，在滁州住的时间长了，就越发感到快乐，不光是为学之外有山水诗酒相伴，而且“小邦为政期年，粗有所成，固知古人不忽小官，有以也”。欧阳修勤政，做京官如此，做地方官也是如此。他自信在滁州做一个知州也会有所成就，也真正做到了。更难得的是，他身为一个贬官，仍不忘推贤进士，曾向晏殊推荐魏广，向杜衍推荐曾巩，称他们好古守道，这也是他用人的准则。

宋·佚名《松下抚琴图》

欧阳修在滁州有了更多的闲暇，朋友交往一如平常。他在与友人相聚时，填过一首《圣无忧》词：

世路风波险，十年一别须臾。人生聚散长如此，相见且欢娱。　好酒能消光景，春风不染髭须。为公一醉花前倒，红袖莫来扶。

欧阳修两次被贬，前后相距将近十年，在他看来都是“世路风波险”的结果。但他把这视为人生的常态，有聚则有散，不足为奇。尽管是再次遭贬，但在他仍然是“相见且欢娱”。这时的他好像更加放纵，开怀一醉而有“红袖莫来扶”的洒脱，这倒很有意味。

出自巧合，北宋写了《朋党论》的王禹偁曾贬滁州。王禹偁（954—1001），字元之，巨野（今山东巨野）人，家境贫寒。自幼就有文才，因《应制皇帝亲试贡士歌》深得宋太宗的赏识。任过左司谏、知制诰等职，北宋初年白体诗的代表诗人，曾因宋太祖孝章皇后安葬的礼仪事谪知滁州，到任后在谢上表里说：“诸县丰登，苦无公事；一家饱暖，全荷君恩。”后人怀念，在滁州祠堂画王禹偁像以祭祀。欧阳修到滁州后，看到王禹偁的遗像，写了一首《书王元之画像侧》：

偶然来继前贤迹，信矣皆如昔日言。
诸县丰登少公事，一家饱暖荷君恩。
想公风采常[①]如在，顾我文章不足论。
名姓已光青史上，壁间容貌任尘昏。

王禹偁死后过了6年欧阳修才出生，而年近40的欧阳修在滁州看到近50年前的王禹偁画像已蒙上了灰尘，想到王禹偁说过的话，他曾经的功业渐渐被人遗忘，多少有点伤感，却无碍欧阳修对他的景仰。欧阳修在这首诗中说的“诸县丰登少公事”，也是自己当时的生活状况，他被贬谪滁州的第二年，饮滁水甘甜，

① 常一作犹。

于是探寻滁水源头，往滁州南行百步，见丰山耸立，山谷幽深，三面环山而泉水涌流，心喜乐甚，疏泉凿石，就地开工，兴建了大且漂亮的丰乐亭，还高兴地写了《丰乐亭记》。他在这篇记文里说滁州在唐末五代时为兵家用武之地，宋定天下而四海一统。如今的滁州百姓乐山之美，又乐年岁之丰，随我游于丰乐山和丰乐亭。这时的欧阳修说宣扬皇帝的恩德、与民同乐是自己最应做的事，欣然自乐。他的《丰乐亭游春三首》（其一）写道：

绿树交加山鸟啼，晴风荡漾落花飞。
鸟歌花舞太守醉，明日酒醒春已归。

丰乐山果然是山美风光宜人，鸟也歌、花也舞、太守也醉。何止是太守欧阳修呢？还有游人，“游人不管春将老，来往亭前踏落花”。（其三）随后，欧阳修又在距丰乐亭东几百步的地方，建了醒心亭，他的弟子曾巩遵师命于庆历七年（1047）八月写了《醒心亭记》，说欧阳修和滁州宾客到丰乐亭游玩时，酒醉后会登醒心亭眺望，见烟云旷野、草树泉石，于是心醒更乐，乐而忘归。曾巩很会说话，说欧阳老师之乐我是知道的，乐“吾君优游而无为于上，吾民给足而无憾于下”，君得其宜，民得其宜，物得其宜，这实在是再美不过的事了。他快乐得很有道理。随后欧阳修又写下了《新霜》二首，既吟咏“无情木石尚须老，有酒人生何不乐”，又感叹“惟有壮士独悲歌，拂拭尘埃磨古剑”。饮酒时，只觉人生短暂，对酒当歌；酒醒来还是在人世间，尘缘未尽而有人生不得志的哀愁。继醒心亭后，欧阳修又在秀美的琅琊山看到一座亭子，欧阳修为之命名，并写下了脍炙人口的《醉翁亭记》。

清·张培敦《醉翁亭图》

关于醉翁亭的来历，《醉翁亭记》里有一段介绍：

作亭者谁？山之僧智仙也。名之者谁？太守自谓也。太守与客来饮于此，饮少辄醉，而年又最高，故自号曰醉翁也。醉翁之意不在酒，在乎山水之间也。山水之乐，得之心而寓之酒也。

欧阳修把丰乐亭的酒气带到了这座本无名的亭子，还干脆以自己这个喜欢醉酒的老头子命名，不过他很潇洒，看似因酒而醉，但哪里是醉酒呢？分明是醉于山水之乐，醉酒只是醉乐的一种表现而已。这一年，欧阳修只有39岁，即使那时“人生七十古来稀”，他自称“翁”还是太早了。他自己也有感觉，随后在《题滁州醉翁亭》诗里这样写道：

四十未为老，醉翁偶题篇。醉中遗万物，岂复记吾年。但爱亭下水，来从乱峰间。声如自空落，泻向雨檐前。流入岩下溪，幽泉助涓涓。响不乱人语，其清非管弦。岂不美丝竹，丝竹不胜繁。所以屡携酒，远步就潺湲。野鸟窥我醉，溪云留我眠。山花徒能笑，不解与我言。惟有岩风来，吹我还醒然。

他说“四十未为老，醉翁偶题篇”，这“四十”与“醉翁”仍有矛盾，但他以“醉中遗万物，岂复记吾年”轻巧地化解了，因酒醉忘却一切，不知道身居何世，也不知己在何年，呈现在眼前的是酿泉之水、野鸟之窥、山花之笑和山岩之风。这是他在诗里写的，与《醉翁亭记》所说的“得之心而寓之酒”的山水之乐相应。而这快乐因山中之景而生，那是怎样一幅琅琊山水的美景呢？他写道：“若夫日出而林霏开，云归而岩穴暝，晦明变化者，山间之朝暮也。野芳发而幽香，佳木秀而繁阴，风霜高洁，水落而石出者，山间之四时也。朝而往，暮而归，四时之景不同，而乐亦无穷也。”那“野芳发而幽香”的春景，“佳木秀而繁阴”的夏景，“风霜高洁”的秋景，“水落而石出”的冬景，让人对琅琊山充满美妙的遐想。琅琊美景的多变，始终是山水美色与游人情怀的交融。己之乐无穷，人之乐亦无穷；禽鸟之乐无穷，山林之乐亦无穷；游赏之乐无穷，醉酒之乐亦无穷：全然是与民同乐。《醉翁亭记》的最后写道：

已而夕阳在山，人影散乱，太守归而宾客从也。树林阴翳，鸣声上下，游人去而禽鸟乐也。然而禽鸟知山林之乐，而不知人之乐；人知从太守游而乐，而不知太守之乐其乐也。醉能同其乐，醒能述以文者，太守也。太守谓谁？庐陵欧阳修也。

读着这样的文字，欧阳修的神态跃然纸上，游人乐，太守乐，禽鸟乐，那“鸣声上下”亦见禽鸟乐极。但欧阳修说禽鸟、众人、太守看似同乐其实“乐”有不同，却不妨各有快意。欧阳修是大自然的享受者，也是自我人生的享受者，哪里像一个贬官呢？能够与民同乐，是他这个“醉翁”的最大快意。庆历六年（1046），富弼写了一首《寄欧阳公》，诗中说：“滁州太守文章公，谪官来此称醉翁。醉翁醉道不醉酒，陶然岂有迁客容？”欧阳修的醉道，是与民同乐之道。多年后的嘉祐元年（1056），欧阳修还在《醉翁吟并序》说自己在滁州作《醉翁亭记》后，太常博士沈遵游醉翁亭，回京后作琴曲《醉翁吟》三叠，而欧阳修出使契丹时，与沈遵相会于恩、冀之间，夜深酒酣之际，沈遵援琴演奏了《醉翁吟》，有曲无辞，于是欧阳修填了《醉翁》词。其中道：“始翁之来，兽见而深伏，鸟见而高飞。翁醒而往兮，醉而归。朝醒暮醉兮，无有四时。鸟鸣乐其林，兽出游其蹊。咿嘤啁哳于翁前兮，醉不知。”这几句可以作为对《醉翁亭记》里禽鸟之乐的说明，欧阳修说得很神奇，最初鸟兽对他敬而远之，后来和他同游同乐，这怎能叫他不快乐呢？

欧阳修毕竟是个学者，谪居滁州，也没有忘记他所好的古文和古碑刻。他喜欢唐代韩愈所提倡的古文（后简称韩愈古文），而不喜欢当时石介的“太学体”古文。石介（1005—1045），字守道、公操，因在徂徕山（泰安城东南）下讲学，人称“徂徕先生”。他推崇韩愈古文，不喜欢北宋初年杨亿等人淫巧侈丽的骈文，在太学引导门生作深迂险怪的古文，以捍卫圣人之道。庆历六年（1046）二月，欧阳修和礼部贡举张方平上疏，狠狠抨击以石介为代表的“太学体”古文，倡导平易畅达的古文。石介死的那一年欧阳修被贬滁州，他写下了《读徂徕集》《重读徂徕集》，说是“开编未及读，涕泗已涟涟”[1]，称他为国老和学者师，尊崇有加。这就是欧阳修，并不因为文风不同而否定一个人的品格和成就。

欧阳修喜欢古代碑刻，在滁州曾有意收集。《集古录跋尾·唐花林宴别记》里记载，在滁州的全椒县花林寺旁，曾见石涧崖壁上隐隐有字，急令推官陈诜拓下来，为他的《集古录》做准备。在这方面，他可以说是难得的有心人。

庆历八年（1048）闰正月，欧阳修转起居舍人、知制诰，改任扬州太守，这年离开滁州前，他写了《别滁》诗：

花光浓烂柳轻明，酌酒花前送我行。
我亦且如常日醉，莫教弦管作离声。

这时他掩饰不住内心的愉悦，没忘酒，也没忘说自己醉酒。多年后，欧阳修仍心系丰乐亭、醉翁亭。思丰乐亭而觉得魂梦不在身，思醉翁亭而说“山林本我性，章服偶包裹”[2]，有一天他会重归山林的。

---

① 欧阳修：《重读徂徕集》。

② 欧阳修：《思二亭送光禄谢寺丞归滁阳二首》（其一）。

第四节　一蓑烟雨任平生

苏轼因用诗歌讽刺王安石的新法被贬黄州，元丰三年（1080）正月初一他奉命离开京城，一路风尘，二月初一到黄州。依照旧例报告到达，感谢皇恩，作《到黄州谢表》。刚从监狱出来的他很谦卑地自我反省，说朝廷对他这狂愚的冒犯者本当处以重刑，圣上怜惜他，从轻发落，免了他的死罪，让他改过自新。想到陛下的训诫，他无以为报，唯有感激陛下的再生之恩，余生粗茶淡饭，闭门思过，让自己的经历成为同僚们的教训。他贪恋圣世，不敢了结自己的性命，余生还可为朝廷所用。只要陛下驱使，他对天发誓，一定会捐躯效命。这虽是官样文章，但还是流露出苏轼的真实心情。

宋·马麟《秉烛夜游图》

苏轼初到黄州，旧友黄州太守陈轼把他暂时安顿在定惠院。定惠院虽小，对于深居简出、"但当谢客对妻子"[①]的苏轼来说，还是够住的。他偶尔在月夜出来，带

① 苏轼:《定惠院寓居月夜偶出》。

着几分醉意欣赏江云媚态、弱柳垂丝，听一听皎洁月色下的飒飒松风，有人生“万事如花不可期”[①]的感慨。当时生活艰苦，好在“黄州食物贱，风土稍可安，既未得去，去亦无所归，必老于此”[②]。此时他对前途无多虑，就是顾着眼下的生活。一家人计划开支，不多的钱省着点用，日子还算过得去。安下心来，倒有几分悠然。他那时写的《初到黄州》说：“自笑平生为口忙，老来事业转荒唐。长江绕郭知鱼美，好竹连山觉笋香。”这时45岁的苏轼算不得老，笑自己平生不过是养家糊口，来黄州好呀，长江鱼美，连山笋香，不正好养家糊口吗？至于悔过自新，他对朋友秦观说道：“反观从来举意动作，皆不中道，非独今之所以得罪者也”[③]。这话不单是说自己以诗讽新法错了，就是以前所有的言行都错了，好像要从此改正，不再犯错。话好说，性情好改吗？他在定惠院填了一首《卜算子》：

缺月挂疏桐，漏断人初静。谁见幽人独往来，缥缈孤鸿影。惊起却回头，有恨无人省。拣尽寒枝不肯栖，寂寞沙洲冷。

苏门弟子黄庭坚说这首词“语意高妙，似非吃烟火食人语。非胸中有万卷书，笔下无一点尘俗气，孰能至是”[④]。这只是一己之见，其实这首词满是“吃烟火食”的尘俗气息。苏轼以“幽人”自喻，又含蓄地说自己是静谧夜半缥缈的孤鸿，寂寞孤傲，哪有

① 苏轼：《次韵定惠院寓居月夜偶出》。

② 苏轼：《黄州上文潞公书》。

③ 苏轼：《黄州安国寺记》。

④ 黄庭坚：《跋苏轼乐府》。至是一作至此。

屈服人生的坎坷而欲皈依佛门呢?

时为参知政事的章惇来信劝苏轼悔过自新，说苏轼如果悔过自新，还会有被任用的机会。苏轼回信说，你和我弟弟子由平时反复苦劝，我刚愎自用，不以为然，进了监狱才追悔莫及，以为死路一条。没有想到陛下宽大为怀，给我一条活路，如果我不知悔改，就枉为人了。我想到所犯的过失，不合义理，与患了狂躁病的人跳海投河没有差别。病发作的时候，自己并不知道，等安静下来，倍感羞愧。我到黄州后很少出门，"闲居未免看书，惟佛经以遣日，不复近笔砚矣"。[①] 这番表白说他诚心改过，实际上所谓不近笔砚不过是对章惇的敷衍，读书写作是他的基本生活，在黄州时他和许多友人都保持着书信往来，在创作上更是成果丰硕。

因为生活还是有些困顿，在黄州的第二年五月，苏轼向黄州府要了黄州东坡50亩被茨棘瓦砾覆盖的旧营地，率家人开垦，躬耕自给，还写了《东坡八首并叙》，把自己比作"天穷无所逃"的孤旅人，从此自号"东坡居士"。元丰五年（1082），他在东坡的废菜园子上修建了"雪堂"，并题了一联："台榭如富贵，时至则有；草木似名节，久而后成。"常人羡慕的富贵名节，在他看来就是眼前景观，只看机缘，内心已然淡化了。他忽地想到陶渊明，觉得自己躬耕东坡之上，居于雪堂之中，很像陶渊明的斜川之游，于是有了下面这首《江城子》：

梦中了了醉中醒。只渊明，是前生。走遍人间，依旧却躬耕。昨夜东坡春雨足，乌鹊喜，报新晴。　雪堂西畔暗

---

① 苏轼:《与章子厚参政书》。

泉鸣。北山倾，小溪横。南望亭丘，孤秀耸曾城。都是斜川当日境[1]，吾老矣，寄馀龄。

他说在醉梦里才明白自己，追求功名走错了路，原来自己的前身是陶渊明呀，这辈子就该像陶渊明那样躬耕田园。田园里“春雨足，乌鹊喜，报新晴”，让他欣然而有喜色，眼前的山形水势、自然风物和陶渊明的斜川美景相似，想想人生，四十几岁的人，也老大不小了，就在黄州安度余生吧。在黄州，他给自己立了三条养生法则：安分以养福、宽胃以养气和省费以养财，欲望不要太多，吃得不要太饱，生活不要太浪费，这倒是很不错的想法。好在黄州鱼多、猪肉多，苏轼很会烹制，温火煮鱼，鱼味美；温火炖肉，肉味美。他写了《煮鱼法》《猪肉颂》，把他的烹饪经验告诉世人。

苏轼流贬黄州，在黄州地界的行动很方便，天性好游山玩水的他少不了四处走走、看看。一次，他去了距黄州府30里的沙湖，半道遇雨，同行者都淋成了落汤鸡，刹那间天气转晴，苏轼信笔填了一首《定风波》：

莫听穿林打叶声。何妨吟啸且徐行。竹杖芒鞋轻胜马，谁怕？一蓑烟雨任平生。　料峭春风吹酒醒，微冷，山头斜照却相迎。回首向来萧瑟处，归去，也无风雨也无晴。

苏轼从熙宁四年（1071）六月离开京城做杭州通判，到现在任黄州团练副使，十年来的风风雨雨，到“乌台诗案”成为高潮，

---

① 境，一作量。

果真是“一蓑烟雨”。此时的他任平生烟雨，依然故我。而在夕阳忽然辉映的时候，那曾经的风雨萧瑟、晴空万里，都归于平静了。看似写实的词，内蕴了人生的傲然与自足。苏轼还去了蕲水，一天夜行在酒家喝得有几分醉意，乘着月色在一座小溪的桥上解鞍曲肱而睡。天明时，放眼望去，群山簇拥；侧耳倾听，春水锵然，犹若仙境，自言“杜宇一声春晓”[①]，情绪昂扬。又游蕲水城外的清泉寺，下临兰溪，溪水西流，他兴起作《浣溪沙》，化用唐代白居易诗里的黄鸡催晓、时光飞逝、人生易老以及飞黄腾达能几时的感伤，说溪水本向东流，但也能向西流；人老了，也可以再年青，不要因为白发而唱黄鸡催晓。如是面对人生，那感伤顿作旷达奔放。还有二游黄州赤壁，一游赤壁之下，与友人就赤壁说曹操怀古伤今，并陶醉于江山风月。三个月后，他再游赤壁，这时赤壁“江流有声，断岸千尺。山高月小，水落石出”，和三月前所见的赤壁景象大有不同。苏轼感慨道：“曾日月之几何，而江山不可复识矣。”

元丰七年（1084）四月，苏轼改任汝州团练副使，离开黄州之际。苏轼写了《满庭芳·归去来兮》词和《别黄州》诗，他在词里多叙友情，感慨“人生底事，来往如梭”，现在他要别去，希望保持邻里的友谊。还说自己会回来，与朋友们晒一晒钓鱼的蓑衣，果真是别情依依。而在《别黄州》诗里，他却说自己是患病的老马，本不堪驱使却仍得到了皇帝的顾念，“投老江湖终不失，来时莫遣故人非”。他还是想有所作为的，尽管 49 岁了。

苏轼 59 岁再贬惠州。他在《到惠州谢表》里照例是检讨过失，说自己天分不高、学问荒唐、性格执拗，以致酿成了难以赦免的

---

① 苏轼：《西江月·照野弥弥浅浪》。

过错。他感谢哲宗皇帝的不杀之恩，说陛下知道他一把年纪，快要死了，不值得要他的性命，把他放逐到惠州。他会遵陛下之命，托陛下至仁之福，洗心自新，死而无怨。不过，他本想为陛下尽忠尽力，但惠州是瘴疠之地，又与魑魅为邻，自己衰老多病，虽说对陛下的忠诚还在，怕是空有报答之心了。

到惠州时，苏轼别感新奇和兴奋，当天写了《十月二日初到惠州》。他竟然觉得眼前的惠州眼熟，鸡犬之声相闻，仿佛是故乡景象，当地的官吏和百姓惊讶地迎接他。他在诗中讲了苏武牧羊漠北、管宁安居辽东的故事，说"岭南万户皆春色"，不觉有些陶醉了。

惠州太守詹范请苏轼住在惠州府东面的合江楼，即三司行衙所在地。他曾站在合江楼上，眺望远方，浮想联翩。想到传说中的海上仙山蓬莱、方丈，在《寓居合江楼》里呼唤着"蓬莱方丈应不远，肯为苏子浮江来"。他仿佛与两座仙山对视，想的却是仙人，于是举起自家酿的"罗浮春"酒邀仙人共饮，自己也飘然若仙。兴奋过后，他在这首诗里感慨地吟出"我今身世两相违，西流白日东流水"，还是有点感伤。他在合江楼住了半个月，然后迁居嘉祐寺。后来住所又在合江楼、嘉祐寺之间变动过。直到绍圣四年（1097）二月，他在白鹤峰上的新居建成，才安定下来。

苏轼在惠州给至交程德孺写过一封信，说自己因为罪孽深重，遭遇流贬的命运，兄弟被远逐，家属跟着流放，使亲人、朋友蒙羞，既然如此，那就随缘委命，顺应自然吧，不再追求自我。随缘委命让他放平心情，使惠州成为他生活的乐土。况且他在惠州担任的宁远军节度副使，也是无所事事的闲职。他曾对友人钱济明说，自己在贬所除了闭门思过外，没有工作可做，也就是游山玩水，喝酒聊天，曾和苏过、赖仙芝、僧人昙颖、道士何宗一等人一起游罗浮山道院和栖禅精舍；与进士许毅拎着酒壶游惠州附近的几座小山，高兴了就席地对饮，常常喝得有点醉意；还与程乡县令侯晋叔、归善县主簿谭汲同游大云寺，大家围坐在松树下，饮“松黄汤”即用松花煮的水和苏轼家酿的“万家春”酒，开心地享受着自然风光；还去归善县东松风亭、罗浮山下梅花村赏梅赋诗。正因为随缘委命，苏轼的生活也就无所不可，无所不适了。他游松风亭，走到半山腰，脚乏力走不动了，怎么办呢？他忽然想到什么地方不能歇息？松风亭上可以，松风亭下也是可以的，这样一想顿时就心安了。他还向任广南东路提点刑狱的表兄程正辅表白，“永辞角上两蛮触，一洗胸中九云梦”[①]。“两蛮触”用庄子的寓言故事，暗指世间名利，他表示不再追求名利，不再企盼飞黄腾达，有山水可以赏玩，人生足矣。

苏轼曾对友人陈季常说：“到惠将半年，风土食物不恶，吏民相待甚厚。”[②]不过他觉得惠州毕竟是瘴疠之地，年轻人也许可以久居，像他这样的老年人望而生畏。他应戒嗜欲，节饮食，清淡度日。当时，他的生活有些拮据，俸禄不厚的循州太守周彦质曾送米给他，他自感羞愧，有“未敢叩门求夜话，时叨送米续晨炊”[③]的诗句。他还在《惠守詹君见和复次韵》里说：“欲求公瑾一囷米，试满庄生五石樽。”这里用了周公瑾和庄子的故事。周公瑾曾拜访鲁肃，找鲁肃借粮。鲁肃家有两囷米，各三千斛，随即给了周公瑾一囷。庄子曾和名家学派的惠施斗嘴，惠施说庄子的学问像可装五石的大瓠，空疏无用。苏轼借此婉转地告诉詹范，他家中

---

① 苏轼:《同正辅表兄游白水山》。

② 苏轼:《与陈季常》。

③ 苏轼:《答周循州》。

无粮，日子难过，好在更多的时候还是衣食无忧。

绍圣二年（1095）正月十五元宵节，詹范置办了酒宴，请苏轼观灯。苏轼也曾带了白酒、鲈鱼回访詹范。这且不说，苏轼在惠州帮詹范做了两件事情，一是詹范将野外几百具无主尸骨收拢、掩埋之后，他代詹范作了《惠州祭枯骨文》，对这些枯骨说“尔等暴骨于野，莫知何年。非兵则民，皆吾赤子”；又写了《葬枯骨疏》，以佛家的慈悲心超度这些死者。二是惠州东江和西江两座浮桥年久失修，当地人乘小船渡江，冬天常有人掉进江里，丢了性命。苏轼请表兄程正辅资助，又请罗浮邓守安道士募捐并监管重修两座浮桥。绍圣三年（1096）六月，两桥完工，苏轼还写了《两桥诗并引》叙说建桥之事，再现了两桥的壮观景象和百姓的欣喜若狂。

苏轼在惠州，好诗与美食都是常态，诗不论，美食，他喜欢把羊脊骨煮熟，用酒浸泡以后，撒一点盐，再用微火熏烤，吃起来特别有味道；还喜欢吃惠州荔枝，他在绍圣二年（1095）感慨：“不须更待妃子笑，风骨自是倾城姝。不知天公有意无，遣此尤物生海隅”；“我生涉世本为口，一官久已轻莼鲈。人间何者非梦幻，南来万里真良图”。[1] 所谓“不须更待妃子笑”反用晚唐杜牧《过华清宫》“一骑红尘妃子笑，无人知是荔枝来”的诗意，说荔枝“风骨自是倾城姝”，不待杨贵妃之美而自美。在他的心目中，荔枝之美超过了莼菜、鲈鱼之美。西晋张翰曾想吃家乡的莼菜、鲈鱼，毅然辞官还乡。如今苏轼有荔枝可以品尝，依恋惠州，是不必还乡的了。所以他说被贬惠州是人生幸事，“日啖荔支三百

① 苏轼:《四月十一日初食荔支》。

颗，不辞长作岭南人”。[1] 只是他的痔疮时时复发，让他痛苦难耐。而最大痛苦是侍妾王朝云之死，这是后话。

绍圣四年（1097）六月，苏轼从惠州到徐闻（今广东徐闻）递角场渡海，在小儿苏过的陪侍下，开始了流贬海南儋州的生活。他以为自己将死在海南，说到海南先做棺材，再造坟墓。从琼州登岸，再前往儋州，途中登儋耳山，眺望中原，只见浩瀚的海水，四顾途穷，对余生有一点绝望。

苏轼到儋州后写了《到昌化军谢表》，说自己没有毫发的才能却有丘山那样深重的罪过，让他到万里外的海南，是陛下有唐尧、商汤那样的仁厚恩德，只给很小的处分，使他能够在这里度过余生。他依旧自我贬损，是身为罪臣上书谢恩的俗套，最想说的是：“臣孤老无托，瘴疠交攻，子孙恸哭于江边，已为死别；魑魅逢迎于海外[2]，宁许生还？念报德之何时，悼此心之永已。”大意是自己在海南没有生路了，要报答陛下的恩德已无可能。

苏轼初到儋州，在桄榔林中安歇。所谓的“桄榔庵”其实是一片桄榔林，并无遮掩。他身处林中，摘叶作了《桄榔庵铭》，说“九山一区，帝为方舆。神尻以游，孰非吾居”。天下九州为一，只是区划不同，儋州桄榔林也在其中。他说的“神尻”，神为精神，尻为尾骨，用的是《庄子・大宗师》里驼背子舆的故事，子祀问子舆：“你讨厌自己的模样吗？”子舆说：“不讨厌呀！如果老天爷把我的左臂变成鸡，我就用它啼叫报晓；如果老天爷把我的右臂变成弹弓，我就用它去打斑鸠烤着吃；如果把我的尻骨变成车轮，把我的精神变成马，我就骑着这马，驾着这车，不再需要另

---

① 苏轼:《食荔支二首》(其二)。

② 海外，一作海上。

外的车马了。”庄子这个荒诞的故事告诉人们，人生当安时处顺，顺时而生，顺时而死，苏轼说的随缘委命本源于此。

这时，东京人、昌化军使张中来到儋州，见苏轼父子没有居所，就派士兵修建了伦江驿，租给苏轼父子居住。但这种好日子没能长久，朝廷察访使董必奉命察访广西时得知此事，立马派人过海，把苏轼父子从伦江驿赶了出来。苏轼只得在儋州城南买地结茅，自筑新居，并作《新居》诗说："朝阳入北林，竹树散疏影……结茅得兹地，翳翳村巷永。数朝风雨凉，畦菊发新颖。俯仰可卒岁，何必谋二顷。”眼前，那初升的和煦阳光轻拂着北边的树林，竹树影儿婆娑，从长长的村巷看过去，天色晦暗不明。他站在自己栽种的几畦菊花前，看着菊花在风雨后萌生出的新芽，感慨人生这样就行了，不必去寻求二顷田躬耕养命；又写信给友人郑嘉会说，尽管新居“枯寂，殆非人世，然居之甚安”[①]。

苏轼的心境这样平和，与自我的调适很有关系。他在元符元年（1098）九月十二日，与客人饮酒略有醉意后，随手写了《试笔自书》，说当初到海南看到四周全是海水，内心惶然，不知道自己什么时候才可以离开这座海岛。后来想到天下九州都为海水环绕。待在海南岛与生活在大陆不是一样吗？在他的心中，海南不再是人生绝境了。所以他会在儋州写的《独觉》里，重复早年在黄州时说过的“回首向来萧瑟处，也无风雨也无晴”，仍然还是“一蓑烟雨任平生”的态度。元符二年（1099）立春时，苏轼填了《减字木兰花》，又题作“己卯儋耳春词”：

---

① 苏轼:《与郑靖老书》。

春牛春杖，无限春风来海上。便丐春工，染得桃红似肉红。春幡春胜，一阵春风吹酒醒。不似天涯，卷起杨花似雪花。

他一点都不忌讳词中一连用了七个“春”字，无限春风，多情春工即春神染红桃花，春耕春种，立春之际的儋州是这样充满了浓浓的春意。分明是天涯的儋州，他却说“不似天涯”，是春让他有醉意了。

苏轼在儋州很有规律地生活着，《谪居三适三首》先说自己“旦起理发”，不再像少年时嗜睡，临上朝匆匆忙忙爬梳几下，现在早上起来慢慢地梳洗，清风迎面拂来，神清气爽，无比惬意，也没有冠巾的束缚。然后是“午窗坐睡”，“蒲团盘两膝，竹几阁双肘”，入睡就到了“无何有”的梦乡，安然恬静，“身心两不见”，心灵自由。最后是“夜卧濯足”。他说海南“天低瘴云重，地薄海气浮”，使人容易得脚肿的毛病，晚上睡觉前洗脚就很好。洗脚时，脚冷水烫，反复试探。有时脚触烫水，急忙缩回，就像猎鹰突然飞离猎人的披肩扑向猎物那样迅捷。患脚肿毛病的人用热水泡脚，能够渐渐痊愈。

苏轼的《谪居三适三首》，是他在海南生活的常态。在理发、坐睡和濯足的日子里，他陶冶着自己的心灵，使心灵更为纯净，虽然生活还是挺苦的。他曾给雷州太守张逢写信说儋州和雷州两地的风气相似，只是儋州饮食不同，人烟较萧条，交通不便，冷清落后。还写信给好友程天侔说：“此间食无肉，病无药，居无室，出无友，冬无炭，夏无寒泉，然亦未易悉数，大率皆无耳。”① 他一连用了七个“无”，表明目前生活捉襟见肘。

---

① 苏轼：《与程秀才书》（亦作《答程天侔书》）。

年逾花甲的苏轼在儋州主要靠小儿苏过照顾。精于文学的“小坡”苏过，字叔党，系苏轼第二任妻子王闰之在杭州所生。一生随苏轼奔波于定州、英州（今广东英德）、惠州、儋州、廉州（今广西合浦）、永州，直到苏轼病死后定居颍昌，做过颍昌府郾城县的知县，同时在颍昌湖的北面种了几亩水竹，并称所居地为“小斜川”，自号为“斜川居士”。

苏过一生陪侍父亲的时间最长，“凡生理昼夜寒暑所须者，一身百为，不知其难”[①]。他曾在父亲62岁生日时写了《大人生日三首》，在其二里说父亲被贬，是天意而不是人力所能为。父亲谪居儋州，“不须占倚伏，久已恃乾坤”。“倚伏”代指祸福，典出老子《道德经》“祸兮福之所倚，福兮祸之所伏”。苏过说父亲在儋州没有必要深虑是祸还是福，时间长了，天地可以证明您的忠心和功德。又说：“勿叹乘桴远，当知出世尊。”他化用孔子说的“道不行，乘桴浮于海”，劝父亲不要感叹贬居海外，只当是超脱尘俗，而享有出世的高贵。

在儋州，苏轼以诗歌与小儿苏过、弟弟苏辙相唱和，也是他有趣的生活方式。他们因亲缘关系而心灵相通是很自然的事。苏轼对陶渊明有特殊的情感，陶渊明好酒，他也好酒。他几为喜欢陶渊明的《归去来兮辞》，并遍和了陶渊明的诗。

先说苏轼的好酒。在黄州，苏轼曾说：“予虽饮酒不多，然而日欲把盏为乐，殆不可一日无此君。”[②]后来被贬惠州时，他还自己酿酒。他说：“予饮酒终日，不过五合，天下之不能饮，无在予下者。然喜人饮酒，见客举杯徐引，则予胸中为之浩浩焉，落

---

① 脱脱等:《苏过传》。

② 苏轼:《饮酒说》。

落焉，酣适之味，乃过于客。闲居未尝一日无客，客至，未尝不置酒。天下之好饮，亦无在予上者。”[①] 在渡海前往海南时，因苏轼痔疮发作，苏辙曾劝他戒酒，但好酒的苏轼并未听从，到儋州后酒兴复萌，他写了《和陶连雨独饮二首》，寄托对苏辙的思念，也谈自己喝酒。其二道：“饮中八仙人，与我俱得仙。渊明岂知道，醉语忽谈天。”他表示自己和唐代杜甫《饮中八仙歌》中的李白、贺知章、李适之、张旭等八人共为酒仙，甚至调侃陶渊明并不懂喝酒的最佳境界是忘情天地。即使是酒醉后醒来，还可以再喝酒。家里人知道他好酒，常从大陆给他捎酒，他自己还酿制了清醇而不醉人的“真一酒”。

酒也是苏轼与儋州人交往的媒介，不分汉人或黎人。他曾说：“华夷两樽合，醉笑一欢同。”[②] 并在诗里再现了“愁颜解符老，寿耳斗吴翁”的欢快场面。又说：“酒中真复有何好，孟生虽贤未闻道。醉时万虑一扫空，醒后纷纷如宿草。”[③] 从这里来看，他好像对酒看得很透了，实际上总是对酒有很大的依恋。他又曾对友人乔太博说：“万斛船中著美酒，与君一生长拍浮。”[④] 此处用了东晋毕卓好酒的典故，毕卓常对人说：“如果船上有几百斛酒，四季美味放在船的两头，我右手握酒杯，左手拿蟹螯，划船饮酒，一生就满足了。”苏轼喝起酒来，说自己也向往这种生活。

苏轼一生对酒的至爱在儋州达到高潮。他吟唱过“醉饱高

---

① 苏轼：《书东皋子传后》。

② 苏轼：《用过韵，冬至与诸生饮酒》。

③ 苏轼：《孔毅父以诗戒饮酒，问买田，且乞墨竹，次其韵》。

④ 苏轼：《莫笑银杯小答乔太博》。

清·石涛《陶渊明诗意图》(局部)

眠真事业，此生有味在三余”[1]，“三余”即“冬者岁之余，夜者日之余，阴雨者晴之余”。他把酒和自我的人生紧紧联系在一起，但他何曾“醉饱高眠”呢?无论是做京官还是外放为一方小吏，苏轼对生活都有太多的爱恋和执着。“乌台诗案”给他人生带来难以磨灭的影响，使他在流贬黄州、惠州和儋州时，常借酒驱愁打发闲适的时光，在独酌或与人对饮的快意中，他不像魏晋阮籍和刘伶的放诞和恣纵，更像陶渊明，酒不能少，醉酒也无妨，同样娱情寄性。有时少了陶渊明“采菊东篱下，悠然见南山”的悠然与静穆，唯有“偶得酒中趣，空杯亦常持”的酒趣，可以和陶渊明媲美。

苏轼也常吟陶渊明的《归去来兮辞》。他在儋州有《和陶归去来兮辞》，引言说虽在海外以无何有之乡为家，仍然想归去。只是陶渊明自问“归去来兮，田园将芜胡不归”，苏轼自问“归去来兮，吾方南迁安得归”？意欲归去却深陷无奈。他身为贬官，没有陶渊明说归即可挂印自行归去的潇洒。所以陶渊明可以高歌一曲“悟已往之不谏，知来者之可追。实迷途其未远，觉今是而

① 苏轼:《二月十九日，携白酒、鲈鱼过詹使君，食槐叶冷淘》。

昨非”。而苏轼说的是“迹泥蟠而愈深，时电往而莫追。怀西南之归路，梦良是而觉非”。说自己在浑浊的官场越陷越深，难以自拔。在睡梦中见到家乡的模样，醒来仍然是在他乡漂泊，忽东忽西。幸好他能在月露、朝霞中陶冶自己的心性，把孤寂的日子演化为积极的“守静极以自作”，从中获得新的人生乐趣。人生有命，无所谓归乡也无所谓滞留儋州，一任自然，想师从南华真人庄子就师从，想跟随仙人安期生就跟随，顺应自己的心性去接纳外部的世界。

在儋州，苏轼还用陶渊明《归去来兮辞》的文意，作《归去来集字十首》。引言说：“予喜读渊明《归去来辞》，因集其字为十诗，令儿曹诵之，号《归去来集字》云。”这十首诗再现陶渊明《归去来兮辞》的情趣，但以“世事非吾事”[①]表示对“求荣”的悔意。他在黄州和惠州时都有过此类想法，在儋州重提，实在是想逃离宦海，归隐田园，但此时他身为贬官，不可能做到。苏轼曾录了陶渊明《饮酒二十首》（其九）中的“纡辔诚可学，违己讵非迷”，接着写了几句话：“予尝有云：言发于心而冲于口，吐之则逆人，茹之则逆予，以谓宁逆人也，故卒吐之。与渊明诗意不谋而合，故并录之。”[②]苏轼在《和陶归去来兮辞》的最后说：“师渊明之雅放，和百篇之新诗。”他以和陶诗建起通向陶渊明心灵的桥梁。在儋州，他视陶渊明为南迁之友，并在给雷州苏辙的信中说自己对于以前的诗人，独好陶渊明“质而实绮，癯而实腴”的诗，根本的还是喜欢陶的为人，所以遍和陶诗。他一生写过许多的唱和诗，其中有和陶诗 124 首，而在儋州所写的和陶诗就有 57 首。

① 苏轼：《归去来集字十首》（其五）。

② 苏轼：《录陶渊明诗》。

苏轼在儋州做的琼州别驾有职无权，并没肩负治理当地百姓的责任。但他初入儋州就关注百姓生活，在《和陶劝农六首》序中说，海南人以卖香为业，稻米不足以饱食，只能以杂粮和米煮成稀饭果腹。他同情百姓，这组诗主要说海南受自然条件的限制，只能生产稻米以及薯芋，不能种植麦稷，主粮的品种太少；放火烧荒以后，让植物的灰烬作为肥料，耕种的方法太落后太原始；当地的贪官污吏像恶鹰猛狼一样盘剥百姓；当地人好打猎，不能沉下心来从事农业生产；一些人游手好闲，不以农耕为务；还有人放纵不羁，赌博顽劣。他希望百姓以农业为生计之本，努力从事农业生产，只有这样稻谷才会丰收，人们才会有长久的幸福。四海皆兄弟，汉黎一家亲。希望当地百姓治病要用药，而不是祈求鬼神，不可杀牛驱病而不用牛耕田耙地。同时，他也想改变海南“坐男立女”的风俗，可惜力所不及。

苏轼在海南最有意义的作为之一是兴学。他到儋州不久，曾游儋州城东学堂，学堂有两间教室，却没有学生。经询问才知道，原来海南黎民不重读书，当地汉人也没有把读书放在心上。教书先生忍饥谈道，学生四散，没法让他们回到学堂里来。苏轼赞赏教书先生，很不满意儋州学堂的这种状况，感叹海南文化落后。有天晚上，他在城南新居听到两个男孩的读书声，即兴命笔，作《迁居之夕，闻邻舍儿诵书，欣然而作》诗：说是“跫然已可喜，况闻弦诵音”，并兴奋得引书相和，以读书佐酒，就像以玉琴助酒兴一样。

在儋州，苏轼还结识了新朋友张中、姜唐佐和黎子云。昌化军使张中在儋州一度给苏氏父子解决了住房问题，交往中彼此成了很好的朋友。当张中将要离开儋州时，苏轼依依难舍，先后写了三首诗送给张中，并劝他把所学的兵法用于杀敌立功。姜唐佐，字君弼，本是海南琼州人。苏轼到儋州的第三年，也就是元符二年（1099）闰九月，姜唐佐从琼州到儋州，登门向苏轼求教。苏轼说他“长笺词义兼美”，并使自己的“穷陋增光”。[①] 后来，苏轼还给他题了两句诗“沧海何尝断地脉，白袍端合破天荒”，鼓励姜唐佐去参加科考。黎子云是儋州人，他知道苏轼好酒，常常带酒去拜访他，向他请教，而子云兄弟为人孝悌忠信，也很受苏轼的尊重。苏轼曾受邀和张中一起到黎子云家前的小池塘钓鱼，并帮助黎子云在黎家的池塘边建了“载酒堂”。大家在这里喝酒、赋诗、聊天、论学，至今传为佳话。

苏轼在儋州适应了海南的闲居游处，他曾在黎子云家玩耍，为黎家兄弟的好客所感染，作诗说：“借我三亩地，结茅为子邻。鴃舌倘可学，化为黎母民。”[②] 他想和黎民乡亲做邻居，学会黎民的语言，也做一个黎母山下的百姓。

元符三年（1100）正月，宋哲宗驾崩，宋徽宗即位，依循旧例大赦天下，苏轼得以量移廉州，他期待的北归来临了。然而三年的海南生活，使他和海南这块土地以及儋州的乡亲感情深厚，真要离别的时候实难割舍，写下了《别海南黎民表》：

> 我本海南民，寄生西蜀州。
> 忽然跨海去，譬如事远游。
> 平生生死梦，三者无劣优。
> 知君不再见，欲去且少留。

---

① 苏轼:《与姜唐佐秀才六首》(其一)。

② 苏轼:《和陶田舍始春怀古二首》(其二)。

眉州眉山的苏轼这时说自己本是“海南民”，只是曾经寄身西蜀，这饱含了他三年来对海南的所有情感，北归的他说自己的家仍在儋州，跨海而去不过是远游他乡，他还会再回来。尽管他把生、死、梦等而视之，更多透出的是人生如梦、离别难以重逢的哀伤。儋州的乡亲对苏轼也有同样的依恋，大家争相看望他，并问道：这次相别，什么时候能够相见呢？

此一别，也是永别，苏轼再也没能回来。

第三章
自当具有的社会情怀

浓郁的社会情怀，促成韩柳欧苏都通过科考这道门槛步入仕途；而浓郁的社会情怀，也成为他们先后遭遇流贬的重要原因，以致各自人生有了不凡的波折。原本韩柳欧苏的情怀无一不是为了社稷苍生，但他们主张的表达又受制于特定的人与事，从而让人生的跌宕成为常态。与欧阳修同时的范仲淹说过：“先天下之忧而忧，后天下之乐而乐。”这话是有志者共同的心声。他说得很有诗意，其实韩柳欧苏也有这样的自我期许，无论人生是否如愿，不妨如是去率真追求，辅时及物，眼里有的就是大众。虽说路径的选择有时会影响一个人的命运，好在有浓郁的社会情怀在，做人的格局就不一般。

第一节　安得展翅乘风高翔

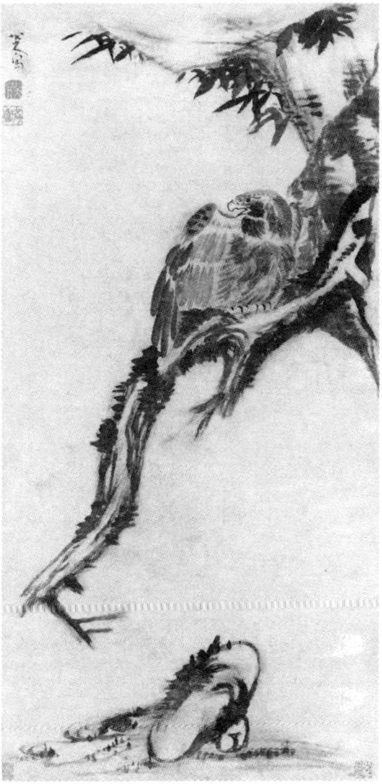

清·八大山人《松鹰图》

韩愈在《赠族侄》诗里说："我年十八九，壮气起胸中。作书献云阙，辞家逐秋蓬。"这话说得意气风发，豪情万丈，那时候他还在家乡读书，做赴京参加进士考试的准备。今传的韩愈文章，最早是作于唐德宗贞元四年（788）的《与张徐州荐薛公达书》，这一年韩愈 21 岁，所以不知道他十八九岁的时候"作书献云阙"究竟是写下了什么治国安邦之策，献给了朝廷的哪一位官员。不过，从这样的话里，可以想见年轻的韩愈很想干一番事业，成就自己的人生。这是怎样的人生呢？他流贬阳山时，在《县斋有怀》这首古风中透露过自己企盼的是"事业窥皋稷，文章蔑曹谢"。这可不是一般的怀抱，皋、稷是传说中虞舜的两位贤臣，辅佐虞舜安定天下；曹、谢即曹操的三儿子曹植和南朝宋代的谢灵运。谢灵运曾说过一句看似谦逊其实很自大的话，说是天下的文才共有一石，曹植占了八斗，他有一斗，天下文人共享一斗。韩愈说，从政，他要做皋、稷；为文，他要超越曹植和谢灵运，抱负是很大的。

贞元九年（793），韩愈给崔虞部写了封信，说自己在京城待了八九年，没有登过公卿大夫的门，也没有哪一位士大夫赏识自己。他说做不出来低三下四地求官，得失自有天命，不在于趋炎附势。在这种情况下，他宁愿“偃仰一室，啸歌古人”[①]。他说在走投无路的情况下，宁愿自己待在家里，欲俯则俯，欲仰则仰，逍遥悠然，想古人，说古人，陪伴古人生活。

韩愈对崔虞部说，他最不满意的是今人不及古人，古人天天追求上进，今人天天甘于落伍，今不如古。古人四十岁出来做官，仍然为学求道，至死不倦，因此事业功德越老越显著。现在的人“务利而遗道，其学其问，以之取名致官而已。得一名，获一位，则弃其业而役役于持权者之门，故其事业功德日以忘，月以削，老而益昏，死而遂亡”[②]。在他看来，做人怎么能为求名求利而务学问、得了名利就忘了学问呢？如果把学问当作名利的敲门砖，那么名利的门开了，学问就不重要了。这些人就会一个劲地为当权者效力，人生的最终结果就与古人大不一样：事业功德会一天天被遗忘，越老越昏，死后自然湮没。今人不如古人不仅表现在这里，还表现在古人有疑惑就求师，不像今人耻于相师，他对此很有伤感。

韩愈对今人好名利不以为然，今人沉溺于此，不能解脱。战国晚年韩非说过一番普通而很深刻的道理，做车子的工匠希望人富贵，做棺材的工匠希望人死亡，这两种人看来大不相同，但韩非说不是做车子的工匠善良，做棺材的工匠邪恶，是因为人不富

① 韩愈：《上考功崔虞部书》。

② 韩愈：《上考功崔虞部书》。

贵车子卖不出去，人不死亡棺材卖不出去，他们心中把持的都是利益。基于此，韩非说要用法令控制人们的欲望，不能放纵人的欲望，以免造成社会失序。

韩愈说，古人做官，因为“行道为学，既已大成，而又之死不倦，故其事业功德，老而益明，死而益光。”此时他才26岁，距古人40岁出仕还有14年，他希望自己能像古人一样，行道不息，至死不倦，死后名垂青史。而不像今人那样，弃道德不顾，唯名利是图，死后湮灭无闻。韩愈要走传统以功业传世的道路，所以非常渴望入仕而有所作为。但他当时的生活状态不太好，既贫穷又怀才不遇，没钱租房，没钱请佣人，就连粗糙的衣服和食物也没有，骑着马出门却不知道该往哪儿走。天道未丧，天命未绝，难道我韩愈应该这样困顿吗?

贞元十年（794），27岁的韩愈在参加博学宏词科考试时，给韦舍人讲了一个故事：在天池之滨、大江之畔有一个“怪物”，任何有鳞甲的动物都不能与它相比。它一旦得水就能够呼风唤雨，在天空中上下翻腾；如果不得水，那就只能在方寸之间徘徊，不用高山旷野绝险之地就能困住它。它因无水而遭困时，十之八九要被猵獭这样的小动物嘲笑，如果有能量的人同情它的失意，花点举手投足的力气就能让它与水相逢。不过，这“怪物”素有抱负，宁可烂死在泥沙中，也不愿俯首帖耳，摇尾乞怜。因此有能力的人遇到它，知道它难以调理而熟视无睹，不管它的死活。韩愈这个故事是为自己编的，最后干脆点明了，说我韩愈就像这“怪物”呀，你韦舍人就是我说的有力量的人，阁下应该可怜可怜我，伸手帮我一把。

这一年，韩愈还给风翔邢尚书写了封信，同样诉说自己的穷困贫贱和不同凡俗。不是吗？他韩愈一介布衣，7岁读书，13岁能文，25 岁得进士，文名传播四方。不仅如此，“前古之兴亡，未尝不经于心也；当世之得失，未尝不留于意也”[①]。这让人看到了韩愈的政治抱负，尽管这时他的确很不得志。他还说，一个普通的读书人，在贫穷不得志的时候，不借助王公大人就不能成就自己的抱负。相应地，王公大人不借助普通的读书人就不能扩大他的社会影响、成就他的名声。意思是彼此都有需要，相互倚重可以各取所需。既然如此，我就不必对你阿谀奉承，低三下四；你也没有什么值得骄傲、趾高气扬的。韩愈本来是求人引荐，却把话说得不卑不亢。

贞元十一年（795），28 岁的韩愈东归河阳，途遇使者用笼子装着两只鸟——白乌和白鸜鹆，进京献给天子。他想到这两只鸟因为羽毛不同于其他鸟而有见天子的机会，甚至可能得到天子的宠爱，不禁感慨：“明夫遭时者，虽小善必达；不遭时者，累善无所容焉。”[②] 他二十多年来一言一行不敢有违于道，命运居然连这两只鸟都不如，想见天子哪有可能？不说见天子，关键是他很想谋个一官半职，就是没有人举荐他，让他如愿。这一年，他写下的上宰相三书也多表达了类似的痛苦。韩愈那时勇于进取，内心焦灼。他真有些急了，有才不能为人所用，怎么能够改变自己的生活待遇呢？

贞元十一年（795），韩愈在给崔立之的信中说，现下的社会风俗不像古代的那么淳朴，边境还时有战事，陛下很不高兴，宰相也十分忧愁。我对社会问题、边境战争问题做过研究，你可以把我推荐给宰相和陛下，让我来处置。如果不能这样的话，那我

---

① 韩愈：《与凤翔邢尚书书》。

② 韩愈：《感二鸟赋》。

将去广阔的旷野躬耕，到寂寞的河边垂钓，在那里“求国家之遗事，考贤人哲士之终始，作唐之一经，垂之于无穷。诛奸谀于既死，发潜德之幽光，二者将必有一可”[①]。韩愈把话说到这份上，他想奉献社会以建立名声的愿望就更清楚了。古人说人生有三不朽，最先是立德，其次是立功，最后是立言。儒学的祖师爷孔子、孟子把立德、立功置于立言之前，直到晚年才潜心著述。韩愈说自己也将这样，如果不能报效朝廷、服务民众，那就去写唐史，搜集国家的遗事，考察贤人哲士的一生，批评已死的奸臣谀士，彰扬隐性道德的光芒，他相信自己能够做好其中的一个方面。

话是这么说，韩愈有能力去“作唐之一经”，以撰史让自己也载入史册，但他那时无心撰史，热心进入仕途，谋一官半职建立自己的功业，因此始终没有放弃对仕途的追求。他两次大的遭贬，就和这样的思想取向有关系。但他长时间都很纠结，贞元十一年（795）给崔立之说过的话，两年后他又在《复志赋》中自白：“既识路又疾驱兮，孰知余力之不任。”他认得了怎样的道路而快步奔跑呢？这就是为官之路，所以在京城求官不成，就到汴州（今河南开封）求官，哪怕只做了一个小小的幕僚。但这与他想入仕途的初衷是相违背的，他心有不甘，自言自语力不能胜任，是自视甚高，内心的期望也高，可拾青紫，直达云天，却不知自己当时不具备这样的才能，也没有得到这样的机遇。于是反复嘀咕“进既不获其志愿兮，退将遁而穷居”，说是不能实现理想就远离红尘，甘贫隐居，但他始终没有“退遁”，而是在不断地寻求进取，“往者不可复兮，冀来今之可望”，他期待着光明的未来。

---

① 韩愈:《答崔立之书》。

贞元十五年（799），韩愈逢汴州兵乱。这一年，他写了一首不太为人关注的《忽忽》诗，读这首诗，耳旁仿佛传来韩愈的声音：

> 忽忽乎余未知生之为乐也，愿脱去而无因。安得长翮大翼如云生我身，乘风振奋出六合，绝浮尘。死生哀乐两相弃，是非得失付闲人。

这“忽忽”的忧思恍惚，取西汉司马迁的“忽忽”之意。汉武帝时的司马迁因“李陵之祸”遭遇宫刑以后，在《报任安书》里说自己念及人生的极大耻辱，痛苦万分，“肠一日而九回，居则忽忽若有所亡，出则不知其所往”。韩愈那时忧思太重，他在汴州兵乱后到徐州投奔张建封，仍然是一介幕僚，他想摆脱这种窘况，一时找不到合适的理由，猛然说了一句“安得长翮大翼如云生我身，乘风振奋出六合”。他想长出如天上云彩一样的巨大翅膀，乘风展翅于六合之外，暗喻远离尘俗，不论死生哀乐，也不论是非得失。这夸张、比喻受庄子大鹏逍遥的影响，想象出奇，根底还是理想高远。只是理想与现实有很大的距离，但不妨碍他的坚毅与执着。韩愈自称不是不能居闲，居闲生计不能维持怎么办？不是不想求仕，求仕能力不够怎么办？居闲与求仕，“两事皆害性，一生恒苦心”[①]，实在是令人烦恼。

同年，他还写了《龊龊》诗，在诗中说自己是一个“龊龊”即拘谨慎微的读书人，尽管饥寒交迫，但“报国心皎洁，念时涕汍澜”，他用“汍澜”形容自己泪水流淌不停，正是因社会理想没能实现而伤感。这时韩愈想做一个谏官，为朝廷进言，

---

① 韩愈：《从仕》。

献计献策，只恨没有办法获得这样的职位，所以他在诗里又说“致君岂无术，自进诚独难”。第二年，韩愈有《海水》诗，诗里说海水浩瀚而有吞舟之鲸，树林枝繁而有垂天之鹏，早先“我鳞不盈寸，我羽不盈尺”，现在“我鳞日已大，我羽日已修。风波无所苦，还作鲸鹏游”。此时他已31岁，觉得自己学有所成，可流落徐州，地位卑下，很不得意；畅想未来，觉得自己必会大有作为，对前途满是信心。有点像前辈李白在感叹行路难时说的“长风破浪会有时，直挂云帆济沧海”。他内心的纠结并不亚于李白，只是在诗歌里没有像李白那样狂放地表达自己的情绪。

韩愈的《杂说》四篇写得很有味道，最有名的是第四篇即《马说》，从文章的情绪和思想趋向来看，很有可能写于这一时期。他在这篇小文里说：“世有伯乐，然后有千里马。千里马常有，而伯乐不常有。”千里马不遇伯乐，当然是千里马和伯乐共同的悲剧。韩愈在这里讲述他们的故事，重心是说千里马的遭遇。千里马的悲惨，关键是不为人识，不知道它是千里马而以常马待之，甚至不给它常马的生活待遇。千里马吃不饱，力气不足，怎么可能表现出日行千里的才能呢？相反地，千里马会死于马厩的槽枥之间、死于养马人之手，谁知道它是千里马呢？韩愈把这个故事讲得很沉重，他提出对千里马要用对应的方法鞭策，对应的食物供给，并懂得它的鸣叫是什么意思。如果做不到这三点，哪里有千里马可供驱驰呢？这是一个寓言故事，韩愈以寓言里不为人识的千里马自喻，大声呼唤伯乐，可世上的伯乐在哪里呢？不能自我引荐的韩愈，很希望有人引荐他，可真能引荐他的人又在哪里呢？同时他在《杂说》第一篇《龙说》里说龙与云的关系，也别有用意。他说龙嘘气而成云，云本没有龙的灵性，但龙乘云才能游于茫茫

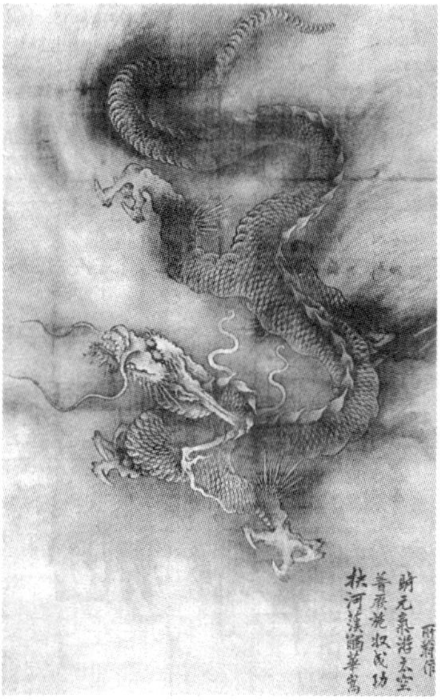

宋・陈容《云龙图》

的天地之间；龙变化万千，使云有了灵性，也变化万千。龙的灵性本不是云给予的，但龙没有云，龙就失去了依托。云从龙，龙亦离不了云。韩愈把这故事讲得活灵活现，却是在以龙喻君，以云喻臣，龙离不得云，当然是君离不得臣，他说自己就该是那龙可凭依的云哪。什么时候可以是呢？

韩愈用心良苦，贞元十八年（802）他终于做了京官四门博士，随后又因进言被贬为阳山县令，人生稍得志即失志。元和元年（806）后，他相继任国子博士、太学博士，这段日子很长，待到元和八年（813），他又有点按捺不住了，写了《进学解》，以国子先生教训弟子的名义，“轻松”地吐心里的苦水。他教导弟子们牢记“业精于勤，荒于嬉；行成于思，毁于随”，要弟子们注重勤奋和独立思考，不要贪于嬉戏和随顺。他跟弟子们说：你们学有所成，就会获选为朝廷所用，不必忧虑主管选拔的官员不贤明不公正。有弟子反问：老师您自己呢？我们跟随您这么多年，您天天口吟六艺之文，天天手披百家之编，提要钩玄，细大不捐，夜以继日，长年不怠，学业够勤奋的了。不单是这样，您为儒学抵制异端，排斥佛老，补裂缝，堵漏洞，旁搜远绍，博采众长，文章写得深厚宏放，有这么多学问和本事。还有您为人非常好，做事也不含糊，为什么先生的命运却不太好，朝廷没有人想着重用您，私下没有什么朋友帮助您。您就像一匹陷于困境里的狼，往前走会踩自己脖子的肉，往后退会被自己的尾巴绊倒，前后为难，动辄得咎。一度当了监察御史，又被贬到阳山；当了三年的国子博士，行为懒散不见成效。命运好像和您有仇一样，要不多久就会让您大败。还有，您看看自己的家吧：冬天暖和，你儿女没有穿的，一个劲喊冷；年成丰收，您妻子没有吃的，还在喊饿。再看看您自己，头发没了，牙齿掉了，就是死了，也于事无补。您不好好想想这些事，反而来教训我们。

《进学解》的弟子做了韩愈的传声筒，弟子的这些话，是韩愈变相的自我表扬，也是变相的乞怜之辞。他觉得自己虽为国子博士，仍然是不得其用，不应该久滞于国子博士而不得升迁，他想做什么呢？最能表现韩愈人生理想的是“五原”中的《原道》。这“道”韩愈有说法：“博爱之谓仁，行而宜之之谓义，由是而之焉之谓道。”他探究“道”的“端末”，是要看“道”的源在哪里，“道”的流在哪里，说白了就是仁义的源与流。他从远古说起，果决地说这“道”不是佛老之道，而是孔子、孟子的仁义之道。这仁义的源流他归结为：“尧以是传之舜，舜以是传之禹，禹以是传之汤，汤以是传之文、武、周公，文、武、周公传之孔子，孔子传之孟轲。轲之死，不得其传焉。荀与扬也，择焉而不精，语焉而不详。”这就是韩愈著名的道统论。

道统是儒学仁义的谱系，唐尧、虞舜的时代天下为公，孔子和孟子好称尧、舜，以他们为精神偶像。韩愈从尧、舜说起，说到孟子就感到情况发生了很大的变化，主要是战国末年的继承者荀子和西汉的扬雄，没有能够很好地弘扬孔孟的思想精华，以致荀子、扬雄之后，以仁义构成的道统没有得到传承。类似的话韩愈还在《送浮屠文畅师序》里说过。他说中国许多人世世代代坚守儒学道统，在历史上已经产生了意义，西汉贾谊就说，秦王朝之所以很快灭亡，根于攻天下与守天下的形势变了，而秦王朝统治者守天下时不施行仁义，依旧采用攻天下的方法。西汉之后，韩愈以前的各个朝代在立国之后，少有不重以民为本、以仁义治天下的。韩愈对文畅说：天下之道，最大的是仁义，教化最正的是礼乐刑政，施行于天下，万物适宜，用之于人，体安而气平。这也是仁义的现实意义，既可以治国安民，又可以安体养身，当然是不能够须臾舍弃的。

回到《原道》上来，韩愈正是在梳理儒学道统的时候，告诉人们他在想什么。他引用了《礼记·大学》里明德以治国、齐家、修身、正心、诚意的理论。以诚意、正心为修身的起点，修身是齐家的基石，能齐家方能治国（诸侯国），能治国方能平天下。这样的修行与追求历程一以贯之的是道，是仁义，也就透出了韩愈最大的人生理想：以仁义治天下。实现这理想对韩愈来说是很大的挑战，唐前且不说，初唐以来，儒、佛、道三教的相互渗透或说融合就在发生，礼佛、礼道或者是崇佛、崇道是常事。他以一己之力直面这一严峻现实，恨不得把佛、道荡涤干净，所以他连性命都不顾，以《论佛骨表》执意反对唐宪宗迎佛骨到宫中供奉，苏轼说他“忠犯人主之怒”。

韩愈要以儒学的仁义治民、治天下，以《诗》《书》《易》《春秋》为教材，以礼仪、音乐、刑法、政令为法式，遵循君臣、父子、师友、宾主、昆弟、夫妇的伦理秩序，以麻、丝、宫室、粟米、果蔬、鱼肉为日常生活所需，让士、农、工、商各有自己的生活。他还说：仁义之道易懂，以仁义教化容易践行，“以之为己，则顺而祥；以之为人，则爱而公；以之为心，则和而平；以之为天下国家，无所处而不当。是故生则得其情，死则尽其常”。你看，用仁义治民、治天下是多么美好的事情哪！为己、为人、为心、为天下国家，无所不宜。韩愈尊孔，觉得在尊孔上孟子的功劳最大，是他让孔子之道广为传播，为人推崇，所以韩愈对孟子也很尊敬。

他自己的仁政理想，受孟子的影响很深。孟子曾经和齐宣王谈仁政，不仅说了“老吾老以及人之老，幼吾幼以及人之幼”这些推己及人的话，而且为齐宣王描绘了这样一幅社会图景：百姓有固定田产，自食其力，上事父母，下养妻子儿女，无饥寒之患，行有余力就学习孝悌礼义，那么天下做官的人都愿意在齐国做官，农夫都想在齐国的田地上耕作，生意人都想把货物贮藏在齐国的集市，旅行的人都想行走在齐国的道路上，天下对自己国君有怨恨的人，都想到齐国来申冤报仇。那时候诸侯纷争，谁都想一统天下，孟子这么说是想激励齐宣王以仁义称王天下。

韩愈所在的中唐天下一统，不再有孟子说的称王天下、诸侯臣服的事。但施行仁政、百姓和睦、天下太平，仍然是社会需求。他这个敢于逆俗为师的人，看重教育的作用，也是基于社会太平，百姓乐业。这和孟子说先吃饱穿暖、没有生活之忧再去学习很不一样，而且他的主张更细致了。

韩愈曾写过一篇《争臣论》，批评谏议大夫阳城，说他在位的时间长，又熟知天下得失，天子对他非常好，但阳城发声没有一句话涉及时政。韩愈说，你的职位为谏议大夫，享受下大夫俸禄，问政则说不知道。有道之士难道应该这样吗？古代的圣人贤士得道不敢独善其身，一定要兼济天下，死而后已。你居官不尽职，应该辞官而去才是。他甚至严厉地疾呼：“君子居其位，则思死其官；未得位，则思修其辞以明其道。”[①] 做官死而后已，不做官就以文明道，这样高的人生追求，韩愈说自己可以做到。所以他这个儒臣，竟然可以居位时“勇夺三军之帅”。这是元和十二年（817）的事。前一年，韩愈给唐宪宗上了《论淮西事宜状》，为

① 韩愈：《争臣论》，亦作《谏臣论》或《诤臣论》。

平息淮西之乱献策，主张以必胜之师即集四海九州之力，速战速决。所以这年 50 岁的韩愈，在宰相裴度征淮西以平定吴元济之乱时，担任了裴度的行军司马即军事参谋。淮西乱平，班师还朝后韩愈被任命为刑部侍郎。事后发生了韩愈反对唐宪宗迎佛骨供奉于宫中而被贬为潮州刺史的事，直到元和十五年（820）他才得以回京任国子祭酒、转兵部侍郎，又遇镇州王廷凑兵乱、成德节度使田弘正被杀事件。唐穆宗长庆二年（822），韩愈奉命去镇州宣抚王廷凑兵乱，一路兴奋异常，有《奉使镇州，行次承天行营，奉酬裴司空》诗为证：

窜逐三年海上归，逢公复此著征衣。
旋吟佳句还鞭马，恨不身先去鸟飞。

看得出，韩愈很希望建功立业，但他徒手前往，性命难卜。那时也有一些人担心韩愈此行有去无回，连宰相元稹都止不住上书说“韩愈可惜”。唐穆宗也很后悔，担心韩愈遭遇不测，紧急派人制止已经成行的韩愈，让他到边境后察看情势，不要擅入王廷凑军营。韩愈回复说，哪里有接受了陛下的任命，而只顾自己性命滞留的，于是驱马疾驰至叛军军营。面对剑拔弩张、怒目相对的叛军将士，韩愈侃侃陈辞，晓以利害，最终王廷凑被他一席话感动，流泪下令撤军，解了深冀节度使牛元翼之围，之后王廷凑率部归顺朝廷。韩愈返京时，写下了《镇州初归》：“别来杨柳街头树，摆弄春风只欲飞。还有小园桃李在，留花不发待郎归。”这首诗短小沉着，掩饰不了韩愈以凛然正气单枪匹马在镇州平乱大获成功后的喜悦心情。

韩愈两度遭贬，没有妨碍他对大唐王朝的忠诚，卫道与卫国都足以让他不顾个人的前途和安危。他说得道就兼济天下，而自己就是这么做的。他的“道”是儒学的仁义，这仁义有对社会的普爱，对朝廷的忠诚，还有杀身成仁、舍生取义的慷慨浩然。当然，韩愈还有一个理想，即兴古文以变时风。他是那个时代以古文卫道的勇士，宋代的欧阳修在看到韩愈梳理的儒学道统以后，就说韩愈是儒学道统的继承者；他又是那个时代古文的旗手，后人说起唐代古文代表性人物，也是首推韩愈，没有人能够超越。这一点，后面再说。

虽说韩愈的人生理想贯穿了孔孟的仁义精神，但他在思想上亦不乏个性和创见，譬如孟子说人性本善，荀子说人性本恶，扬雄说性善性恶相混。而韩愈说人性三品，上品是善；中品有善有恶，向上为善，向下为恶；下品是恶。他还有情的三品说，情志的品位视人性的品位而定。这又是另外的话了。

韩愈一生说了许多想退隐的话，也因为不得志发了许多牢骚，他最后官至吏部侍郎、兵部侍郎、御史大夫、京兆尹。在这样的时候，不知算不算人生的意愿已足。因为他在《送李愿归盘谷序》里，描绘了人世间的“大丈夫”，并讥讽“大丈夫”前呼后拥，喜赏怒刑，希望“大丈夫”能够“利泽施于人，名声昭于时，坐于庙朝，进退百官，而佐天子出令”，尽管他自己没有达到这样的境界，但他居位时正道直行，勤恳敬业，置生死于度外，体现了一个兼济天下者的责任和担当。知而能行，知而即行，在那个时代是韩愈这一类士人的一种常态，表现出人生进取的高度自觉，与他同时的柳宗元是这样，后来的欧阳修、苏轼也是这样。安得展翅乘风高翔，在能够高翔的时候，韩愈是毫不迟疑的。

第二节　辅时及物利安百姓

元·倪瓒《幽涧寒松图》(局部)

柳宗元流贬永州，终有人生的苦闷，死后韩愈为他写的墓志铭，称道他是少年英才，很有必为世用的自信和气概。但他跟随王叔文搞了短命的政治革新，先贬永州司马，再贬柳州刺史，前后15年都被“打入了冷宫”，生活在偏远的永州和柳州，人生失落。他的才能尽管在柳州时有所施展，终究还是不得其用。柳宗元在永州时写过一首《独觉》:

觉来窗牖空，寥落雨声晓。
良游怨迟暮，末事惊纷扰。
为问经世心，古人谁[1]尽了？

这首诗五言六句，空窗牖与雨寥落，内外交织成很浓的孤独、

① 谁，一作难。

寂寞感，暗示流贬永州难有知己。他咏叹“良游怨迟暮”，有功业未成、人生已老的惆怅。他没有说自己为什么“末事”即小事惊扰，但最后一句的“经世心”透露了这小事当是经世事。柳宗元身为贬官并没有放下世事，缘于他的性情和早年抱负。在永州他还说“少时陈力希公侯，许国不复为身谋”。这是他胸襟的很好写照，他少时即欲许身报国，风华正茂时却因参加王叔文永贞革新失败而遭贬，因此有“风波一跌逝万里，壮心瓦解空缧囚”[①]的哀怨，自称在永州犹若被拘禁的囚徒，许身报国的壮志不复存在，老来无事，就在永州的冉溪种地，聊以为生。即使这样，他仍然憧憬有一天重为朝廷所用，因此他在诗的最后用了樊重的典故。

早年的柳宗元比韩愈有更大的政治热情，他在中博学宏词科前，给当时的大理寺卿写过一封信，这就是《上大理崔大卿应制举不敏启》。柳宗元说他从老师那里听说过仕进之路。最上的是有专达之能，乘时得君，取将相而施政；其次是有文行之美，积能累劳，不经科举而名著；再次是经科举选拔，得位而入仕途；最次是不知道为官要干什么，只觉别人喜欢，自己也喜欢。他在陈述了这四条仕进之路后，说与这四条路相应就有了四种人：以取科第为乐者，以位列朝廷为乐者，以取将相为乐者，以安天下为乐者。他是哪一种人呢？他只说登科得名不更加荣耀，失名不更加忧愁，成名对有远大理想的人来说并没有大的作用，希望能够得到崔大卿的提携。所以，他对崔大卿说自己“伏候门屏，敢俟招纳”。话说得很谦卑，言下之意是自己志向远大，可以用他以安天下。

---

① 柳宗元：《冉溪》。

柳宗元中博学宏词科后被任命为集贤殿正字，正式进入仕途。33 岁时，柳宗元从监察御史里行升迁礼部员外郎，是他人生最辉煌的时候，他广为交游，性情放达，好事而锐进，极具个性。他曾经在《答问》里说，那时候自己稍有学问，但不守师说，心信古书，认为凡事都很容易，不权衡当世急务，只是信口而言，闭目而息，固执前行，遇挫才止；不论喜怒，不究曲直，冲入罗网、掉进陷阱也在所不惜，实在是愚蠢狂妄得不近情理了。那时，柳宗元自视太高，傲然面世，广交朋友，相交最深的是唐顺宗身边的王叔文。

柳宗元那时的文章就写得很好，但他不太看得起为文之道，他曾在元和四年（809）完成《非国语》后，对年少而才气壮健的友人吴武陵说："仆之为文久矣，然心少之，不务也，以为是特博弈之雄耳。故在长安时，不以是取名誉，意欲施之事实，以辅时及物为道。自为罪人，舍恐惧则闲无事，故聊复为之。然而辅时及物之道，不可陈于今，则宜垂于后。言而不文则泥，然则文者固不可少耶？"[①] 他能文不过是"博弈之雄"的说法，是把文章写作当作游戏来看，西汉的辞赋家枚皋、史学家司马迁都觉得那时的文人形同倡优，所作之文只是让帝王一乐，没有什么实际的社会作用。自魏曹丕说文章是经国大业、不朽盛事之后，文章的地位空前提高，但柳宗元不以为然，仍然说文章没什么用处，没有必要获取文名，想的、要做的都是实务。这实务他称之为"辅时及物"，也就是顺应时势，为当世奉献自己的力量。这信是柳宗元在永州时写的，此时他远离大唐王朝的政治文化中心，想务实而不可得。所以他仍想"辅时及物"的时候，不再说怎样怀抱

---

① 柳宗元：《答吴武陵论〈非国语〉书》。宜，一作直；耶，一作也。

这一理念去实践，而是说在闲居无事的时候，把“辅时及物”的理念化为文字，让它们流传后世。他还说这些文字最好是有点文采，因为人们一直认为言之无文，行而不远，柳宗元是懂这一点的。

柳宗元说自己想的是投身社会，不过“辅时及物”的人生抱负还是说得粗略了些。同年他给京兆尹许孟容写了一封信，谈到自己的人生理想。他说：“宗元早岁，与负罪者亲善，始奇其能，谓可以共立仁义，裨教化。过不自料，勤勤勉励，唯以中[1]正信义为志，以兴尧、舜、孔子之道，利安元元为务，不知愚陋，不可力强，其素意如此也。”[2]他的话说得很恳切，说当时与王叔文交好，是欣赏他的才能，想的是兴仁义，助教化；想的是中正信义和尧、舜、孔子之道；想的是利天下、安百姓，这是怎样的襟怀呀！他的“辅时及物”以这些为内涵，可见柳宗元的人生抱负与韩愈的一样，想以仁义教化天下，使天下和睦安宁。不过在具体的实施上，他和韩愈又很不一样。柳宗元崇拜王叔文，紧跟他急于搞社会革新；而韩愈对王叔文没有什么好感，说他好自以为是。这自当别论。

柳宗元那时写过一篇《四维论》，《管子·牧民》提出了国有四维即一礼、二义、三廉、四耻。柳文对此做了进一步的探讨。管子把四维说得很重，四维绝则国家会倾危覆灭，实在是不能掉以轻心。柳宗元觉得这四维应该是两维才对，因为廉与耻是“义”的小节，不能与“义”相提并论，能够与“义”相颉颃的只有“仁”。他说：“圣人之所以立天下，曰仁义。仁主恩，义主断。恩者亲之，

---

① 中，一作忠。

② 柳宗元：《寄许京兆孟容书》。

断者宜之，而理道毕矣。”理在哪儿呢？施仁义为道，得仁义为德，行仁义为礼，诚仁义为信，名各不同，但都出自仁义。这些话简洁、通透，告诉人们他主张用仁义治理天下。与韩愈一样，走到孔子德治、孟子仁政的路上去了。但他是有自己想法的人，孟子说仁义忠信是“天爵”，柳宗元说，天贵人就会赋予人刚健之气和纯粹品德，使人成为圣人或贤人，而刚健之气注于人为“意志”，纯粹品德注于人为“明智”，天爵应该是“明智”与“意志”的综合，它包含了仁义忠信，比讲仁义忠信有更开阔的视野。所以在他看来，居官就要守道，守道自然是要行道，官、道一体，绝不能守官而不守道。如果这样的话，难免有一天会因失道而失官的。

柳宗元是务实的人，不信天命、不信鬼神而信人事，对天与人有这样的区分：“生植与灾荒，皆天也；法制与悖乱，皆人也，二之而已。其事各行不相预，而凶丰理乱出焉，究之矣。”[①]万物生长以及灾荒是自然现象，社会的法制与悖乱则是人为结果。天事与人事各行其道，由此造成的灾年和丰年、太平和动乱也是有别的，不宜把天事归于人事，也不宜把人事归于天事。社会生活中人们对神的乞求总有。柳宗元引用了周惠王十五年（前662）“神降于莘”的典故，内史过在为周惠王解读“神降于莘”时说：“有道而得神，就是逢福；无道而得神，就是贪祸。莘是虢国的地盘，虢国有淫乱之事发生，看来它是要灭亡了。”柳宗元厉色批评道：“力足者取乎人，力不足者取乎神。所谓足，足乎道之谓也，尧、舜是也。”[②]他肯定尧、舜之道的作用，责问为什么不努力效仿尧、舜而行其道。柳宗元的思想很坚定，认为人生一世该信自

---

① 柳宗元：《答刘禹锡〈天论〉书》。

② 柳宗元：《非国语·神降于莘》。

己不信神才是。他还说："圣人之道，不穷异以为神，不引天以为高，得于人，备于事，如斯而已矣。"[①] 朝廷政令为什么要依时而动、依天命鬼神而动呢？这既不是圣人之道，也不是圣人之教。圣人之教要立中道明示于后人，这中道是"五常"即仁、义、礼、智、信，根本上还是孔孟的德治、仁政之道。而赏罚应该是惩恶劝善，速赏速罚，真正起到惩劝的作用，最终形成充满仁爱的和谐社会局面。

柳宗元在永州讲了一则捕蛇者的故事，题为《捕蛇者说》。永州有一种黑质白花纹的蛇，剧毒，触草木则草木死，咬人则人死，无一可以幸免。如果以这种蛇为药饵，可以治疗麻风、挛踠、颈肿等疾病。御医借皇帝的命令募集捕蛇人，以抵赋税，永州人争先恐后。有家姓蒋的人三代都从事捕蛇以免缴赋税，结果祖父和父亲都死于毒蛇，他自己也几次差点被毒蛇咬死。柳宗元听了很伤感，对蒋氏说："我去对管事的人说，让你换种差事，恢复你照常缴纳赋税。"蒋氏悲伤地流着泪说："你怜悯我，怕我被毒蛇咬死，但你不知道缴纳赋税的不幸，远胜捕蛇免赋税的不幸。我的乡邻不是死于赋税就是迁走他乡了，我因为捕蛇独存。乡邻遭悍吏催逼赋税，天天都有死亡的危险，而我一年只有两次可能遭遇死亡。即使我现在死去，也比我的乡邻死得晚多了。"柳宗元不禁感慨地说，苛政猛于这黑质白花的毒蛇，就像孔子说的苛政猛于虎一样。缴纳赋税看似平常，在这个故事里有点惊心动魄。柳宗元通过这个故事，尖锐批评施政者为政不仁，与他崇尚的以仁义治天下背道而驰。

柳宗元是坚定的政治家，他在《封建论》里讨论分封制和郡

① 柳宗元:《时令论上》。

县制的利弊，说从尧、舜时到西、东二周，诸侯林立，实行分封制是形势所趋，并非圣人的本意。秦始皇实行郡县制，唐兴承秦制也实行郡县制，他不主张复归传统的分封制，而支持大唐王朝实行的郡县制。这是针对当时社会藩镇割据的局面，以坚持郡县制保持朝廷集权的基本格局。他说两周的列侯骄盈[①]，混乱的诸侯国多，太平的诸侯国少，失误在于制度，不在于政令；秦王朝一统天下，郡县不能正其制，守宰不能行其令，加上酷刑苦役，终致灭亡，失误在于政令，不在于制度。唐王朝只要尽置郡县，慎重地委任守宰，控制军队，国家也就稳定了。天下之道，民为邦本，得百姓拥戴才能太平。为此关键是善于用人，“使贤者居上，不肖者居下，而后可以理安”，这贤者是心怀仁义的守道者。无论是天地之道尚德而尊功，还是帝王之道崇德而赏功，德都是第一位的，德的核心是仁义。

柳宗元以仁义治天下的想法和韩愈一致，但他受唐以来三教合一思想的影响较大，在奉儒上没有韩愈那样专一。韩愈坚定地排斥佛、老，但柳宗元说老子是孔子的异流，杨墨申韩之学、刑名纵横之说有相互矛盾的地方，但都能辅佐社会的发展，佛教也与孔子之学同道。他在柳州重建柳江南岸被火烧毁的大云寺时，写下了《柳州复大云寺记》，其中就说因为这一带流行佛教，人们不再信鬼神而信佛教，并且“务趣于仁爱”，这就和孔孟的仁爱走到一起了，虽说二者在本质上有差异。不过，柳宗元在《送僧浩初序》里说韩愈对他和僧人交往是有意见的，批评他不排斥佛教，他说韩愈好儒没有超过杨子（杨朱），杨子对庄墨申韩各有所取，难道佛教不及庄墨申韩吗？还说韩愈批评佛教不过停留

---

① 盈，一作淫。

在表面，哪里知道石中含玉呢？世俗争名夺利互相倾轧，僧人不争强逞能，乐山水好闲逸，自己喜欢与他们交往就是因为如此。这是另外的话题。

柳宗元在“以中正信义为志，以兴尧、舜、孔子之道，利安元元为务”[①]的人生追求中，他鄙薄仗势逞强、贪得无厌且连性命都不顾的人，写了《三戒》《蝜蝂传》《哀溺文》等文章痛加嘲讽，暗示人生应该在待人接物时安守本分，在物质利益面前保持克制，当取则取，当舍则舍。同时以《梓人传》和《种树郭橐驼传》讲述社会治理的方法，让做官者以梓人和郭橐驼为榜样，尽好自己的职责。

柳宗元《梓人传》说京城姐夫裴封叔家工匠杨潜的故事。杨工匠没有一般木匠的手艺，而是“善度材，视栋宇之制，高深、圆方、短长之宜，吾指使而群工役焉。舍我，众莫能就一宇”。他说得很明白，自己的本事是度量建筑材料的用途，根据房屋构造就能知道材料的圆方、短长应该怎样安排，然后分工制作。柳宗元开始不以为然，因为杨木匠连自己

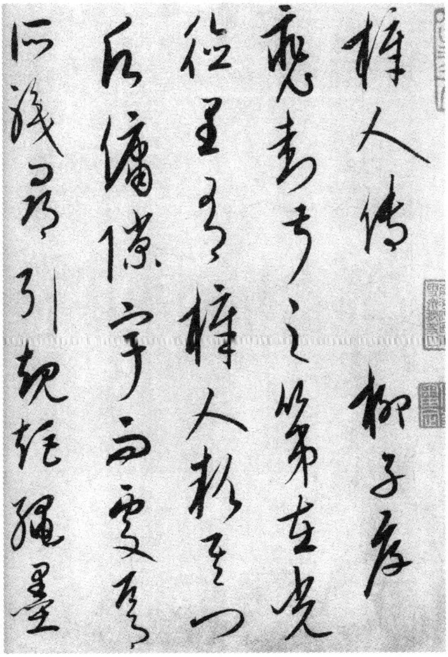

元·康里巎巎草书柳宗元《梓人传》(局部)

① 柳宗元:《寄许京兆孟容书》。

的床脚断了都不会修理，分工钱竟然拿得最多，简直是一个“无能而贪禄嗜货者”。后来，柳宗元看到杨工匠为京兆尹装修官署，所有工匠都看他的脸色，听他的指令，人各尽其才，物各尽其用，大厦建成毫无差错。柳宗元大为震惊，感慨地说杨工匠是“舍其手艺，专其心智”的劳心者，“能者用而智者谋，彼其智者欤”。杨木匠就是善于谋划的智者，柳宗元说这种人是可以去做宰相辅佐天子的。也就是说，宰相当劳心、当用智，当懂得做宰相的职责和治理国家的方法，柳宗元过早地遭流贬，也只能想象做宰相该是什么样子。

柳宗元《种树郭橐驼传》讲了长安西边丰乐乡郭橐驼种树的故事。郭橐驼种植的或移栽的树，枝繁叶茂，果实早熟。种树的方法是“顺木之天，以致其性”。即“凡植木之性，其本欲舒，其培欲平，其土欲故，其筑欲密。既然已，勿动勿虑，去不复顾。其莳也若子，其置也若弃，则其天者全而其性得矣”。而其他的种树人就不是这样，树根本要舒展，却让树根卷曲；应用旧土，却用新土；培土应当均匀，却不是培厚了，就是培薄了，不是培紧了，就是培松了。树种好后，本不应干扰，他们却清晨看望，傍晚抚摸，甚至把树皮掐破看树活了没有，摇动树根看树栽得松还是紧，远离了树的天性，树也就不能活了。柳宗元听了这番话，不禁从郭橐驼种树之道想到为官之道，做一个好官，不宜以繁政扰民，弄得百姓日夜不宁。《捕蛇者说》里蒋氏说的“悍吏之来吾乡，叫嚣乎东西，隳突乎南北，哗然而骇者，虽鸡狗不得宁焉”。这不正是繁政扰民吗？以致百姓难以为生，或死亡，或逃离了。

《梓人传》《种树郭橐驼传》寄托了柳宗元的政治理想，他谪居永州，抱负不得施展，还是有很多的痛苦。元和四年（809）

他曾给左拾遗翰林学士李建写信说自己身患痞疾，腹内郁结成块，十分痛苦。以前一两天发作一次，现在一个月发作两三次，服用当地的槟榔、余甘，消除腹内郁结，却又伤了正气，弄得“行则膝颤，坐则髀痹”。最苦的还不是身体上的病，而是才能无所用的愁闷。他说自己待在永州这个偏远的地方，有愁闷应当外出游山玩水，山上有毒蛇野蜂，水里有射工沙虱，有时看到好树佳石，会心一笑，笑过之后心里又不快乐了。这主要是因为自己在这里像坐牢一样，遇见美丽的景致，不觉靠墙伸展一下肢体，那时真的感觉很舒服；然而抬头看看天，俯身看看地，所在的地方方圆不过一丈，这怎么能让他保持长久的快感呢？“明时百姓，皆获欢乐；仆士人，颇识古今理道，独怆怆如此。诚不足为理世下执事，至比愚夫愚妇，又不可得，窃自悼也。”[①]他说的“明时”是颂扬当时君圣臣贤，在这样的时代老百姓都享受着生活的欢乐，而他这个懂得古今太平之道的人，却悲凉地困在永州，不能在这太平世道做一个管理者，连普通百姓享有的快乐都没有，实在令人伤感。他对李建说，尽管这样，他内心的恐惧稍稍平定一下后，仍然攻读经史诸子，以见圣人治理社会的用心以及贤士君子立志的本分，为此日负若饴。

柳宗元在永州的处境，没有任何施展政治抱负的可能，这也促成了他在著述上的努力。他早年不屑著述，也是自视有才能的文人常有的事。孔子游说诸侯 14 年，功业不成才回鲁国，70 岁修订《春秋》；孟子游说齐宣王、梁惠王，宣传仁政王道，未获成功，晚年回家乡才和弟子一起撰《孟子》七篇。柳宗元当时一心想的是“辅时及物”，投身政坛为朝廷效力，把自己的政治理想

---

① 柳宗元：《与李翰林建书》。

付诸实践。在永州面对一时看不到尽头的流贬，总要有所表达，所以他对许孟容说："贤者不得志于今，必取贵于后，古之著书者皆是也。"① 这话道出了一个历史现象，欲立德立功的古人，往往在立德立功不成之后，转而著书立说即立言以让声名传于后世。而这样的事常与人生不得志相关。司马迁在《报任安书》里说过周文王拘而演《周易》，孔子遭厄难作《春秋》，屈原放逐赋《离骚》，左丘失明作《国语》，孙子膑脚修《兵法》。凡此，大抵是圣贤发愤而作。这"发愤而作"关键是"此人皆意有所郁结，不得通其道，故述往事、思来者"。柳宗元在永州正是"意有所郁结，不得通其道"而想发愤著书。他很谦逊地说，我是想著书，但我力薄才劣，"神志荒耗，前后遗忘"，不能成章。他还对顾十郎说自己在朝廷时没有立于当世的奇节宏议，被废逐后居于永州这穷厄之地，又不能著书，评断往古的人和事，彰明圣人的法则，以求永久的名声，进退与一般人没有什么区别。在此"长为孤囚，不能自明"② 之际，还是想著书自明并传名后世。在这一点上，柳宗元很执着，一再絮叨，说自己"常欲立言垂文"③。未被流贬之前，想而不敢；遭流贬之后，道穷无事，于是读书写书，包括从《国语》中引出一些历史故事加以评说，写成《非国语》，记录自己的读书心得。

柳宗元遭流贬后，以勤于著书实现了自己立言垂文的抱负，但这不是他最初所想的。他本指望建立功业，但遭流贬过快地离开了朝廷，朝廷不需要他建立功业，这对他来说是一个悲剧。他

---

① 柳宗元：《寄许京兆孟容书》。

② 柳宗元：《与顾十郎书》。

③ 柳宗元：《与吕道州温论〈非国语〉书》。

做了柳州刺史之后，顺应当地风俗，实践自己的社会治理思想，虽然柳州的天地很小，他在柳州施政的时间也不长，但他治理社会的才能在“惠寡恤贫，下除人瘼”[①]中还是得到了很好的体现，这是他在永州做司马无法做到的事。柳宗元在柳州曾断莫诚案，莫诚为救兄莫荡，以竹刺莫果，11天后莫果死去。按当时的法令，对莫诚当以杀人罪论处。柳宗元上书说：莫诚救兄一时紧急，中臂也不是必死之伤，莫果死去实为不幸，但不是莫诚的本意，这事值得同情，希望能够保全他的性命。柳宗元以仁义之道治柳，柳州百姓衷心拥戴他。而他在永州吊战国时不得志的乐毅所抒发的“谅遭时之不然兮，匪谋虑之不长。跽陈辞以陨涕兮，仰视天之茫茫”[②]的哀伤情怀，这时也淡化了。柳宗元曾在柳州城西北角种了二百株黄柑，并作诗说：“几时开花闻喷雪，何人摘实见垂珠？若教坐待成林日，滋味还堪养老夫。”[③]想象着黄柑花的美丽芬芳和果实的滋味香甜，真是别有生活的趣味。

不过，以“辅时及物”为己任的柳宗元有一件事不愿意做，这就是为人师。韦中立来信想拜他为师，柳宗元回信说，自孟子说了“人之患，在好为人师”之后，魏晋以来人们都不拜师了。现在听说有人为人师，人们就会讥笑他，认为他是狂人。“独韩愈奋不顾流俗，犯笑侮，收召后学，作《师说》，因抗颜而为师。世果群怪聚骂，指目牵引，而增与为言辞。”[④]柳宗元说，韩愈为人师遭人诟病，你韦中立想让我做你的老师，我不也会遭人诟病

① 柳宗元:《柳州谢上表》。

② 柳宗元:《吊乐毅文》。

③ 柳宗元:《柳州城西北隅种柑树》。

④ 柳宗元:《答韦中立论师道书》。

吗？柳宗元在《报袁君陈秀才避师名书》中也表达了同样的想法：“以为不足为，一也；世久无师弟子，决为之，且见非，且见罪，惧而不为，二也。”所谓的不足为，在韦中立想拜他为师之际，他说环视四周，没有看到可以为师的人，包括他自己。更重要的是他不敢为，这时他被贬永州已有九年，九年来渐喜静而不喜闹，特别是平时已没少遭人口舌，就差一条为人师了。并说自己“才能勇敢不如韩退之”[①]。其实他早年的勇敢在韩愈之上，经历了“八司马之难”后，才收敛了许多。

柳宗元用“犬吠”比喻世人对韩愈的讥笑，蜀少日、越少雪，蜀之日出与越之雪落即遭犬吠，他对世人哗笑的轻蔑如斯。只是韩愈愿为蜀之日，而他不愿为越之雪。这主要是避为师之名，所以他说如果有人问他古道古文，自己难道能睁圆眼睛、闭口不言吗？他还在《师友箴》告诫自己和他人，说无师难以成人，希望有像韩愈这样的人，勇于为人师传播古道。由于他只避师名，在永州时他的才名还是引来很多人向他学习，韩愈曾说：“衡湘以南为进士者，皆以子厚为师。其经承子厚口讲指画为文词者，悉有法度可观。”[②]岭南很多想考进士的人都不远千里来拜柳宗元为师，凡经他指点的，大都成了名士。他在永州时怕被人非议，不敢为人师；这时放开了，有人求教则乐于为师。柳宗元如是为人师，也是在“辅时及物”，只是具体的方式不一样。

---

① 柳宗元：《答严厚舆秀才论为师道书》。

② 韩愈：《柳子厚墓志铭》。

第三节　愿为社稷生民留意

欧阳修官至参知政事，是当朝的副宰相，这是韩愈、柳宗元和后进苏轼都不及的。本来苏轼和苏辙兄弟中了进士后，传说当时宋仁宗格外高兴，说为朝廷得了两名宰相，意思是苏氏兄弟有宰相之才，但也只是说说而已。对于欧阳修来说，做不做大宋的副宰相都不影响他对朝廷的忠诚。庆历五年（1045），欧阳修因朋党之祸被贬滁州时，给薛夫人写了一首长诗《班班林间鸠寄内》，在诗里叙说跟薛夫人在一起的生活、遭遇以及所思所想。其中说自己因“朋党”遭人陷害，知道罪责难逃而自请贬官，他被贬到滁州后，朝廷就安宁了，不再纷纷攘攘。而那时候，“我意不在春，所忧空自咄。一官诚易了，报国何时毕”。暗说自己并没有渴望升迁，作“朋党辩”也是徒费口舌。官可以不做，但什么时候能为国尽心竭力呢？

清·郑板桥《竹石图》

欧阳修这样说了还不够，又说自己那时挺身而出，连旁观者都感到害怕，他却是为国奋不顾身的。于是他写下了一句很动情的诗："孤忠一许国，家事岂复恤。"[1]司马迁也曾如此，他在汉武帝身边做侍郎时，用戴盆不能望天打比方，说自己在家事和国事之间，坚定地选择国事以效忠，不顾家事，不交朋友。欧阳修则是抱定道义、忠信、名节，顶着"朋党"的罪名，为杜衍、范仲淹等人辩解，他在唇枪舌剑中落败，随后被贬滁州。他在这首诗的最后对妻子说，他想好了，这官没意思，不做了，到嵩山深处找一个风景秀丽的地方隐居，自己耕田，妻子纺织，不知妻子能否甘于贫寒和他一道过这种"耕桑老蓬荜"的生活直到老死。欧阳修到滁州后的太守生活也有点类似隐居，丰乐山下、醉翁亭中都有他的身影。但他是在朝廷与同僚的政治交锋中遇挫才产生这样愤激的情绪，他想过归隐，实际上并没有真正成为山林间的隐士。庆历八年（1048）闰正月，欧阳修转起居舍人，依旧任知制诰，又到扬州做太守。皇祐元年（1049）四月，他又回到京城，任礼部郎中、龙图阁直学士。

欧阳修24岁中进士的那年，主考官是翰林学士晏殊，晏殊少有神童之称，为宋真宗赏识而赐同进士出身，在宋仁宗朝曾官至同中书门下平章事。庆历元年（1041），晏殊在西园设宴赏雪赋诗，欧阳修受邀，并在宴席上赋诗一首，这就是《晏太尉西园贺雪歌》。他在诗中写道："主人与国共休戚，不惟喜悦将丰登。须怜铁甲冷彻骨，四十余万屯边兵。"说晏殊作为朝廷命官应该喜国所喜，忧国所忧。你晏殊宴客饮酒，高兴国家年成好是不错，但也应该想一想天寒地冻，边境上四十万屯边将士，身着铁甲冰冷彻骨。这下子扫了晏殊聚友赏雪的兴致，晏殊很不高兴，说欧阳修简直是胡闹，从此对好直言的欧阳修有点另眼相待。这个小

① 欧阳修：《班班林间鸠寄内》。

故事表明欧阳修“与国共休戚”的人生态度，他两次遭贬都不是为己而是为人，或者说是为国。他强为辩词的《朋党论》，落脚在天下的“兴亡治乱”上，哪有一己之私呢？

欧阳修这种情怀，和他很在意人生的修养有关。庆历三年（1043）友人章望之来请他取字，“望之”，字什么好呢？欧阳修给他取字为“表民”，还专门写了《章望之字序》说：“古之君子所以异乎众人者，言出而为民信，事行而为世法，其动作容貌皆可以表于民也。”意思是希望章望之做一个君子，成为百姓的楷模。一个人做到这份上，要达到很高的标准，言出民信，行为世法，说时容易，做起来实为不易。他自己也想成为这样的人，不仅如此，还希望是“陋巷之士，甘藜藿而修仁义，毁誉不干其守，饥寒不累其心”[①]，住在偏僻狭窄的巷子里，吃野菜也觉得很香甜。在这样的境遇中，还能够专心于仁义，不为毁谤赞誉所动，不为饥饿寒冷累心。这话说得很感人，让人无论在怎样艰难困苦的环境中，都处之泰然，安贫乐道。这样一种人生境界，以一向为人称道的孔子弟子颜回为代表人物。孔子曾经夸奖自己的这位学生，说“一箪食，一瓢饮，在陋巷，人不堪其忧，回也不改其乐”。随后欧阳修说自己就是“陋巷之士”，表明他也安贫乐道。他写过一首《天爵诗》说：“为仁勤在己，列爵贵在天。舜德行无倦，颜贫乐自全。达尊非以位，生德乃推贤。”大意是为政当施仁，乐道当安贫，在人生的这两条路上，他不为颜回般贫寒所苦，但更想走的是第一条路：践行舜德。欧阳修仰慕圣人，“学行足以立身而进不止，材能足以高人而志愈下”[②]。这是典型的孔子人格，

① 欧阳修：《送秘书丞宋君归太学序》。

② 欧阳修：《送秘书丞宋君归太学序》。

谦逊地不断学习，终身学习，欧阳修也想这样。

欧阳修曾思考过人生，说每个人人生的道路不同，生活状态也不一样，但人生最终的归属一致，那就是死亡。人死了都会化为腐朽，肉体泯灭不复存在，与世俗相信鬼神的人的看法全然不同。这一点东汉的哲学家王充就说过，他当时与人辩论人死之后神灭还是神不灭，而他主张人死而神灭。他说人因精气而生，精气是血脉，人死血脉就枯竭了，然后肉体腐朽化为灰土。欧阳修没有重复王充的话，而是把肉体死亡与精神不朽联系在一起。一般人死也就死了，没世无闻，但圣贤不一样，圣贤能够死而不朽，千古流芳。他说的三条路：修身、施事、见言，仿佛春秋时古人说的立德、立功、立言“三不朽”。但他又往前推进了一步，说是“修于身者，无所不获”[①]。在生活中，人们做事，有成有不成；说话，有能做到的，有不能做到的。唯修身可以不朽，不需要借事或借言来表现。

欧阳修这样看人生，会怎样看待社会呢？最值得注意的是他的《正统论》。他是这样解释“正统”的：“正者，所以正天下之不正也；统者，所以合天下之不一也。”尧、舜相传，继之以夏禹、商汤、周文王周武王三代，以“至公”或“大义”得天下之正，合天下于一，是社会正统的开端。这让人想到韩愈在《原道》里梳理儒学的道统。欧阳修与韩愈的出发点不一样，韩愈讲的是道德政治主张，欧阳修说的是社会状态。不过二者有本质上的相通之处，欧阳修说的尧、舜、三代的社会状态，是以尧、舜、三代之道即仁义治理社会的结果，这意味着欧阳修和韩愈有相同的社会治理主张，都希望在儒学仁义的主导下，实现天下统一、民众

① 欧阳修：《送徐无党南归序》。

安宁。这一点他在《本论》中也说过，说尧、舜、三代之时，人们不是在田野里耕作，就是在学校里学习礼乐，“耳闻目见，无非仁义，乐而趣之，不知其倦”。所以他在《正统论》里反对以土、金、水、木、火五运来推论社会的兴衰，斥之为沉溺于非圣人之学。

欧阳修在《正统论》里考察宋以前社会的终始兴废，视合天下于一、一天下而居上为正统社会。他认同自己所处的社会是正统，还说了一句为宋王朝骄傲的话：“大宋之兴，统一天下，与尧、舜、三代无异。”① 这样说来，他的人生抱负、社会理想就很清晰了。他同韩愈一样，坚决排斥佛法，说佛法为患很深，堂堂八尺男儿，披甲荷戟，怎么能够见佛就拜，闻佛生畏呢？还是应该像战国时的孟子那样，当杨朱、墨翟之言充斥天下的时候，专说仁义以拒杨墨，使仁义得到弘扬；应该像西汉的董仲舒，在百家之说并兴的时候，提倡“罢黜百家，独尊儒术”，使百家废而孔子之道彰显。所以欧阳修说为人需要修“本”，为国也需要修“本”，这“本”就是儒学的仁义。再读欧阳修的“孤忠一许国，家事岂复恤”，很有一点杜甫“致君尧舜上，再使风俗淳”② 的味道。

欧阳修还在《本论》里说，天下事有本有末，治理有先有后。尧、舜时代略于记载且不说，后世帝王治天下，没有不取法三代的，据事本末推断谁先谁后，相互联系，有条不紊。三代之治天下，“天下有定数，邦国有定制，民有定业，官有定职。使下之共上勤而不困，上之治下简而不劳。财足于用而可以备天灾也，兵足以御患而不至于为患也。凡此具矣，然后饰礼乐、

① 欧阳修：《正统论·序论》。

② 杜甫：《奉赠韦丞丈二十二韵》。

兴仁义以教道之。是以其政易行，其民易使，风俗淳厚，而王道成矣。”他说这番话是为三代之治唱颂歌，有孟子仁政主张的影子，但比孟子说得更理性了，不像孟子说的“老吾老以及人之老，幼吾幼以及人之幼，天下可运于掌”那样具体生动。欧阳修这些话是为大宋王朝说的，他所处的宋仁宗时代，大宋王朝十分繁荣，与欧阳修同时的词人柳永有一首《望海潮·东南形胜》素来为人们所喜爱：

> 东南形胜，三吴都会，钱塘自古繁华。烟柳画桥，风帘翠幕，参差十万人家。云树绕堤沙。怒涛卷霜雪，天堑无涯。市列珠玑，户盈罗绮，竞豪奢。　　重湖叠巘清嘉。有三秋桂子，十里荷花。羌管弄晴，菱歌泛夜，嬉嬉钓叟莲娃。千骑拥高牙。乘醉听箫鼓，吟赏烟霞。异日图将好景，归去凤池夸。

柳永写的钱塘是今天的杭州。那时钱塘江风高潮涌，浪花洁

宋·张择端《清明上河图》(局部)

白，一望无际；杭州则是荷花相映，香气交融。百姓富有悠闲，珍珠绸缎，家盈户积，竞富以致纵情挥霍；天晴日朗之时，羌管四起；月明星映之夜，菱歌弥漫。杭州的太平景象，是北宋社会繁荣的缩影。北宋初年，宋太祖赵匡胤“杯酒释兵权”，开启了社会普遍的歌舞享乐之风，使北宋在最强盛的时候，逐渐露出贫弱的底子。欧阳修很忧虑，知道均财、节兵、立法、任贤、尊名五者相互为用，是执掌天下者的日常工作，宜为当今之世的首要事务，却为管事的官吏轻忽。表面上，已立国八十年的大宋王朝，社会太平，海内晏然；不缺财、不缺兵、不缺贤、不缺空闲。按理天子仁慈节俭而圣明，有一两个明智的大臣一起献计献策，那么天下积累的财产，可以像汉文帝、景帝时那样富足；制礼作乐，可像成王、周公时期那么兴盛；奋发威烈，名誉光耀，可以像汉武帝、唐太宗时那样显赫；论道德，可以重新振兴尧、舜之治。可实际情况呢？朝廷的财用不足，百姓困窘，军队对外没有威风对内却很骄狂，制度不能为万世师法且日益杂乱，一切都像五代时那么随意，真让人感叹。

《本论》系欧阳修于庆历二年（1042）所作，在此前后，他还写了《准诏言事上书》。欧阳修胆量够大的，开篇就说：“我听说古代王者治理天下，有忧勤之心却不知道使国家太平的主要方法是什么，人越辛苦、心越劳累，做的事离目标越远，虽有接受意见的开明，但没有力量果断决策，听到的意见越多就越迷惑。王者应该把小事交给别人去办，自己专门处理、决断大事。一言可用，就不受其他任何说法的阻挠，力行果断。明白这两个道理，天下就不难治了。”这简直是在教训宋仁宗，说宋仁宗有忧勤之心、纳谏之明，但不懂得治理天下的主要方法，又不能决断，天下怎么治理得好呢？“陛下是忧心社稷安危，可眼下兵老贼强，历来忧患外族入侵、盗贼蜂起、水旱降临、民力匮乏、财用乏绝，现在所忧患的这些事都在发生，陛下的忧虑日增，天下颓势年长，所以我说您忧心勤劳而不懂得致治之要；朝廷广开言路，献计献策的人数以千计，头绪繁多，众说纷纭，临事不知采用谁的意见，所以我说您听言虽多，但没有力行的果断。”于是他就大宋当前的急务，对“三弊五事”即不慎号令、不明赏罚、不责功实和兵事、将事、财用事、御戎之策事、可任之臣事一一陈述。

他说号令是天子的威严，赏罚是天子的强权。号令不实，该执行的不执行；赏罚不当，应赏有功却赏及无功，应罚有罪却罚及无罪，天下谁服呀？况且还要考察臣下的业绩，是虚还是实，是多还是少，以求处置得适当。欧阳修希望天子“号令不虚出，而赏罚不滥行”，说“慎号令，明赏罚，责功实，此三者帝王之奇术也”。欧阳修说得很恳切，焦虑天下不治，接着还说：“自古人君，英雄如汉武帝，聪明如唐太宗，皆知用此三术，而自执威权之柄，故所求无不得，所欲皆如意。”欧阳修以汉武帝、唐太宗打比方，是希望宋仁宗能够走他们的强权道路，自执威权之柄以治天下，让大宋走向强盛。欧阳修这个儒臣，说的这番话却是战国晚期法家的集大成者韩非子以“法术势”治理天下的方略。韩非子的时代，秦、齐、楚、赵、魏、韩、燕七国争雄，他极力主张君主的威严，说是纲举目张，大权须独揽。并且反复告诫统治者赏罚是国之利器，不能轻易予人，行赏与行罚都要果决、信实，不因喜而滥赏，不因怒而滥刑。韩非主张的严刑峻法，后来遭遇许多主张以仁爱治天下者的批评，但他的“法术势”理论在当时行之有效。欧阳修有这样的主张，也不是偶然的。

除了三弊，欧阳修还说了兵、将、财用、御戎、任臣五事。点兵吧，各路的百姓有一半都是兵，但这些兵中间，老弱病患者、胆小怯懦者不可胜数，兵挂名的多，可用的少。用兵，当是斗智不斗多；选将，讲资历、重出身，位居下列的英豪之士都不在选拔之列，选将之路太狭窄了，应该是豪贤之人不究出身，智略之人不试弓马。任官吧，清廉者用，贪浊者也用；有才者用，无才者也用，哪能这样不论是非、不讲贤愚，造成官吏繁多而无人可用呢？应该是用贤而退不肖。至于财用，精减、速战以省费；御戎，伐谋、伐交、出其不意。欧阳修献计献策，一片忠心，只图利民、强国、御侮。

欧阳修还一再上按察官吏状，说当今天下凋残，公私困急，都是因为没用的官太多，朝廷应派按察使去纠察年老的、患病的、贪污的、无才的官吏，裁撤后使官吏清简，百姓受惠。欧阳修说这些话的时候，宋与辽签订“澶渊之盟”已经有三十多年，双方议和后，宋朝年年得向辽国进贡白银和绢匹。而当时西夏、契丹扰宋，宋军战事不利，不得已依辽的旧例，进贡白银、绢茶讲和。欧阳修急切地希望社会改革，说天下事不过如此，请仁宗皇帝谨慎发布号令、明赏罚、责功实，对五事择而用之。最后说，当今没有天时地利，“人心怨于内，四夷攻于外，事势如此矣，非是陛下迟疑宽缓之时，惟愿为社稷生民留意。臣修昧死再拜”。这“昧死再拜”本来是大臣上书的客套话，但当时地位卑微的欧阳修在这里真是冒死进言，所进之言全是严厉的批评，指责宋仁宗不应这样执政，应该采纳他的这些意见，为百姓立命，为国家开太平。

欧阳修还写了《为君难论》，说做国君难哪，难在用人，用人得专、用人得信、用人得尽其才。但有些人专说大话、说空话，误人误事。前秦的苻坚想伐东晋，大家都说不能去攻打，但他相信了将军慕容垂。慕容垂说：“陛下内断神谋足矣，不烦广访朝臣，以乱圣虑。”慕容垂奉承苻坚，说他自己的智慧就足够了，不必广泛听取朝臣的意见，怂恿苻坚讨伐东晋，结果 96 万人马损失了 86 万，元气大伤，渐趋灭亡。还有些人空谈大家都知道，就是国君不知道。欧阳修讲了战国时赵国将军赵括的故事。当时赵国与秦国交战，秦国害怕赵将廉颇，放出话来，说秦军最怕的是赵国将军赵括。赵括好纸上谈兵，谈起来他父亲（名将赵奢）也不是对手，但他父亲、母亲以及朝廷的大臣蔺相如等人都知道赵括虚谈无实，是上不得战场的，对手秦军也知道。唯独赵孝成王不知道，坚持用赵括率兵与秦军作战，结果赵括兵败长平（今山西高平西北），赵军一次被秦军坑杀 40 万。欧阳修当时一个劲地希望宋仁宗用范仲淹等人实实在在地改变国家面貌，通过这些故事来说明用人实在重要，可谓用心良苦。随后，范仲淹在庆历三年（1043）任参知政事，施行庆历新政，可惜这场革新还是在所谓的朋党之争中败下阵来。庆历五年（1045）正月范仲淹被罢免，欧阳修也遭贬滁州。

“为社稷生民留意”是欧阳修一生的心心念念，他写过一首歌行体的《食糟民》，对于酿酒征税，农夫种糯官家酿酒，按酒征税，酒香糟朽，官家和农夫的生活等作了描述：

> 官沽味醲村酒薄，日饮官酒诚可乐。不见田中种糯人，釜无糜粥度冬春。还来就官买糟食，官吏散糟以为德。嗟彼官吏者，其职称长民。衣食不蚕耕，所学义与仁，仁当养人义适宜，言可闻达力可施。上不能宽国之利，下不能饱尔之饥。我饮酒，尔食糟。尔虽不我责，我责何由逃！

这首诗有唐代新题乐府的风格，直白而强烈地批评现实，且不说官家的酒浓好喝而农家的酒淡不好喝，农夫种糯酿了官家的酒，自己锅里却没有小米粥过冬、春两季，只好买官家的酒糟。官家把酒糟给百姓还算是施舍，自以为有德。但这些官吏也不想想，做官治民，不织不耕却暖衣足食，所学仁义本应用来养育百姓，但上不能为国家，下不能为百姓。想到这些，欧阳修很痛心地说："我饮酒，尔食糟。尔虽不我责，我责何由逃！"他作为朝廷命官，实在是没有尽到做官的责任，民不责他，他也自责，这也是情怀。

欧阳修53岁时身体已不太好了，萌生退意。此前他两次上书，想辞去侍读学士，说是侍读学士已有十人，减人也不误事，何不把身兼数职的他给免了呢。他甚至想离开京城，去做洪州（今江西南昌）知州，理由是眼睛不行了。他的眼睛在庆历七年（1047）41岁时受了损伤，当时两眼剧痛如割，不仅不能书写，而且遇物不能正视。十多年过去了，视力更是衰退。

嘉祐四年（1059）正月，欧阳修给宋仁宗上了《乞洪州第二札子》，说自己供职以来，天天在灯烛下看读文字，签署文书，从早到晚，全凭眼力，但两眼现已昏花，看不清东西不说，还特别疼痛，不得已常告假，影响了朝廷的事务，别人不说他，他自己心里不安。所以他想去洪州，减轻身上的压力。这种状态他在《乞洪州第四札子》里说得更严重了："臣年虽五十三岁，鬓须皓然，两目昏暗。自丁忧服阕，便患脚膝。近又风气攻注，左臂疼痛，举动艰难。一身四肢，不病者有几？以此贪冒荣禄，兼处剧繁，实知难济。"大中祥符三年（1010）欧阳修4岁时，父亲欧阳观死于泰州军事判官任上，他是由母亲郑氏抚养成人的。他这里说的"丁忧"，是指皇祐四年（1052）其母郑氏与世长辞，那时欧阳修46岁。此时已53岁的欧阳修，更是体弱多病，他说自己承担不了繁重的事务，不能够“贪冒荣禄”，还是退下来做地方官，权作休整的好。

欧阳修的这种情绪嘉祐五年（1060）还在延续。这一年他又写了乞洪州的第五、第六、第七札子。他在《乞洪州第七状》里说：“仕宦光宠，孰不乐在朝廷；职任清优，顾亦无出禁近。”那时候欧阳修是仁宗皇帝的近臣，深受重用，光宠得很。按人之常情，谁不愿意继续保持呢？但他说自己不想继续这样，主要是“材无可用，年又渐衰”。所以那一阵子他拼命想辞去翰林侍读学士，当听说要任命他为枢密副使时，急忙上表请辞；当听说要任命他为参知政事时，又上表请辞。枢密副使、参知政事都是朝廷要职，非一般人能得到。尽管他的态度坚决，但还是被任命为枢密副使、参知政事。欧阳修在仕途上，也进入了最辉煌的时期。他在《谢参知政事表》里说自己：“少迫贱贫，偶勤学问。儒者博而寡要，况匪多闻；文章世之空言，岂能适用？”他怕自己承蒙谬奖之恩而误国事，荣耀与忧虑并存。欧阳修受命之后，向仁宗皇帝表示“臣既朴且愚，必能循于忠谨；虽庸而懦，尚可策其疲驽”，表示他要尽忠竭诚，以疲驽之力为大宋王朝效犬马之劳。

嘉祐八年（1063），仁宗驾崩，英宗即位，欧阳修转为户部侍郎、吏部侍郎，仍为参知政事，但他在转为户部侍郎的谢表中说自己壮年时喜欢论说时事，滥得名声，也招来许多批评，陛下的荣宠无边，对于他来说忧危也来临了。他说这话的时候，英宗刚刚登基，欧阳修隐隐有些担心自己的前途，在英宗治平元年（1064），就要求辞去现职转任地方官。治平二年（1065）他又三次上札子、三次上表要求外放。他在《乞外任第一表》里说本当为陛下鞠躬尽瘁，但自知“腐儒章句之学，岂堪王佐之材；童子雕篆之文，固异贤人之事”。加上年龄大了，气血亏了，眼睛花了，总不能尸位素餐，与其坐受弹劾还不如请辞的好。请陛下察他“愚直”，让他外放以偷安养拙。英宗不允，欧阳修一直请求，到治平四年（1067）干脆上表乞罢政事，而这一年又发生了殿中御史蒋之奇以他与长媳关系暧昧弹劾他的事件，欧阳修多次上书要求追究蒋之奇弹劾他的疏文，最后宋神宗为他辨明是诬陷，把蒋之奇贬去监道州酒税。这更坚定欧阳修外任的决心，并在这年以观文学殿学士、刑部尚书，外放至亳州（今安徽亳州）知军州事。神宗熙宁元年（1068），改知青州（今山东青州），后又改知蔡州，直到熙宁四年（1071），他请求致仕后定居颍州。

其间的熙宁二年（1069），神宗任命王安石为参知政事，实行变法，这就是历史上说的“熙宁变法”。神宗曾想任用欧阳修参与这场变法，但王安石觉得他和自己的政见不合，用他难以推行新法，还不如用一个“不作梗”的平常人。神宗说“用的人得肯做事才行”，他看中欧阳修肯做事。王安石说：“肯做事当然好，但做的事得跟理相合，不然就误事了。”欧阳修果然和王安石的想法不一致，王安石推行青苗法，而欧阳修在熙宁三年（1070）两次上表说青苗法不利于天下百姓，直言请罢，甚至在自己管辖的青州，禁止发放青苗钱，弄得朝廷很恼火，说他有擅行止散之罪。与欧阳修同时的名臣韩琦称道欧阳修：“天资刚劲，见义敢为，襟怀洞然，无有城府，常以平心为难，故未尝挟私以为喜怒。”①欧阳修青壮年时是这样，老来还是这样，直言不讳，坦荡磊落。针对朝廷新政，老眼昏花、身体多病的他说起话来还是铿锵有力，无所畏缩。从这件事来看，他对王安石的“熙宁变法”持保守乃至反对立场。苏轼在这一点上，和老师欧阳修走了同样的道路，

---

① 韩琦：《欧阳公墓志铭》。

他对新法的批评，比老师欧阳修涉及的地方更多，也更激烈，除上书之外，还在诗歌里冷嘲热讽。欧阳修是三朝老臣，在反青苗法的第二年就请求致仕，获准后退休到颍州安度晚年，他一生为社稷生民留意，到这时候自觉无能为力，不再过问朝政了。当苏轼因反新法的“乌台诗案”发生，他所敬仰的欧阳修已经在九泉之下长眠了七年，不知道同样好直言的弟子苏轼遭了这样大的劫难。

欧阳修除政治抱负之外，在修史上亦有所追求。他跟韩愈不同，韩愈当过史馆撰修，当时很有顾虑修唐史，后来算是勉强编撰了《顺宗实录》，还引起一些批评。这可以理解，当代人修当代史最易为尊者讳、为贤者隐，也最易因实录而触犯一些当事人，招致怨恨。欧阳修修史的愿望很强烈，他谪居夷陵时，曾给尹洙写信，说编撰《五代史》的事，并于皇祐五年（1053）编成《五代史记》即《新五代史》。王辟之在《渑水燕谈录》卷六里说这部五代史文约事详，褒贬取舍，得《春秋》笔法，有司马迁《史记》、班固《汉书》的风采。嘉祐五年（1060）七月，欧阳修给宋仁宗写了《进新修唐书表》，说他和端明殿学士宋祁，编修官知制诰范缜、王畴，集贤殿校理宋敏求，秘书丞吕夏卿，著作佐郎刘义叟等人对府库藏书进行讨论、删定，用十七年时间编成《新唐书》。和后晋刘昫等编写的《旧唐书》(原名《唐书》)比起来，“其事则增于前，其文则省于旧。至于名篇著目，有革有因，立传纪实，或增或损，义类凡例，皆有据依，纤悉纲条，具载别录”[①]。《新唐书》对《旧唐书》有继承和发展，它和《旧唐书》并行于世。孔子当年修《春秋》，说了一句：“后世知丘者以《春秋》，

① 欧阳修：《进新修唐书表》。

而罪丘者亦以《春秋》。”他很看重自己所做的修订，认为《春秋》会给自己留下美名或骂名。欧阳修编撰了《新五代史》，又主持编修了《新唐书》，他没有说类似的话，实际上也以这两部史书获得了不朽的史名。

当时，欧阳修的古文成就很大，名声很响。韩琦说欧阳修继承司马迁、韩愈的文章传统，以文章重振古文之风而独步当世。评价相当之高，但并非过誉之辞。欧阳修在北宋文坛上继韩愈坚执卫道，重兴诗文革新，在当时文坛上独树一帜；他也酷爱古文，成为韩愈之后最坚定的古文弘扬者。欧阳修的文名在一定程度上遮蔽了他的史名，好文学的人们常这样说。

第四节　以民为心适用为本

元丰五年（1082），46岁的苏轼在黄州对赤壁格外钟情，这年七月，他与客人泛舟赤壁，写下了《前赤壁赋》《念奴娇·赤壁怀古》，十月再游赤壁，又有《后赤壁赋》，而且都成了广为流传的名词名赋。当时他没有去细究这黄州赤壁是真赤壁还是假赤壁，只是借赤壁来抒写人生，表达自己的情怀。三者情怀不一，其中的《念奴娇·赤壁怀古》是这样写的：

> 大江东去，浪淘尽，千古风流人物。故垒西边，人道是，三国周郎赤壁。乱石穿空，惊涛拍岸，卷起千堆雪。江山如画，一时多少豪杰。　　遥想公瑾当年，小乔初嫁了，雄姿英发。羽扇纶巾，谈笑间，强虏[①]灰飞烟灭。故国神游，多情应笑我，早生华发。人生如梦，一尊还酹江月。

苏轼这首词颇得后人激赏。南宋胡仔说：“东坡‘大江东去’赤壁词，语意高妙，真古今绝唱。”[②]这首词常被拿来和著名婉约派词人柳永的《雨霖铃·寒蝉凄切》相提并论。柳永“杨柳岸、晓风残月”的柔婉，更衬托出这首词“大江东去”的雄豪之气。

---

① 强虏，一作樯橹。

② 胡仔：《苕溪渔隐丛话·前集》。

宋·苏轼《枯木怪石图》(局部)

苏轼在这首词中想到千百年来的英雄豪杰为风景如画的江山厮杀，如今江山依然如画，但多少豪杰都被江水的波浪淘尽，与今世无缘。又说到三国时的周公瑾“谈笑间，强虏灰飞烟灭”，他堪称雄才大略，可惜也早就不在了，但其开创的功业仍为人所记取。苏轼说自己年纪大了，头发白了，功业在哪里呢?

苏轼很想建立功业，其时流贬黄州，人生很不得志，想到人生短暂、时不我待，难免有这样的牢骚。晚年流贬儋州，已经是62岁的苏轼渡过琼州海峡前往儋州，途经儋耳山，见高耸的儋耳山路旁散落着大大小小的石块，有感而作五绝《儋耳山》:

> 突兀隘空虚，他山总不如。
> 君看道傍石，尽是补天余。

诗的前两句赞美儋耳山直插云天，平凡的话语透出山峰的奇势。后两句说“道傍石”都是“补天”余下的，意味深长。“补天”出自“女娲补天”的神话故事。相传远古时撑天的柱子倒了，大地崩裂，天不能覆盖大地，大地不能尽载万物，百姓深陷在火灾与水患中。这时女娲挺身而出，炼五色石以补苍天，断鳌足以立四极，使天地恢复了常态。此后“补天”成为人才为朝廷所用、能够为国家救弊效力的象征。苏轼以“道傍石”暗喻自己怀才不遇，这时的他进入了老年，再求作为是很难的。

苏轼出川应进士第之后，就与社会政治产生了割不断的联系。他参加进士考试的试题是“刑赏忠厚之至论”，所作答卷就是自我政治抱负的第一次亮相。题目出自《尚书·大禹谟》，就皋陶向舜帝提出的赏罚准则“罪疑惟轻，功疑惟重”发论。苏轼说：“可以赏，可以无赏，赏之过乎仁；可以罚，可以无罚，罚之过乎义。过乎仁，不失为君子；过乎义，则流而入于忍人。故仁可过也，义不可过也。”他主张可赏可不赏时，一定赏；可罚可不罚时，一定不罚。苏轼用仁、义来权衡刑罚的尺度，过赏与过罚都不好，但过赏依旧是君子，过罚则沦为狠毒残忍的人，人不应该狠毒残忍，那么刑赏忠厚的关键是以君子长者的仁爱对待天下，使天下人相随都走向仁爱，苏轼希望天下能够施行仁爱政治。

当时宋仁宗治天下，天下太平，苏轼说的仁爱以治天下在这里还只是应试之辞，小试锋芒。他后来干脆说了，儒者可以守成，太平世道就是要用儒者。他打了个比方，说武夫谋臣是治病的药石，儒生是养生的五谷。打天下要用武夫谋臣，春秋时的宋襄公不擒二毛，不鼓不成列，是用五谷治病；秦始皇焚诗书、杀豪俊，是用药石养生，各自取败，关键是错用了攻守之道。以守道为攻或以攻道为守，都是大错特错的。他还批评宋襄公原本不仁，却以仁义欺世盗名，弄得自己连救死扶伤都来不及，悲剧也就不可避免了。

苏轼反观历史上的人和事，发表了一些关于社会政治的见解。他的想法很明确，治理社会当用德和礼，孟子说“天时不如地利，地利不如人和”，引申出以人为靠山不如德治。三代封诸侯，就是以人为靠山的。但周平王东迁之后，进入东周，诸侯横行，彼此争斗以取天下，谁把天子放在眼里了，天子的号令谁听了？东周虽未灭亡，实际上跟灭亡也差不多了，德衰而以人为靠山是靠不住的。仗恃地理形势也不行，秦取天下，以咸阳为都城，自以为关中之固，金城千里，也不想想今之臣服而朝贡的人，都是秦军平定天下时屠杀并暴骨于原野的那些人的子孙，地理形势怎么靠得住呢？他还说了秦末汉取天下的故事，落脚点是一个王朝道德衰败，即使地理形势险峻也是救不了的。

再说礼，苏轼本于孟子的劳心者治人、劳力者治于人的主张，说天下有大人之事和小人之事。大人之事大，身逸而责重；小人之事小，身劳而责轻。从天子到农夫，各有职分，不能混淆。他用孔子的话说，上好礼则民敬，上好义则民服，上好信则民用情。说到底还是要以礼治天下，使尊者安于尊，卑者安于卑，仍然是各安其分的意思。所以他说法与礼的关系，法是末，礼是本，不能舍本图末。他也讲过秦始皇的故事，在《秦始皇帝论》里论说秦始皇得天下又失天下的原因。这本是一个很老的话题，西汉贾谊的《过秦论》相当有影响，贾谊的结论是秦始皇得天下后，仍用打天下的办法治天下而不施行仁义。苏轼说秦始皇以欺诈和武力吞并诸侯之后，自以为智术有余，以礼为无用之物，只图便利而不以无礼为羞耻，凡可以求生的手段无所不为，引导百姓日趋欺诈和尚武，忽视了本当重视的礼，使秦用法惩治有余，用礼教化不足，最终走向了灭亡。苏轼主张礼治天下，这礼的根本是仁义，融合了孟子的仁政和荀子的礼治思想。

苏轼这些话，表明了他政治抱负的基本走向。至和二年（1055），他继欧阳修之后也写了《正统论》，附和欧阳修的正统说，批评章望之的霸统论即以武力统一天下的主张。当时，章望之想的正统是德行和武力的统一，和欧阳修说的正统重仁义是很不相同的。在这样的思想前提下，苏轼希望自己做一个“以义正君而无害于国”[①]的大臣。他说：“世之君子，将有志于天下，欲扶其衰而救其危者，必先计其后而为可居之功，其济不济，则命也。是故功成而天下安之。”扶衰救危是大臣的职责，功成而安天下是大臣尽职之后的结果。他还写了《续欧阳子朋党论》，说朋党之争，小人必胜，君子必危，原因在于：“君子以道事君，人主必敬之而疏；小人唯予言而莫予违，人主必狎之而亲。疏者易间，而亲者难睽也。而君子者，不得志则奉身而退，乐道不仕。小人者，不得志则徼（侥）幸复用，唯怨之报。此其所以必胜也。”他这话是在为欧阳修辩解，欧阳修正是以道事君，重道义、忠信、名节，在朋党之争中败下阵来，被贬滁州。他打比方说：君子如嘉禾，去之甚易；小人如恶草，不种而生。尽管明知世道如此，他还是要做一个君子之臣。

人君呢？苏轼说治道有二，一为道德，二为刑政。他崇道德而抑刑政，说人君的道是“至诚”，人君的德是“至仁”。所谓“至诚”就是要以赤心对待大臣、小民、亲戚、四夷，那么四海之内会亲如父子，信如心腹，“未有父子相图，心腹相欺者”[②]；这“至仁”包括六条：臣如手足，民如赤子，不事战争，少用刑罚，使民以时，减少赋税。他说得很果决：“祸莫逆于好用兵，怨莫大于

---

① 苏轼：《大臣论》。下同。

② 苏轼：《上初即位论治道二首》。

好起狱，灾莫深于兴土功，毒莫深于夺民利。此四者，陷民之坑阱，而伐国之斧钺也。去此四者，行彼六者，而仁不可胜用矣。”这是苏轼比较完整的道德政治思想。他严厉批评刑政，说“文景之治”不用刑法，而天下太平；魏晋刑法有两万多条，百姓无所措手足。国以民为本，刑是民之贼，烦刑害民，国本动摇，是不可取的。他批评司马迁为法家人物商鞅立传，是不懂得治国的道理；秦之所以遭百姓痛恨而最终灭亡，都是商鞅的罪过。苏轼好道德政治，沿袭的是孔子“道之以德，齐之以礼”以及孟子仁政的基本思想。他这种思想以及对商鞅的批评，还是存在一己的偏见。社会治理，从来就是德、刑并用的，就算是西汉“文景之治”的与民休息，德化天下，废除肉刑，改用笞刑，这笞刑终究也是刑罚。其实他有时说社会治理的时候，也少不了会说到法治。

苏轼还写了《策略》《策别》《策断》，论说天下大势、朝政方略。他说自己对当今社会上的一些现象迷惑不解：天下没有水旱盗贼、人民流离之祸，为什么百姓叹息不安怨愤不已；没有乱臣割据、国家四分五裂之忧，百姓休养生息，为什么财用严重不足；没有权臣专制擅作威福，为什么君臣不亲；没有四夷侵扰、边境不宁之患，为什么常有外忧？对于这些问题，苏轼说应该知道为什么会是这样，才能消除忧患。就像医生给人看病一样，要知道病人患病的起因。“居今之势，而欲纳天下于至治，非大有所矫拂于世俗，不可以有成也。”① 苏轼这样大喝一声，真让人有振聋发聩的感觉。他说社会面临太多的问题，应该有大的改革，才有可能达到大治。

当今之患，在他看来失于用人，应该用三国时治蜀的诸葛亮、

① 苏轼：《策略三》。

十六国时治前秦的王猛那样的人，使天下震恐，“人人不敢饰非，务尽其心”，要善于用人；又要像治水一样，“导之有方，决之有渐，疏其故而纳其新”[1]，要善于做事。他希望天子怀德而深结天下人之心，并讲了汉高祖刘邦的故事。刘邦立国之后，先后有韩信、黥布之乱，但天下终不动摇，传十多代后，西汉末年王莽不用尺铁寸兵，天下易帜。二者相较，只因为汉高祖出身布衣，与大臣将相亲如手足，天下有难，不需约定就自动相救，有近忧而无远患。西汉末年，刘氏子孙长于深宫，因袭富贵，尊卑隔绝，上下情疏，君臣义薄，无近忧却有远患。

“天行健，君子以自强不息”，社会变革当日新盛德，以除天下的怠惰之气，天子乐善亲贤，臣民敢于进言向善，才是理想的社会局面。他提出考察百官：严厉法禁、抑制侥幸、消除壅蔽、任用专使、不加责难、不阻善行，这些是具体的方法；安居万民、敦厚教化、鼓励亲睦、调节人口、平衡赋役、教导战守、打击奸民，这些是具体的举措；积累财货、节省费用、确定军制，这些是具体的途径。苏轼说的这些很深很细，想的是切切实实地改变社会现状，使百官人人进取，各得善任，忠诚无二；使万民扬善弃恶、知礼好义、能守能战。他为大宋王朝献计献策，希望大宋消除弊端，日趋强盛，虽说它们都有很强的针对性，但这些泛泛的社会治理方略没有引起足够的重视。他这个也主张社会改革的人，没有想到后来和激烈地实施社会改革的王安石意见不合，进而影响了他的一生。

嘉祐二年（1057）三月，苏轼中进士时，仁宗皇帝很欣赏他。仁宗在位 42 年，也是北宋最兴盛的 42 年，《宋史》为他立传，

① 苏轼:《策略四》。

说他天性恭俭仁恕，在位期间，吏治有怠惰的时候，但所用的都是善良仁厚的人；刑法看上去很松弛，但断案的都是执法公允的人；执政不是没有毛病，但不足以伤害天下的太平安宁；朝廷不是没有小人，但不足以胜过忠良之气。还用《礼记·大学》的“为人君，止于仁”来评价他，庙号“仁宗”，也是因为他平生的德行和作为。嘉祐二年（1057）距离嘉祐八年（1063）三月仁宗驾崩只有6年。是年四月，苏轼母亲程夫人病逝于眉山，苏轼随父亲苏洵回乡奔丧；嘉祐五年（1060）二月苏轼回到东京候官，欧阳修推荐他考制试科。仁宗病逝的时候，年轻的苏轼仕途才刚刚起步，任凤翔签判，就这样失去了仁宗用他的机遇。治平二年（1065），英宗听说苏轼的名声，想任命他为翰林知制诰，宰相韩琦觉得提拔太快，让他进了直史馆，第二年父亲苏洵病故，苏轼护丧归蜀。居丧期间，赏识他的宋英宗死去，等他再回到京城时，已是神宗熙宁元年（1068）了。

神宗用王安石变法是熙宁二年（1069）的事，这年苏轼34岁，正是可用之时。宋神宗曾经问苏轼对变法的想法，没想到苏轼说：“臣窃意陛下求治太急，听言太广，进人太锐，愿陛下安静以待物之来，然后应之。”[①] 这话听起来很平和，但思想很尖锐，隐含了对王安石等变法派的强烈批评。社会是要变革，苏轼也主张变革。但他觉得不必那么激进，陛下采纳变法的意见，任用变法的人，都应该有所节制。这话传开也让正在实施变法的王安石不太高兴。后来，宋神宗想用苏轼修订中书条例，说他奉儒能文，为人平和，司马光等人都称赞他。王安石说不行，并说：“苏轼说西汉贾谊应该深交绛侯周勃和颍阴侯灌婴这样的权臣，以便渐渐取

---

① 苏辙：《亡兄子瞻端明墓志铭》。

得掌握天下的大权；又附和欧阳修的正统论，无理地批评章望之；父亲死的时候，别人送他奠金不要，却贩苏木（中药名）入川。陛下要变风俗、息邪说，这样的人怎么可以用呢？他是有才华，有名声，也不能完全不用他。如果省府的通判有空缺的职位，可以让他去做。”王安石说苏轼运苏木入川是不实之词，是他自己的偏听偏信，当时王安石正红，这番话断了神宗皇帝用苏轼参与改革的念想，于是苏轼被打发去做了开封府推官。

熙宁四年（1071），欧阳修获准致仕，与政坛告别，而36岁的苏轼在这年二月感愤而意气风发地写了万言《上皇帝书》。他说为了写这封奏章，自己先上了《谏买浙灯状》，进言不宜以两宫耳目并非急需的玩物，夺百姓口体必用之资，希望收回成命，看陛下是不是“改过不吝，从善如流”。陛下既然宽恕他，让他放言而不加惩治，那就是让他说话了。《上皇帝书》是苏轼在理论上对王安石变法全面的、更现实的思考，但没有理解王安石改变北宋积贫积弱现状的举措。他对宋神宗说：“臣之所欲言者三，愿陛下结人心，厚风俗，存纲纪而已。”这是苏轼想说的三个根本点。

他说陛下要依赖人心，失去了人心就会亡国。商鞅变法，积怨天下，秦得了天下，转身就失了天下；宋襄公用仁不当，失了人心，身死国亡。从古到今，没有平易合众而不安宁的，也没有刚愎自用而不危险的。国家变法，怎么能够独断专行、听不进意见呢？王安石创制置三司条例司，创法新奇，不过是落下求利之名，将使陛下的子民从此没有安宁的日子。水利法，上费钱财，下夺农时，何苦徒劳扰民？庸钱法，除一年两次按土地财产征税外，又按工钱收税，造成天下人怨恨。在这封奏章中，苏轼还批评王安石的青苗法、均输法，说这些举措本想得民心的，结果因不合百姓利益又失民心了。所以他请神宗皇帝“结人心”，万万不能做失人心的事。再说，人的寿命长短在元气，国运的长短在风俗，陛下应该爱惜风俗，就像养生保护人的元气一样。官职爵禄，应是积劳后迁，持久乃得，不宜开骤进之门，跬步可图，长此以往，难厚风俗。朝廷纲纪，当养可用之臣，犹若“养猫所以去鼠，不可以无鼠而养不捕之猫；畜狗所以防奸，不可以无奸而畜不吠之狗”。苏轼这些话尽管说得相当刺耳，却表现出他以民为心以适用为本的情怀。

苏轼最后还说，自己并不敢诋毁新政，所献“三言”，也不是自己个人的见解，而是大家的想法，陛下不能不察。他把这些想法说了出来，但他知道自己是“以蝼蚁之命，试雷霆之威，积其狂愚，岂可数赦。大则身首异处，破坏家门；小则削籍投荒，流离道路”。陛下宽容他、赦免他，但他心里畏惧的是，他批评的人太多，树敌必众，别人一定会以文章、法令中伤他，使陛下想赦免他都做不到。到那时候，难道会不危险吗？他说这些话，并不怕那些要他命的人，只怕从此以后，天下人以他为戒，不敢再说话了。所以，是不是上表对宋神宗说这些话，他想了一个多月，白天想了夜晚还接着想，这封上表写好后又毁掉，反复再三。感谢宋神宗听他这番难以控制的心里话，可怜他的愚忠而赦免他。

苏轼把自己当作大众的代言人，洋洋万言，和盘端出大众的想法。神宗皇帝看了他的万言书，不很在意，既没有想到采纳他的主张，也没有追究他说得不当，但新党中人把他这些话记在了心里。而苏轼没有停下脚步，三月又有《再上皇帝书》，猛烈抨击新政，说新政小用小败，大用大败，力行不止则乱亡随之。又说从古到今，天下存亡在于民、军、吏、士，陛下新政一举，会使这四种人的人心生变，并斥责推行新政的那些人都是小人，这真让主张变革的新党人士痛恨不已。

话说回来，苏轼在《上皇帝书》的“三言”里表现出来的人生抱负与前述其仁义情怀、德礼之治是一致的，他希望神宗皇帝能成为尧舜之君，希望用儒家的德礼方略治理社会。他也谈社会变革，也想富国强兵，但不想用王安石新政急促变革的方法，求稳，最好是不失人心、不坏风俗、不废纲纪式的渐进式变革。他惯于直言、不计利害，这时完全把个人的命运置之度外，有冒死以尽自己愚忠的决心。那时和苏轼立场类似的还有朝廷老臣司马光。司马光写信批评王安石变法，说王安石侵官、生事、征利、拒谏，招致天下怨谤。王安石做了强势回复，说两人议事常不合，是政见不同造成的；自己“受命于人主，议法度而修之于朝廷，以授之于有司，不为侵官；举先王之政，以兴利除弊，不为生事；为天下理财，不为征利；辟邪说，难壬人，不为拒谏。至于怨诽之多，则固前知其如此也”[①]。这虽然是他给司马光的回信，但也是对反改革者的宣言，改革必行，该改的法度就改，该除的弊政就除，该果敢决断的就决断，没有丝毫退缩的意思。而且，王安石强烈抨击朝野守旧人士的因循苟且、逸豫无为，说他们这样只能侥幸求得一时安宁，是不可能维持长久的。所以，他要矫世变俗，来一场暴风雨，刚好宋神宗也有这样的意愿。

新旧两党激烈冲突，彼此不容。苏轼自知力不能敌，采取了回避的态度，请求外放，结果以太常博士直史馆的身份出任杭州通判。他在赴杭州途中，经过陈州时写了一组小诗，诗题为《出都来陈，所乘船上有题小诗八首，不知何人有感于余心者，聊为和之》，“其八”道：

---

① 王安石：《答司马谏议书》。

我诗虽云拙，心平声韵和。
年来烦恼尽，古井无由波。

他以“心平声韵和”暗示离开京城后，不再纠结于新政之事，心归平静，而一度因新政引发的内心烦恼也不再有了。这“古井”用唐人孟郊《烈女操》“波澜誓不起，妾心古井水”的诗意，来说此时内心的状态，平静中蕴含了对皇帝无视自己主张建议的失望。他在杭州赏梅会友、观光宴饮，写下了《饮湖上初晴后雨》：

水光潋滟晴方好，
山色空濛雨亦奇。
欲把西湖比西子，
淡妆浓抹总相宜。

他那时还写了许多诗，心情很放松，湖光山色让他陶醉，还把 12 岁的歌女王朝云收在身边。有人说这首诗即是为王朝云写的，说西湖美，也是在说王朝云美。他这时享受着生活，仿佛不再有人生的烦恼，殊不知因他对新政持不同见解，人生的烦恼才刚刚开始，并延续到宋哲宗、宋徽宗时代，只是他往往不

清·费晴湖《西湖烟雨图轴》

以烦恼为烦恼，能够在艰难的新生活中得到快意。

此后的事不断发生变化，王安石也不顺利，后来罢相，变法随之夭折。但新旧党争已经形成，看似生活得很惬意的苏轼，人生的抱负从开始想象的辅佐皇帝，仁治天下，渐渐也缩小了。熙宁七年（1074），他到密州做太守时，写的《密州谢上表》，说他当在密州推广中和之政，安抚疲惫疾苦的百姓，使他们安于管理，这也是在报国。熙宁八年（1075），还以《江城子·密州出猎》的“会挽雕弓如满月，西北望，射天狼”表达了去边塞建功立业的愿望。但那时他还是很有隐忧，已经感觉到了他人的怨咎，后来移知徐州、湖州写的谢上表，都有点小心翼翼，但湖州谢表还是惹祸了，最终酿成了“乌台诗案”。

苏轼元丰七年（1084）离开黄州，第二年到常州，很感慨被废弃了六年，希望此生能够得从所便，为民效力，以尽愚忠。后重得启用，以端明殿学士、翰林侍读学士任礼部尚书。他在元祐八年（1093）的《谢除两职守礼部尚书表》中说：“始臣之学也，以适用为本，而耻空言；故其仕也，以及民为心，而惭尸禄。”于是进言六事即仁慈、节俭、勤劳、谨慎、诚信、贤明，这些虽是先王之道、老生常谈，却像人们生活中少不得的谷米猪羊，希望哲宗皇帝能够以此治理天下。说这话的时候，苏轼正处于人生辉煌的最后时刻，随后他以礼部尚书知定州，第二年被贬惠州，两年后被贬儋州，流贬儋州三年，一仍像在惠州时“随缘委命”，在历经艰难后生活闲适，但仍心怀抱负。当他接到命其北归量移廉州的诏书后，在《移廉州谢上表》里，苏轼感激刚即位的宋徽宗，说陛下“悯臣以孤忠援寡，察臣以众忌获愆。许以更新，庶使改过”，使自己洗去了一身的泥土，终得重见天日。但他表示此后不再求荣而保持缄默，专意养生而不过问朝政了。此后还在

《儋耳》诗里写道：

霹雳收威暮雨开，独凭阑槛倚崔嵬。
垂天雌霓云端下，快意雄风海上来。
野老已歌丰岁语，除书欲放逐臣回。
残年饱饭东坡老，一壑能专万事灰。

这时候苏轼心里特别高兴，“快意雄风海上来”，是何等的爽快。但他毕竟老了，只剩残年。诗中的“一壑能专”用了西晋陆云《逸民赋序》的典故。陆云说：“古之逸民，或轻天下，细万物，而欲专一丘之欢，擅一壑之美，岂不以身重于宇宙，而恬贵于纷华者哉？”苏轼借此表达的是此后无心于世事，只图安逸的隐居生活。

人生无常，苏轼原本想的是所学适用，所用为民，由于流贬，他在遭遇的社会变革中被边缘化了，远大的政治抱负没能真正实现。好在他随遇而安，可以做耿直的京官，可以做一心为民的地方官，还可以做一介善良的百姓，不得其用的牢骚是有的，但牢骚过后，依旧是常有的平和与旷达。对生活的热爱，对百姓的友善，仍然能让人感觉到他深厚、温暖的社会情怀。

第四章

文学映出的人生影像

说韩柳欧苏，少不了要说他们的文学成就。古文的“唐宋八大家”，最具影响的是韩柳欧苏四家。他们古文的光华，千百年以来还是那么耀眼，让人喜爱和效法。不光是古文，四家还有诗，韩柳在唐代诗坛，欧苏在宋代诗坛，也是响当当的人物。还有，韩柳所在的中唐，词萌生后未兴，二人均未涉足；欧苏则处在词蓬勃生长的时期，两人在词坛上同样举足轻重。他们以相同或不同的文学形式抒写自我的人生，文学是他们的生活，与他们的生命同在，官可以做，也可以不做；人可以登高峰，也可以处低谷，但手中的笔总没停滞，或文或诗或词，写出各自的人生遭际和滋味，从而使他们笔下的文学映出自我的人生影像，人与事、苦与甜、喜与悲尽在其中，让人为之感慨。

第一节　物不得其平则鸣

韩柳时，“安史之乱”平息，安禄山、史思明兴兵反唐，最后以失败告终，这是大唐王朝朝野都很期待的，此后中唐真正开启了。“安史之乱”把大唐的天下搅得很不安宁，皇室逃离都城长安。唐玄宗虽然没丢天下，但丢了“回眸一笑百媚生”的爱妃杨玉环，这可不是一般的丢失，他在自己将士的威逼之下，令杨爱妃以一条白绫在马嵬坡（在今陕西兴平）不情不愿地自行了断；他还丢了皇帝的宝座，被迫让位于太子李亨，自己不得已做了太上皇。唐玄宗重回长安后，只落得“夕殿萤飞思悄然，孤灯挑尽未成眠”[①]。

中唐复兴，要收拾盛唐的乱摊子，却有“安史之乱”后的社会伤痛，人们都在平复自己的内心世界，对世事的态度也平和多了，少了“盛唐气象”的激昂奋发，登泰山而小天下的气魄也小了。尽管有白居易、元稹这样的乐府诗人以新乐府《卖炭翁》《田家词》等诗篇反映百姓的疾苦，终究少了此前杜甫的沉郁顿挫。不过，中唐诗坛像盛唐诗坛一样群星闪烁，只是中唐群星没有盛唐群星那样耀眼。而中唐的古文则比盛唐更有光彩，因为中唐古文有韩愈、柳宗元，盛唐文坛上诗歌独领风骚，没有人的古文写得像韩、柳那样出神入化。

---

① 白居易：《长恨歌》。

韩愈有“物不得其平则鸣”的名言，并以诗或文鸣于中唐的诗坛与文坛。他在当时有两个圈子，一个是诗人圈子，这个圈子后人喜欢称之为“韩孟诗派”，或叫“韩孟诗人群体”。他们的诗歌多推敲，好奇崛，并以此为人称道。作诗好推敲，后来生出一个词“苦吟”，意喻在诗歌创作上精心琢磨，有人又称他们为“苦吟诗派”，以韩愈、孟郊为领袖，相随的有贾岛、李贺等人。他们各自创作，又相互酬唱，同声相应，同气相求。韩愈被认为以诗的“奇崛”开了中唐一代诗风，与白居易、元稹以诗的“通俗”开中唐另一诗风并驾齐驱。还有一个是古文家圈子，这个圈子以“韩柳”为领袖，还有李翱、李汉、皇甫湜、张籍、李翊等人。这李翱、李汉不是外人，李翱是韩愈的侄婿即他哥哥的女婿，李汉是韩愈的女婿，韩愈死后，李汉整理他的文章，编成《唐吏部侍郎昌黎先生韩愈文集》传世。并在序文中说“文者，贯道之器也”，这说法很生动，是“文以载道”的翻版，并不新奇。

李翱说韩愈好贤，所好之贤“必须甚有文辞，兼能附己，顺我之欲，则汲汲孜孜，无所忧惜，引拔之矣”①。这话是他好贤的前提，文章写得既好又能顺从韩愈的心意，这是世人常态。韩愈的诗人圈子，大家的诗都很可观，但古文家的圈子不一样，李翱、张籍、皇甫湜的古文流传较少。李翱在给朋友朱载言的信中说过自己为什么学古文：“吾所以不协于时而学古文者，悦古人之行也；悦古人之行者，爱古人之道也。”②正因为如此，《旧唐书·李翱传》说，李翱“幼勤于儒学，博雅好古，为文尚气质”。而张籍的古文水平和李翱差不多。

---

① 李翱：《〈感知己赋〉序》。

② 李翱：《答朱载言书》。

韩愈在诗文两翼游刃有余，在诗歌创作上有些苦恼，只因他面前耸立着李白和杜甫这两座诗坛高峰。李、杜是盛唐诗坛最伟大的诗人，韩愈好诗，处在李、杜身后，却难以超越他们。他曾对朋友孟郊说：“读李、杜的诗，最遗憾的是李、杜怎么出生得比我早呢？我为什么出生得这么晚呢？令我不能紧紧相随。”韩愈是一个乐于创新的人，也真的在诗坛上开出一条路来。清人赵翼说得较为客观：“韩昌黎生平所心慕力追者，惟李、杜二公。顾李、杜之前，未有李、杜，故二公才气横恣，各开生面，遂独有千古。至昌黎时，李、杜已在前，纵极力变化，终不能再辟一径。惟少陵奇险处，尚有可推扩，故一眼觑定，欲从此辟山开道，自成一家。”[1]赵翼说到了韩愈诗歌创作的痛处，论写诗他真不是李、杜的对手，没有李白诗的飘逸奔放，没有杜甫诗的沉郁顿挫，但追求仍然是可以有的。在杜甫诗风的影响下，韩愈把杜甫诗没能充分表现的“奇险”风格发扬光大。在这方面，韩愈的长篇五言、七言古风或状景咏物，或酬唱赠别，表现出的“奇险”最为典型。尤其是前者，如他的五

清·王原祁《昌黎诗意图》

① 赵翼：《瓯北诗话》。

古《南山诗》吟咏周南山的景象，铺排得光怪陆离，以雄奇豪壮的气势和雕绘华彩的语言让南山呈现一派异色，别开生面。还有他的七古《陆浑山火和皇甫湜用其韵》写陆浑的山火，风助火势，火借风威，那熊熊烈火的光芒，让日月星辰黯然失色，烧得乾坤震荡，烧得鬼神、禽兽无处躲藏。这样雄奇的诗风在中唐诗坛自成一格，就以诗表现“奇险”来说，他倒是超越了杜甫具有奇险风格的诗。

韩愈这些诗大量运用铺排，其实是以古文笔法写诗。像他的《南山诗》一连用了 51 个“或”字句，类似庄子《齐物论》叙说“天籁”，用“似”字句法说大树洞穴和风吹洞穴发出的声音。这话还可以再往下说，在诗坛或文坛，以文为诗或以诗为文都很正常。但韩愈以文为诗在北宋就受到了批评，江西诗派的重要诗人陈师道说：“退之以文为诗，子瞻以诗为词，如教坊雷大使之舞，虽极天下之工，要非本色。”[①] 类似的批评后来还有，一些诗人、诗评家认为，文就是文，诗就是诗，怎么能够以文为诗、让诗失去了本色呢？这样的诗写得再好，从形式上看还是不像诗。韩愈当然管不了后人的批评，即使当时有人这样批评他，他也不会管这些。他为官好率性直言，连自己的官帽、性命都不太顾及，在诗歌创作上同样是很率性的，想怎么写就怎么写，只是和古文创作一样，要守儒学道统的底线。

韩愈的小诗好读有味，前面提到的《左迁至蓝关示侄孙湘》是一例，又如他的《早春呈水部张十八员外》：

天街小雨润如酥，草色遥看近却无。

---

① 陈师道：《后山诗话》。

最是一年春好处，绝胜烟柳满皇都。

诗短短四句，平易自然，把初春的长安描写得很美。小雨的温柔、小草的细嫩，都给人别样的美感和温情，从而让人有了暖春的强烈感觉和赏春的自发意愿。还有《春雪》:“新年都未有芳华，二月初惊见草芽。白雪却嫌春色晚，故穿庭树作飞花。”这诗同样细腻而温情脉脉，儒雅的韩愈在动人春景面前，还是很有浪漫的诗人情怀。这比他《落齿》诗开头直白道出的“去年落一齿，今年落一齿。俄然落六七，落势殊未已。余存皆动摇，尽落应始止”更让人回味。不过要注意，韩愈是李白、杜甫之后的诗坛高手,《落齿》诗的这几句虽平淡无奇，但韩愈古文般的叙事，是要引出随后的说理，他说:“人言齿之落，寿命理难恃。我言生有涯，长短俱死尔。”告诉人们死亡最终在健康者与不健康者、有功名者与无功名者之间画了等号，足以让人沉思良久。

韩愈是好圣人之道的古文家，他 35 岁做四门博士前的人生过得不太顺，贞元十一年（795），他在《感二鸟赋》和《答侯继书》里都说了自己读书求学的事，对朋友侯继说得更多一些。他读五经，还读能求得的百氏之书，探寻这些书的意义在哪里。只有关于礼乐的名数、阴阳、土地、星辰、方药这些书，没有真正读明白，为此常常感到羞耻。他说古人通晓这些才能成为大贤，我现在有幸不为社会所用，没有早晚的劳苦，将试着再学，力不足而后止。他这番话说得很恳切，也很可怜，自己这样专心于学，既博采百家之书，又求儒学思想的纯正，但不为社会所用。想到这一点，韩愈心有不平。同年，比韩愈早四年中进士的崔立之（字斯立）同情他，写信安慰韩愈，还把他比拟为“献玉者”。

“献玉者”说的是春秋时楚国卞和的故事，卞和在楚山（一说“望玉山”）拾到一块玉石，把它献给楚厉王，厉王要玉人鉴定，玉人说是石头，厉王生气了，斥责卞和是骗子，把他左脚砍掉了。楚武王即位后，卞和又把玉石献给楚武王，楚武王同样要玉人鉴定，玉人说是石头，武王生气了，派人把他的右脚砍掉了。武王死后楚文王即位，卞和抱着这块玉石在楚山下哭了三天三夜，泪尽血流。文王听说了，让人问他是什么缘故，还说天下被砍去双腿的人很多，他有什么必要哭得这么伤心呢？卞和说：“我不是悲伤受刖刑砍去了双腿，而是悲哀我的忠诚被认为是行骗，真正的宝玉无人能识。”于是，楚文王请人割开这块“石头”，后来果然得到一块上等的宝玉，人称“和氏璧”。崔立之把韩愈比作献玉者卞和，鼓励他，总有一天会有人赏识他。

韩愈给崔立之回信，又一次诉说自己的痛苦人生。他说自己十六七岁时不太懂事，读圣人的书，以为人入宦海，得一官半职，为的是他人，而不是为自己。20 岁时，家境贫寒，食不饱衣不暖，才知道入仕不仅是为人，也是为自己有一个饭碗，能够养家糊口。到京城后，看到许多人参加进士考试，礼部考过的诗赋对策，这些东西不学都会，于是他也去参加考试，但考官凭自己的好恶取士，自己考了四次才榜上有名。后来吏部的博学宏词科选才，他同样去看吏部考过的文章，和礼部考的相似，却又未能考上。但他看那考上的人写的文章，像歌舞杂戏艺人的言辞，让他心里忸怩不安好几个月。所谓“博学”，所谓“宏辞”，难道是这个样子吗？这真让古代的屈原、孟轲、司马迁、司马相如、扬雄为他们感到羞愧。他榜上无名，可以无愧。只是不知道他的玉石要献多少次，他的脚要被砍多少次，他才能够为朝廷所用。当时的韩愈，心境够悲凉的了。

读书是韩愈一生的事业，因为读书的关键是要做人。他中年后为在长安城南读书的儿子韩符写过一首《符读书城南》的五言古风，教子说："木之就规矩，在梓匠轮舆。人之能为人，由腹有诗书。诗书勤乃有，不勤腹空虚。"这"梓匠轮舆"是木匠和车匠，前者善为方，后者善为圆。他用这个比方，说人读书要懂规矩，知道怎样做人，而读书一定是要勤奋的，否则会一无所得。这诗虽然写得较晚，但他终身都奉行这一读书理念，习惯在很多地方、很多时候都给别人谈读书的事。唐德宗贞元六年（790），他在《上贾滑州书》里说，自己是一介儒生，不敢以其他方式求进，整理了旧作十五篇作为见面礼。然后说他时年23岁，读书学文15年多了，一言一行不敢违背古人，请贾耽看看他这些文章。贞元十七年（801），李翊向他请教怎样写好古文，韩愈写了《答李翊书》，很深情地说，文章要想达到古代立言者的境界，不要想速成，不要为权势利禄诱惑，遵循一个简单的道理，养根俟实，加膏希光。果树的根茂盛，果实就丰满；油脂充盈，火光就明亮。类似的话他在《答尉迟生书》里也说过，本深末茂，形大声宏，很懂得凡事要从根本上做起。

按他的想法，要想文章写得好，就得好好地读书。他读书二十多年后回首往事，开始时不是三代两汉的书不敢看，不是圣人之志不敢放在心里。这三代是夏、商、周，两汉是西汉和东汉。元和八年（813），他在《进学解》里说到自己读的"三代两汉"之书，大体是《尚书》《春秋》《左传》《周易》《诗经》《庄子》《离骚》以及西汉司马迁、司马相如、扬雄的著作。他最钟情的是儒学，所以告诫李翊终身都应该"行之乎仁义之途，游之乎《诗》《书》之源，无迷其途，无绝其源"[①]。《诗》即《诗经》，《书》即

---

① 韩愈：《答李翊书》。

《尚书》，都是儒学的重要经典。读这些书，为的是脑海里有“圣人之志”，能够始终坚持儒学的道统。

韩愈说得很好，“古人虽已死，书上有其辞。开卷读且想，千载若相期”[①]。是呀，读书能跨越时间的距离，在读与想之中常常与古人相见、交流，这也是人生快事。读书人要通过读书，懂得做人的道理。他曾对陈彤秀才说：“读书要明的是道，写文章要明的是理，读书写文章不是为了夸耀学识，看谁的文章写得华丽，而是要看谁做事适宜，说话能得要领。如果做事适宜、说话得要领，即使我没见到这人，我也认为他是富于儒学修养的。”韩愈的读书态度和方法也是让人钦佩的，他在《进学解》里说自己夜以继日，勤奋苦读，口不绝吟、手不停披，提要钩玄，与他同时所说的业精于勤、行成于思相一致。他这个少小就很孤苦的孩子，最终能够有所成就，无疑得益于此。

韩愈在文章写作上有很高的追求，追求什么呢？

一是追求古道即纯正的本色的儒学思想。在文章写作中把持好从尧传到周公、孔子，然后记载在典册上、由中国人世世代代遵守的仁及礼乐。他说：“愈之为古文，岂独取其句读不类于今者邪？思古人而不得见，学古道则欲兼通其辞。通其辞者，本志乎古道也。”[②]这话说得很明白，他学古文，不只是学习古文的语言形式，辨识古今的语言形式有什么不同，关键是要学习古人的思想精华——古道，把古道与文辞结合起来，以文辞为桥梁，追求古道。为文要明道，也要传道。

---

① 韩愈：《出门》。

② 韩愈：《题欧阳生哀辞后》。

二是追求务去陈言，“词必己出”[①]。在心有所想，文有所成的时候，一定不说别人说过的话，而要说与别人不同的话。韩愈为自己设立了一个标准，文章写出来后看读者的态度，读者“笑之则以为喜，誉之则以为忧，以其犹有人之说者存也”[②]。然后再努力，直到所写文章只有人批评，没有人赞扬为止，到那时候也就达到了“词必己出”的境界。同时，学习古人，应是师古人之意不师古人之辞，敢于“自树立，不因循”[③]。

三是文章要有“气”。他给李翊打了一个比方，说文章的“气”好像是水，言辞好像是水上的漂浮物，水大那么无论大小的漂浮物都会浮起来。然后说“气之与言犹是也，气盛则言之短长与声之高下者皆宜”。文章的“气”，魏曹丕在《典论·论文》里说过“文以气为主”，这“气”指作者的性情和气质。韩愈说的“气”包括了作者的道德修养和文章气势，文章要写得好，还得像他说的文从字顺。

韩愈对文章写作是很用心的，君子“处心有道，行己有方，用则施诸人，舍则传诸其徒，垂诸文而为后世法”[④]。这里的“道”与“方”是儒家的思想及运用方法，用于社会则广泛服务于人，不为社会所用则传授给自己的门人弟子，形成著作传于后世。韩愈这样做，是以孔子、孟子为榜样的。

元和六年（811），韩愈以调侃的笔调写了《送穷文》，说自己“穷”呀，遭逢五“穷鬼”，这就是智穷、学穷、文穷、命穷、

---

① 韩愈:《南阳樊绍述墓志铭》。

② 韩愈:《答李翊书》。

③ 韩愈:《答刘正夫书》。

④ 韩愈:《答李翊书》。

交穷。他想送五“穷鬼”远行，让“穷”不要纠缠自己，使自己脱“穷”。五“穷鬼”笑言天下没有谁比我们更了解你了，你也不想一想，“人生一世，其久几何！吾立子名，百世不磨”，现在你赶我们走，真是小聪明大糊涂。这是说，你现世是很穷，但穷不是造就了你百世不会磨灭的名声吗？于是，因穷而愁苦的韩愈以“穷”为知己，请它们上座。可以注意到，韩愈说自己“文穷”有四句话：“不专一能，怪怪奇奇，不可时施，只以自嬉。”这缘于张籍说他的文章写得驳杂，怪奇自嬉，不切时用，是其对韩愈《毛颖传》的批评。

《毛颖传》里的毛颖，祖先曾辅佐大禹治东土、养万物，功成后封于中山。秦朝时为秦始皇所用，封于管城，号“管城子”，因博闻强记、行为敏捷受宠信，拜中书令，又称“中书君”。韩愈煞有介事地说这些，不过是以拟人手法为毛笔立传。他说毛颖对原始结绳时代一直到秦王朝的事无所不通，对九流百家之事无所不晓，年轻时善随人意，为人爱重，老秃后摹画不如秦始皇的心意而遭疏远，不再被召用，后死于管城。于是感叹：“秦之灭诸侯，颖与有功，赏不酬劳，以老见疏，秦真少恩哉。”因此有人说《毛颖传》别有讽喻之意，明说毛颖，暗喻文人的命运。那时韩愈做河南令，人生还不得意。他编了这样一个类似于寓言的故事，当时裴度、张籍就说他以文为戏，实在是大不该。

韩愈很欣赏这篇文章，曾经对友人冯宿说，自己的文章写得小有得意，世人就小怪，写得大有得意世人就大怪，《毛颖传》就是让世人大怪的。他也不在意世人乃至朋友的各种批评，在《毛颖传》后又写了《送穷文》作回应，仍然诙谐滑稽。

韩愈会讲故事，《毛颖传》《送穷文》在丰富联想的虚构中，有着现实生活的影子。他还讲非虚构的故事，《张中丞传后叙》

说安史之乱时，张巡在睢阳抵御叛军失败后慷慨死义；《柳子厚墓志铭》讲柳宗元的一生，说他最初以为功业可立就，后因废退而死于穷裔。在看似平平的叙说中，往往因人物命运而波澜起伏，让人心惊，悲愤而伤感。这有张巡、柳宗元人生的不平凡，但在平凡的人生中有时也会有生命的强烈震撼。《圬者王承福传》就是好的例子。

这篇传记讲粉刷工匠王承福的故事。王承福是农夫世家，当兵退伍还乡后为人做粉刷墙壁的工作。所得收入除供自己的生活之外，余钱都施舍给了流浪的残疾人、病人和忍饥挨饿的人。在社会生活中，人们有不同的分工，各尽所能，劳力劳心，相互协作维持彼此的生活，王承福选择的职业是自己能为、为而无愧的。接着他说自己曾经在富贵人家做粉刷有许多年，有去过一次的，再经过的时候，这富贵人家已是废墟了。有去过两次、三次的，再经过，那富贵人家也成了废墟。富贵人家的富贵不能长守，富贵之家沦为废墟就是必然的，只看维持时间的长短。或者是遭了刑戮，身灭家亡；或者是富贵者死后，子孙不能持有；或者是因犯罪触法，身后家产被没收入官。无一不是上演着生活的悲剧，只看悲剧何时降临。

王承福和普通人一样，乐富贵而悲贫贱，他思考富贵之家沦为废墟的缘由，作了一些推测。他说："我从这种先盛后败的家庭现象来看，不是饱食终日无所事事，就一定是天降灾祸。或许是勉强自己的心智，才华不能及而滥竽充数；或许是做了许多亏心事，知道不能做而硬要去做；或许是富贵难以坚守，功劳小而享受多；或许是富贵贫贱有时，一来一去，富贵者不能永远富贵，贫贱者不能永远贫贱。"王承福在心底很同情这些人，自己明智地选择力所能及的事做，混口饭吃。

在饱食怠事会遭天殃的情况下，王承福说了这四种人可能遭到毁灭。应该说，人生享有富贵而失去富贵、甚至失去生命的情况常有，具体的原因远不限于这四种。但王承福认定人生应当自食其力，不能懈怠，不能去做力所不能及的事，不能享受超过自己功劳的生活，韩愈借王承福之口把这些道理说开，不仅在当时有意义，而且有长远的生活意义，很值得人们警醒。

韩愈这些文章写得平易畅达，正是他学习三代两汉文章的语言表达，追求古文趋于散行单句随意和平易、反对当时社会流行的时文即华美骈文的必然结果，尽管他在古文中偶尔会露出骈文的句法。他这个好直言的人，有时把自己的话说得掷地有声，犹若当头棒喝。前面提到的《论佛骨表》《原道》都很突出，前者一表呈上，宪宗皇帝气得险些要了他的性命。而后者则是他为儒学卫道，恨不得要佛、道的“性命”。还有分明时俗反对有人为师，他偏要为人师，作《师说》，说出话来依然是铿锵有力，难以辩驳：

> 人非生而知之者，孰能无惑？惑而不从师，其为惑也，终不解矣。生乎吾前，其闻道也固先乎吾，吾从而师之；生乎吾后，其闻道也亦先乎吾，吾从而师之。吾师道也，夫庸知其年之先后生于吾乎？是故无贵无贱，无长无少，道之所存，师之所存也。

这番话足以让时人为他亮出为师的大旗而惊诧不已，但他有依据，“人非生而知之者，孰能无惑？”这话是孔子说的。韩愈演绎这句话，把它说得更透了。学者要解惑，师者要传道，他站出来要为人师，与时俗针锋相对，做当时人不做或者反对做的事，说出相应的话自然是别人不曾说过的，连柳宗元都很佩服他的勇敢。

韩愈还有一篇很犀利的《讳辩》，是为诗人李贺写的。“讳”即避讳。避讳是对人对事对物不直言以示尊重，有国讳、家讳、个人讳，言讳、事讳、名讳等等，其中“名讳”最突出。“名讳”指的是不能直接触犯尊者、亲者、贤者以及长者的名字，如有触犯就是不尊、不孝。宪宗元和四年（809），李贺参加进士考试遭遇了进士的“进”和他父亲的名字“晋肃”的“晋”同音，依社会风俗，他得避父讳，不能参加进士考试。李贺忧愁无奈，韩愈得知有些愤怒，专门写了《讳辩》与诋毁、排斥李贺参加进士考试的人抗争，也是与世俗抗争。

他在文章开头交代了李贺要参加进士考试，争名者反对，说李贺参加进士考试不合社会礼制。既然有人说礼制，韩愈引《礼记·曲礼》说：“礼，不讳嫌名，二名不偏讳。”这“嫌名”是同音或近音的名，如“禹”与“雨”、“邱”与“蓲”，音相同或相近是不避讳的；“偏讳”的“偏”通“遍”，即二名不同时避讳，避其中一个就行。如孔子母亲名“徵在”，避讳时避“徵”不避“在”，避“在”不避“徵”。李贺参加进士考试，既没有违反“二名律”，也没有违反“嫌名律”，为什么不能参加进士考试呢？他还说：父亲名叫晋肃，儿子就不得参加进士考试；如果父亲名“仁”，那儿子是不是不得做人呢？韩愈随后依据经书和历史，指出周公作诗不避讳，孔子不同时讳母亲的名“徵在”，还有春秋时曾皙、汉时杜度、汉武帝刘彻、吕雉等人避讳，并说当今之世的朝廷奏章、皇帝诏书里用“浒”为什么不避唐太祖李虎名“虎”？用“势”为什么不避唐太宗李世民的“世”？用“秉”为什么不避唐世祖李昞的名“昞”？用“机”为什么不避唐玄宗的名“隆基”？韩愈的辩驳一气呵成，咄咄逼人。

说了这些，韩愈给了一个结论：现在考察经书、礼律和国家法典，李贺参加进士考试是完全可以的。再说，侍奉父母能够像曾参那样，就可以不受批评；做人能够像周公、孔子那样，也就很可以了。因为曾参毕恭毕敬侍奉父母，是世人侍奉父母的楷模；周公、孔子是儒家学派的圣人，为后人敬仰，是世人做人的楷模。既然这样，韩愈说："今世之士，不务行曾参、周公、孔子之行，而讳亲之名，则务胜于曾参、周公、孔子，亦见其惑也。"他的意思是，你们这些讲究避讳的人不努力学习曾参怎么孝敬父母，不努力学习周公和孔子怎么做人，在避讳亲人之名上超过曾参、周公和孔子，重名轻实，真是糊涂呀！

韩愈论说往往很通透，他受孟子影响很深，在这些文章中有孟子说话的气势和推理力量。不仅是这些文章，即使是杂文短章也是如此。如前面提到的《马说》，讲伯乐和千里马的故事，一气呵成，让人有世无伯乐及千里马不得其用的悲愤。

韩愈的赠序也写得很好，朋友分离，以诗赠别和以文赠别都是常事。他以文赠别，同样留下一些名篇。如《送李愿归盘谷序》，后来苏轼读了以后，为它写了《跋退之送李愿序》，文字很少，意味悠长。他说："欧阳文忠公尝谓晋无文章，惟陶渊明《归去来》一篇而已。余亦以谓唐无文章，惟韩退之《送李愿归盘谷序》一篇而已。平生愿效此作一篇，每执笔辄罢，因自笑曰：'不若且放，教退之独步。'"[①] 苏轼把这篇文章视为唐代最好的文章，甚至说自己要仿作一篇，有与韩愈一较高下的意味，最终放弃是想让韩愈独领风骚。李愿，隐士，生平不详，号盘谷子，是韩愈的朋友。在这篇文章中，韩愈是记录者。李愿说了三种人，一是得志的大丈夫，"利泽施于人，名声昭于时"。这种人虽然前呼后拥，不可

---

① 苏轼：《跋退之送李愿序》。

一世，但"妒宠而负恃，争妍而取怜"，李愿说我没命做大丈夫。二是无誉无毁、无乐无忧的隐士，"穷居而野处，升高而望远，坐茂树以终日，濯清泉以自洁。采于山，美可茹；钓于水，鲜可食。起居无时，惟适之安"。三是战战兢兢的求官者，"伺候于公卿之门，奔走于形势之途，足将进而趑趄，口将言而嗫嚅，处污秽而不羞，触刑辟而诛戮"。这种人贤能如何，不贤能又如何呢？最后韩愈为李愿唱了一首隐士之歌，全文就戛然而止了。

韩愈让李愿做自己的代言人，用他的话批评社会，批评得志者和求官者，表明他想做一个居于盘谷的隐士。这些文字说尽人生，但韩愈始终是一个有社会情怀的人，他称道李愿，并没有去走李愿的隐居之路。在《送孟东野序》里，他就希望不平则鸣的孟郊能鸣国家之盛；在《送董邵南游河北序》里，他劝落第的董邵南不要去河北，而是留在京城做官，为天子效力。虽然他的话说得很委婉，让人费点心思去揣度，但他的想法还是很积极的。

韩愈在文学上的成就后人多有评说，他以奇崛别开生面的诗歌成就远不及他的古文。他的古文在复古的旗帜下标志着中唐文坛散文的革新，使当时的散文有了全新面貌。李翱曾说，韩愈善于写文章，常认为西汉扬雄之后，没有谁的文章能及扬雄。在我看来，他的文章不效法前人的言论，可以和扬雄的文章相比。"自贞元末以至于兹，后进之士，其有志于古文者，莫不视公以为法。"[①] 李翱与韩愈同时，他的话只说到那个时期，殊不知韩愈的古文，一直是后人学习的榜样，小文章有大视野，说自我不忘天下，反世俗也是着眼于社会和民生，远远超出了唐代而有不朽的意义。

---

① 李翱：《韩公行状》。

第二节 长歌之哀过乎痛哭

柳宗元也许由于33岁就被流贬，从此远离了都城长安，在中唐诗坛上有点孤独。当时有三大诗人群，这就是韩愈、孟郊诗人群，元稹、白居易诗人群和“大历十才子”诗人群。柳宗元处在三个诗人群之外，但他的诗写得很好。苏轼流贬儋州的时候，说自己随身带到海南的书，只有陶渊明集和柳宗元的诗文数册，并称与陶、柳为友。苏轼把陶、柳放在一起，不是没有原因的。他在《题柳子厚诗二首》（其二）里说过一句话：“诗须要有为而作，用事当以故为新，以俗为雅。好奇务新，乃诗之病。柳子厚晚年诗，极似陶渊明，知诗病者也。”苏轼喜欢陶渊明的诗，正是因为陶诗的有为而作，不是无病呻吟；又有以故为新，以俗为雅的优长，与他晚年的心境相合。柳宗元晚年的诗与陶诗风格相似，正是因为柳宗元喜欢陶诗。

不仅是这样，苏轼对柳宗元的诗有很高的评价，他曾把韩愈和柳宗元的诗放在一起比较：“柳子厚诗在陶渊明下、韦苏州上。退之豪放奇险则过之，而温丽靖深不及也。所贵乎枯淡者，谓其外枯而中膏，似淡而实美，渊明、子厚之流是也。”[①] 他欣赏陶、柳诗的外枯中膏、似淡实美，追求平易中的深长之味。苏轼还品评过柳宗元和韦应物的诗，说他们的诗，能在简古中蕴含华丽，

---

① 苏轼：《评韩柳诗》。

在淡泊中寄托至味，自己不及。

韩愈虽然也像柳宗元一样，两次遭流贬，但韩愈流贬阳山和潮州的时间不长，先后都回京城做官。而柳宗元两次流贬，离开永州转身就到了柳州，他在这两地的生活，构成了自己的后半生，心境与回到京城的韩愈大有不同。这简古淡泊的诗，最有代表性的是前面提到的《江雪》和《渔翁》，看似无心的“独钓寒江雪”以及“岩上无心云相逐”的自然表达，有孤傲与自得。诗总有情志，柳宗元因遭遇流贬，心性有很大的收敛，早年求为世用的急切，在流贬地常常化为无所事事的悠然。在田园山色中，即使有诗不说学陶，也自然趋于淡泊。其《田家三首》(其一）的“鸡鸣村巷白，夜色归暮田。札札耒耜声，飞飞来乌鸢”就是如此。在这样的诗里，说的固然是平常的生活，但朴素而直白的话语里有性情的怡然自得，而这样的状态又是人生难得的境界。苏轼前面说陶、柳的外枯中膏、似淡实美的奥秘也在这里。又如柳宗元的《饮酒》诗：

明·商喜《松下醉卧图》

今夕少愉乐，起坐开清尊。举觞酹先酒，为我驱忧烦。须臾心自殊，顿觉天地暄。连山变幽晦，渌水函晏温。蔼蔼南郭门，树木一何繁。清阴可自庇，竟夕闻佳言。尽醉无复辞，偃卧有芳荪。彼哉晋楚富，此道未必存。

这诗写得像陶渊明的诗，柳宗元笑那些富如晋楚的人，不知道饮酒之乐，而他的饮酒之乐在于一饮就无忧烦，天地温暖，万物和煦，大醉之后卧于芳草之上，是何等的惬意！后来苏轼在《前赤壁赋》里与客尽饮之后卧于舟中的情节与这有些相似。尽管如此，柳宗元的感遇诗、咏史诗、怀乡诗还是写得有些沉重，“揽衣中夜起，感物涕盈襟”[①]，也是他因时因事而有的伤感。

柳宗元的文名胜过诗名，他与韩愈同好古文，名声不及韩愈响亮，但人们好说他和韩愈一道兴古文，甚至二十世纪以来，一直有人把他们兴古文视为“古文运动”，足见那时候古文的声势之大，晚唐时文复兴古文衰微。这是古文的不幸，但给北宋欧阳修复兴古文带来了机遇。这是后话。

柳宗元擅长议论，韩愈也有这样的看法，曾说柳宗元论辩起来，经史百家、古往今来的证据信手拈来，精神振奋、意气风发，这是青年柳宗元的风采，当年韩愈是没有的。柳宗元善辩，韩愈有所不及：柳宗元有《封建论》，韩愈没有这样的宏论；柳宗元有《天对》，韩愈没有他那样开阔的视野。其实，韩愈也是善议论的，只是他论理涉及国家事务时，不像柳宗元那样纵横捭阖，气势博大，但他论道、论性，也有柳宗元不能及的。柳宗元被贬永州时毕竟年轻气盛，毫不知道此后自己的生命只有十四年。这十四年里，他先做永州司马，后做柳州刺史，都深陷在人生失意中，无

① 柳宗元：《感遇二首》（其一）。

人伸以援手，也不能自拔。那时的他难免忧伤、抑郁，却能快意地“苟活”。韩愈仿西汉东方朔《答客难》、扬雄《解嘲》写了《进学解》，柳宗元写了《答问》，与《进学解》相类似。他设想有人问自己：你柳先生看样子是学古而有道的人，不能努力实现自己的人生理想，反而获罪流贬，朋友不愿搭理你，平生仰慕你的人，毁书灭迹，生怕和你有瓜葛；没有人害怕你，想骂就骂，想打就打；而你见了人，或者听人说话，心里就害怕。有时在草野上行走，却不知自己要往哪儿去。你怎么这么卑劣呢？你读了那么多古人的书，自认为知事懂理，怎么会这么狼狈，靠什么自立于世呢？

柳宗元说，自己真蠢真笨呀！心信古书的教诲，又自以为是；以为处世容易，却不权衡当下世务可行还是不可行；不管别人高兴还是不高兴，有话就说；只顾自己，想闭目养神就闭目养神，想昂首挺胸就昂首挺胸，结果遭遇挫折而被流贬。我这个人，不论事情对还是不对，也不管自己前面是陷阱还是火坑，毫无顾忌地往前冲，实在是张狂糊涂，也不知道会摔倒，跌得头破血流。自己混成这个样子，怪不得社会。社会好哇，谈德，德高；说理，理明，而自己沉默、迷惑、空疏、浅薄。再说，涉险遭难而送命是烈士之志，知道不行马上停止是君子之事，自己就按君子之事度过余生，应该是可以的吧。柳宗元这样说，有很深的怨愤，他把牢骚发得婉转，主要还是因为自己才无所用，志不得伸。在这一点上，他和韩愈一样，但没有等来命运真正的柳暗花明，不像韩愈得了善终。

与《答问》相应，柳宗元还有《起废答》，其中虚构了一群当地老人和柳宗元的对话。老人说你柳先生到永州十年，步履轻快，满腹诗书，古往今来，无所不通，怎么一遭贬就不再被起用呢？朝廷的御史中丞来这儿，连这儿东边寺庙的跛和尚、中厩额头痛的马都被起用了，你怎么连他们的命运都不如呢？柳宗元说："你们说的是脚有毛病的僧师和额头有毛病的马，不像我德行有毛病，他们被起用，是因为永州缺少而需要。而当今豪杰林立，群英争辉，哪轮得到我这个被贬十年的人重得起用呢？"《答问》和《起废答》都是柳宗元的自我解嘲，内心的愤激依然还是由于怀才不遇，言辞相当犀利，说出话来在夸饰中别有辛辣的锋芒和少年轻狂时的风姿。他曾说："吾虽少为文，不能自雕斫，引笔行墨，快意累累，意尽便止。"[①] 这两问依然有引笔行墨的快意，且文字雕斫而有丽色，与"问"用赋法相关，同为"问体"的《晋问》亦然。

柳宗元好做批评文章，《四维论》《天爵论》都是批评文章。《四维论》批评管子，说什么四维分明只有仁、义两维，这在前面提到了；《天爵论》批评孟子的天爵论，说仁义忠信哪是天爵，"明"与"志"才是天爵。还有《左传》说到卫州吁时，有"贱妨贵""少陵长""远间亲""新间旧""小加大""淫破义"之"六逆"说，称之为动乱的根本。柳宗元说什么六逆，就是"少陵长、小加大、淫破义"[②] 三逆，这三逆足以为乱，而"贱妨贵"谈择嗣之道，"远间亲"和"新间旧"说任用之道，并不是乱的源头。他的《非国语》上下更是系统的批评文字，对《国语》记载的历史提出自我的见解，以纠正世人的谬误。不过，这些文章在文学圈子里，不受特别的重视。

柳宗元和韩愈相似，好读书，又有自己的文学主张。他在给韦中立的信中说少年时写文章追求工巧，成年后才知道"文以明

---

① 柳宗元：《复杜温夫书》。

② 柳宗元：《六逆论》。

道”，所以不再追求文辞的华美，文章力求近道，只是不知自己文章是不是达到了这样的程度，韦中立好道又喜欢自己的文章，看来自己的文章离“明道”不远了。他所要明的道，也是韩愈追寻的儒学之道。为文期以明道，他还对崔黯秀才说过，学者的使命是明道以遣辞，即“道假辞而明”，不是单纯地追求文辞的工巧华丽。柳宗元好学多思，他在永州时反思自己文章写作的过程，说小时候就学习写文章，得了进士，中了博学宏词科以后做尚书郎，掌管百家章奏，但未能深知为文之道；被流贬永州闲来无事，读百家书，随文上下驰骋，才略略知道文章的利病。

柳宗元所说的“道”，和韩愈一样要通过自我读书的修养而来。当韩愈说读书人应该“行之乎仁义之途，游之乎《诗》《书》之源”的时候，柳宗元也说要自我修养，修养的途径同样是读经。柳宗元曾对吕恭说：我早年喜欢读古书，家里收藏有许多魏晋时期的尺牍，我读了这些书，然后在长安又读了富贵人家的藏书，没有遗漏。他是一个好读书，又真正博览群书的人。在“道”的修养上，所读的书有专门对象。他对韦中立说：“本之《书》以求其质，本之《诗》以求其恒，本之《礼》以求其宜，本之《春秋》以求其断，本之《易》以求其动。此吾所以取道之原也。”[①]《书》《诗》《礼》《春秋》《易》是儒学五经，他取道于此，也就是以五经修养自己的心性，既求思想纯正，又求文以明道。他还说文章要写得好，博采也需要。他是这样做的，参考《穀梁传》磨砺文气，参考《孟子》《荀子》畅达条理，参考《庄子》《老子》开阔思路，参考《国语》增长趣味，参考《离骚》学习含蓄，参考《史记》简洁文字。接着他说了一句：“此吾所以旁推交通而以为之文也。”

---

① 柳宗元：《答韦中立论师道书》。

所谓“旁推交通”是俗话说的左顾右盼、上挂下连、注意相互关联的写作方式，难怪柳宗元文章的视野开阔。

柳宗元的人生并不浪漫，但不影响其写作上富于想象。他有一组“对”体文，如《设渔者对智伯》用楚辞《渔父》的问对模式。渔者是虚构的人物，智伯是春秋时晋国大夫。智伯消灭范氏、中行氏之后，又联合韩、魏急欲灭赵。他乘船在江面观察水势时遇到一位渔者，渔者劝他不要贪欲太盛，以免遭杀身之祸。渔者说他到海上打鱼，起因是听说远古的任公子大海垂钓，所钓到的鱼很大，于是他也到海上钓鱼，想钓到大鲸鱼。“任公子垂钓”是庄子最奇诡的寓言之一，说任公子以五十头公牛为钓饵，蹲于会稽，垂钓于东海，钓得的大鱼剖开晾干后，让制河以东、苍梧以北的人们饱食了一顿。柳宗元运用庄子这种表现风格，让渔者描述海上的情状，说不等渔者垂钓，就见大鲸驱群鲛，逐肥鱼，大海震动，巨岛淹没，一啜而食舟者数十，贪而不止，最后在碣石上搁浅死去。柳宗元让大海里鱼与鱼争斗，“渔者”徒手而获大鲸，演绎的是鹬蚌相争、渔翁得利的传统故事，让渔者说，他将效法姜太公，舍海而钓于智伯。渔者对智伯讲的寓言，是劝他知足收手，可那时智伯被胜利冲昏了头脑，听不进别人的意见，最终韩、魏、赵携手灭了智伯，三分其地，晋随之灭亡。这就是历史上有名的“三家分晋”。柳宗元借渔者的故事，告诫在政坛上贪欲不止的人，说贪者最终必将自取覆灭。智伯的故事，还有点历史的影子，他的《蝜蝂传》则纯属虚构，同样是针对贪得无厌者：

蝜蝂者，善负小虫也。行遇物，辄持取，卬其首负之。背愈重，虽困剧不止也。其背甚涩，物积因不散，卒踬仆不能起。人或怜之，为去其负。苟能行，又持取如故。又好上高，极其力不已，至坠地死。

这蝜蝂真是可怜的小虫，善于背负东西，又好爬高，背负东西没有节制，遇物辄取；爬高也没节制，力尽坠地，最后不得寿终。柳宗元讲这个故事，在故事后面说明了，社会上嗜取的人唯恐财货积累不多，天天想升迁，唯恐官不大、禄不厚，身形魁梧，智力却像蝜蝂这种小虫，实在太可悲了。他很会讲故事，在嘲讽中有很深切的现实关怀，告诫做人要记得止贪，否则就会酿成悲剧。可惜古往今来，真正懂得知足的人太少，贪婪者的人生悲剧总在一次又一次地重复上演。前面提到的《三戒》讲乘物仗势的故事，仗势忘形、出技怒强或窃时肆暴，也逃不掉悲剧的结局，与《蝜蝂传》有异曲同工之妙。

他还有《鞭贾》这样的寓言，说的是卖马鞭的商人，马鞭只值五十钱，非要卖五万钱。有一富家子弟花五万钱买了这马鞭，拿来炫耀，说是爱它的黄色，却又发现黄色是蜡染的。这马鞭在富家子弟手里把玩了三年。三年后有一次两马在东郊长乐坂争道，互相踢踏，富家子弟用马鞭猛抽，结果马鞭断成了五六截，原来马鞭里面是空的。这富家子弟坠下马来，受了伤。柳宗元说，这种华而不实、中看而不中用的东西怎么可以依赖呢？人也是这样。他讲这样的故事很有讽刺意味，可这种社会现象普遍存在，柳宗元说不当如此，生活中却往往如此。这故事应该是有所指的，但他没有明言。

柳宗元的游记最为人称道，他纵情山水，所到之处往往以文记之，于是有了《永州八记》《永州龙兴寺东丘记》《陪永州崔使君游宴南池序》《永州法华寺新作西亭记》《愚溪诗序》《游黄溪记》

等，到柳州做刺史后，又有《柳州东亭记》《柳州山水近治可游者记》，其中最具影响的是《永州八记》。

柳宗元在永州无所事事，游山玩水成为日常生活。他漫漫而游，无远不到，探寻“幽泉怪石”，在西山宴游后，顺着西山的路线，又发现了钴鉧潭、钴鉧潭西的小丘、小丘西的小石潭等景致，写了《钴鉧潭记》《钴鉧潭西小丘记》《至小丘西小石潭记》等游记。柳宗元身处青山绿水中，尽兴醉卧，意梦同趣。这就是他在《始得西山宴游记》里说的每当此时，“悠悠乎与颢气俱，而莫得其涯；洋洋乎与造物者游，而不知其所穷。引觞满酌，颓然就醉，不知日之入。苍然暮色，自远而至，至无所见，而犹不欲归。心凝形释，与万化冥合。”他在西山之上与万物同在的感觉，是庄子“天地与我并生，而万物与我为一”[①]的物我交融境界，在无穷无尽的大自然怀抱里，醉酒的柳宗元也醉于山水了。

柳宗元游记纵情自适山水，他说愚溪“无以利世，而适类于余”[②]，这话是说愚溪对社会对民众没有什么好处，只是和我的意趣相投。并说自己虽与世俗不合，但文笔还可以，足以自慰，他用文笔洗涤万物，容纳百态，不需要任何回避。他用愚辞歌愚溪，茫然与万物无违，昏然与万物同归，身心与山水相融，并用“鸿蒙”“希夷”即万物产生的元气表现物我莫辨，不知何者为我、何者为物的状态。这无疑是柳宗元自适山水的最高境界。他自适山水的诗性也表现在《钴鉧潭西小丘记》里，他说自己与友人李深源、元克己同游于钴鉧潭西小丘之上，在铲除小丘上的秽草恶木之后，身处在嘉木、美竹、奇石之中，俯视山下云之浮、溪之流、

---

① 庄子:《齐物论》。

② 柳宗元:《愚溪诗序》。

鸟兽之遨游，于是“枕席而卧，则清泠之状与目谋，瀯瀯之声与耳谋，悠然而虚者与神谋，渊然而静者与心谋”。这里，柳宗元目、耳、神、心与万物不同状态的相遇相乐，让人感受到他沉迷山水、心满意足的心境。

柳宗元虽然在《愚溪诗序》里以愚溪、愚丘、愚泉、愚沟、愚池、愚堂、愚亭、愚岛等与自己“以愚触罪”之“愚”相合，透露出内心的不平之气，但更多的是静心游于山水之间，观赏眼前的奇山异水：那愚溪的群景，“嘉木异石错置，皆山水之奇者”[①]；钴鉧潭、西山、袁家渴“皆永中幽丽奇处也”[②]；石渠“其侧皆诡石怪木，奇卉美箭”[③]，小石城山“无土壤而生嘉树美箭，益奇而坚”[④]。所有这些被柳宗元称奇者，也是山水之奇赋予他的强烈观感，是人生趣味所至。他有自己的游山水观，曾说游山玩水，要游的是山水的开阔与深邃，或放眼远望，天高地宽，万物奔涌；或默观细察，山形水势，鸟飞鱼跃，都让人心旷神怡。

柳宗元很享受山水，虽然他哀怜钴鉧潭西小丘为农夫、渔父小视而无人理睬的不幸，更多时候都很平和自然，他在《至小丘西小石潭记》里说：“潭中鱼可百许头，皆若空游无所依，日光下澈，影布石上。佁然不动，俶尔远逝，往来翕忽。似与游者相乐。”这样的静美让人格外怜爱，既是游鱼之美，又是日光之美，还有他自我内心的宁静美。潭中鱼与游者相乐，让人想到庄子与惠施游于濠梁的故事，他们因濠水鱼儿之乐而乐，心无所滞，宠辱皆忘。

---

① 柳宗元:《愚溪诗序》。

② 柳宗元:《袁家渴记》。

③ 柳宗元:《石渠记》。

④ 柳宗元:《小石城山记》。

因此，柳宗元在山水中看到的总是乐意：石涧长石为底，连接石涧的两岸，像床又像堂，像摆开的丰盛筵席，又像门槛隔绝的内外室。这些比喻说的都是石涧，然后可以看到的是“水平布其上，流若织文，响若操琴”[①]，给人秀美而雅致的感觉。袁家渴的景象又有不同，小山耸立水中，山上都是漂亮的石头，草木青翠，冬夏蔚然。“每风自四山而下，振动大木，掩苒众草，纷红骇绿，蓊葧香气，冲涛旋濑，退贮溪谷，摇扬葳蕤，与时推移。”[②]这里，涧水之乐，草木山石之乐，满是喜色，令人沉溺其间而欣欣然。柳宗元曾有感钴鉧潭游之乐，说了“孰使予乐居夷而忘故土者，非兹潭也欤”[③]；又在游柳州东亭时说“当邑居之剧，而忘乎人间，斯亦奇矣”[④]。柳宗元这里一说忘了故土，一说忘乎人间，永州、柳州的山水让他产生这样的感受，那仕途的坎坷、命运的跌宕也被遗忘了。

庄子曾劝人用“心斋”“坐忘”的方法消解内心的欲望，让人忘却外部世界和自我，与自然相融为一。好奇山异水的柳宗元在永州和柳州，以山水之乐消解了自我人生失意的不快，在恬淡静穆中获得了新生。不过，柳宗元因被流贬内心的伤痛还是很深，所以会说出前面提到的“嘻笑之怒，甚乎裂眦；长歌之哀，过乎恸哭”。让人感慨不已。

柳宗元的论说文写得很好，这些论说文有的以“说”的面目出现，《天说》《捕蛇者说》就是例子；有的是以“书”的形式产

① 柳宗元:《石涧记》。

② 柳宗元:《袁家渴记》。杨，一作飏。

③ 柳宗元:《钴鉧潭记》。

④ 柳宗元:《柳州东亭记》。

生，如《答韦中立论师道书》《贺进士王参元失火书》，还有些问对文、赠序也在说理。论说本是文章写作的基本形式之一，不足为奇，关键是说理的通透和立意的新颖，不同凡响。就说《贺进士王参元失火书》吧。柳宗元的好友河南濮阳人王参元家中失火，王参元很伤心，很多人安慰他，可柳宗元反“吊”为“贺”，让人好奇。柳宗元在信中说听到消息后初感惊恐，继而疑惑，最终高兴起来。情绪的渐进也是全文的逻辑演绎和语言表达顺序。他惊恐王家遭火灾之后无以为生，疑惑王参元遭了这场劫难后是否还会大有作为。最后柳宗元是这样说的，你王参元书读得好，文章写得好，又通晓文字音韵，按理应该在群士中出类拔萃，取高官厚禄，你为什么没能如此呢？主要是人们说你家积累的财产很多，廉洁的士人包括我都不敢引荐你，谁都不愿意背受你“重赂”的恶名。现在你遭了火灾，家里的财产没了，祸福相倚，失火的祸事成了你的福分。接着柳宗元说，火神祝融、回禄帮了你的大忙：把众人对你的“疑虑”烧没了，家徒四壁反倒是水落而石出，你的才能显露出来了；我和孟几道与你相知十年，总想宣扬、提高你的声誉，十年心血花的气力不小，还不及这把火烧得你声誉顿生；以前人们都因王家聚财，不想为你说话，现在想为你说话的人都敢开口说话了；以前怕给你官做，现在可以根据你的才能授予官职了；你从此可以想说什么就说什么，想做什么就做什么。我对你寄托了期望，所以最终我反倒有些高兴。柳宗元很会劝慰王参元，这一番反“吊”为“贺”，化悲为喜说得一波三折，滋味盎然，从中可以感受到柳宗元意在奉劝王参元做一个既有才能而又廉洁奉公的人。

柳宗元的人物传记也很可读，不同于传统传记从人物的生到死的写法，往往依一事为人作传，在传后发几句议论说明人物传记蕴含的道理。前面提到的《梓人传》说工匠杨潜为京兆尹装修官署事,《种树郭橐驼传》说郭橐驼种树事都是如此。柳宗元讲这两个故事,是要告诉人们怎样才能做一个好官。还有《宋清传》说宋清卖药事,《童区寄传》说柳州放牧砍柴的少年区寄杀贼事,都是平凡人的故事。《童区寄传》是传奇,两贼劫持他,最后反为他所杀。这里说《宋清传》。

宋清,是长安西部药市人,收集有许多好药,长安的医工用他的药,四方百姓也用他的药,凡求药者,有求必应。有人没钱支付,他仍然给好药,留下的欠条堆积如山。每到年末,估计欠债的人还不了钱,他什么都不说,就把债据烧了。有人笑他是傻子狂人,有人说他得了道。宋清说:“我做一点小买卖养活妻儿,哪有什么道呢?说我是傻子狂人也是不对的。”宋清贮藏好药四十年,所烧毁的债据涉及上百人,这些欠债人中有十人后来做了大官,有人还管着几个州,他们的俸禄丰厚,一个接一个地给宋清送礼物,尽管到死也还不上债的仍有成百上千人,也没有妨碍宋清的富有。宋清取利的眼光长远,获取的利益也大。而不像小商人,一点债要不回来就大怒,像仇人一样相互谩骂,他们能够得到的利益就很小了。哪能像宋清那样,不论别人是发达富有还是穷困潦倒,都一视同仁。这些人发迹后,自然厚报宋清。

柳宗元讲了这个故事,随后说当今社会上人们的交往趋炎附势,嫌贫弃苦,很少有人能像宋清那样做。如果都像宋清,既会有长远的回报,又能救助社会上许多穷愁潦倒的人。宋清居于市而不为市侩之道,可在朝廷、官府、乡里、学校自称是士大夫的人,争先恐后地做着市侩的事,实在是太可悲了。所以他说宋清和一般的市侩人不同,也和那些所谓的士大夫不同。

这个故事听起来很简单,而宋清所为却是一般人做不到的事。

柳宗元讲得不动声色，在轻声细语里让宋清无论什么人都给善药、无论谁欠债难还都烧了债据，满是温暖。柳宗元说很多市人、很多士大夫不及宋清的为人，希望人们能有宋清那样的和善宽厚，不图大利而终有大利降临，做人和善宽厚是有回报的。但这不仅是宋清个人的事，也是社会的事，如果大家都像他那样，社会上的穷人就少了，人们的生活会少了争斗，多了祥和。

柳宗元发愤著书，永州时期创作成果丰硕，还延续到做柳州刺史的时候。因此，柳宗元死后，韩愈伤心地感叹他“材不为世用，道不行于时”[①]，就这样没了性命。随后韩愈说了一番很有意味的话：“然子厚斥不久，穷不极，虽有出于人，其文学辞章，必不能自力，以致必传于后如今，无疑也。虽使子厚得所愿，为将相于一时，以彼易此，孰得孰失，必有能辨之者。”韩愈自己是文学大家，深知文学创作与人生际遇之间的关系。人穷会发愤有作，人穷还会使文字工巧，写得很精妙，这是创作的基本规律。柳宗元因自我的人生遭遇自然也遵循了这一规律，在文学上有卓越的成就和不朽的名声。就此韩愈发论：柳宗元是为将相好呢？还是以文学辞章传于后世好呢？“孰得孰失，必有能辨之者。”这实际上说的是时名与史名，一个人是有时名好还是有史名好呢？为将相可得时名，为文学辞章可得史名，相形之下即使是位至将相，也赶不上有这样的文学成就而名垂青史，还是得史名的好。他说这话的时候，还只是一种预言，千年后他的预言早已成真，柳宗元的自我期许同时得以实现。但对柳宗元来说，他的这些诗文何尝不是长歌之哀的体现呢？

---

① 韩愈：《柳子厚墓志铭》。

第三节　盛衰之理尽在人事

北宋初年的文坛，除了在晚唐五代成熟的词显得十分寂寞之外，诗歌和散文都还是有些热闹。诗歌有后人称为“北宋三体”的白体、晚唐体和西昆体，散文则有流行的时文和“太学体”古文。白体诗尚俗，以李昉、徐铉、王禹偁等人为代表；晚唐体诗尚淡，以潘阆、林逋、魏野等人为代表；西昆体诗尚雅，以杨亿、刘筠、钱惟演为代表。杨亿、刘筠同时也是时文的代表，“太学体”古文的代表则是石介。

欧阳修走上文坛的时候，学习唐代诗人白居易的“白体”和学习晚唐诗人的“晚唐体”诗风已趋衰落，因《西昆酬唱集》得名的“西昆体”最为流行。欧阳修就说过：“盖自杨、刘唱和，《西昆集》行，后进学者争效之，风雅一变，谓之‘昆体’。由是唐贤诸诗集几废而不行。”[①] 这说的是西昆体诗。他还说了西昆体文，原话是：“是时天下学者，杨、刘之作，号为‘时文’，能者取科第，擅名声，以夸荣当世，未尝有道韩文者。”[②] 在这样强势的文风和功名的引诱之下，欧阳修也受西昆体的影响，所以他说了西昆体让人倾心的话。还有，他曾在《与荆南乐秀才书》里检讨自己年轻时贪禄食以养亲，没有闲暇穷究圣人遗业，随世俗作时文，“穿

---

① 欧阳修：《六一诗话》。

② 欧阳修：《记旧本韩文后》。

蠹经传，移此俪彼，以为浮薄，惟恐不悦于时人，非有卓然自立之言如古人者”。这完全不合他的志向，只因为他这时想的是顺应时俗以取禄仕名誉。但欧阳修毕竟受韩愈的影响最深，骨子里好的是古文。

他在《记旧本韩文后》里讲了自己小时候的故事。那时他家里很穷，好读书但家里无书可读，于是到儿时的玩伴李尧甫家里去借书。一次偶尔在李家的破书筐子里发现了《昌黎先生文集》六卷，虽然这部书文字脱落，顺序颠倒，但还是激发了他极大的阅读兴趣。欧阳修把这部书借回家，读来读去，韩愈文章的深厚雄博、浩然无涯深深感染了他。欧阳修那年参加州试未中，回家再读韩愈的文章，深感学者的文章最好的是韩愈古文，但能写韩愈那样的古文不能中举咋办呢？他思来想去，姑且先从俗写时文以求能中进士，中了进士再学写韩愈古文。而且学韩愈的古文哪里只是文章写作的问题呢？欧阳修还说：“予之始得于韩也，当其沉没弃废之时。予固知其不足以追时好而取势利，于是就而学之。则予之所为者，岂所以急名誉而干势利之用哉？亦志乎久而已矣。故予之仕，于进不为喜、退不为惧者，盖其志先定而所学者宜然也。”[①] 这话说得很明白，欧阳修喜欢韩愈古文而不喜欢杨亿、刘筠、钱惟演等人的时文，还因为他喜欢韩愈的人品，不追求名誉势利，希望做人有进不喜、退不惧的淡定，并立志有了官禄后，以韩愈的古文为榜样。欧阳修就这样把自己和韩愈连在一起了。

当时，不好时文的有石介。石介和欧阳修同为天圣八年（1030）进士，两人交情也不错。欧阳修流贬夷陵途经南京应天府（今河南商丘）时，在南京做留守推官的石介专门邀了朋友在

---

① 欧阳修：《记旧本韩文后》。

河亭请落难的欧阳修吃饭。石介死后，欧阳修为他写了《徂徕石先生墓志铭》。石介在《怪说中》里对风靡一时的杨亿时文进行了批评，说杨亿一心想的是让天下人以自己的文章为宗，只信自己之道，遮蔽天下人耳目，不让天下人知道周公、孔子直到韩愈的儒学道统。同时批评杨亿穷妍极态、缀风月、弄花草、淫巧侈丽、浮华纂美的文风。他告诉欧阳修，说自己与众人不同，就是排斥佛、老而守圣人之道，排斥杨亿而守圣人之经。各州县立学之际而建太学，石介以老师自居，广纳弟子，务奇求怪，号称“太学体”。后来又产生了怪诞诋讪、流荡猥烦的“新太学体”。欧阳修为科考勉力作时文，科考之后就弃时文而尚韩文。韩愈崇尚的文从字顺，演化为欧阳修追求的平淡造理。所以他批评“太学体”文风“为迂僻奇怪以取德行之名，而高谈虚论以求材识之誉”[①]。后来，石介写信给欧阳修，自我辩解，说为文以诡异奇怪以惊世人，那是轻浮者所为，不是他这样的正人君子做的事。

欧阳修中进士以后，25岁到洛阳，与尹师鲁等人交好，共兴古文。这应该是他倡导古文复兴的重要转折点，他在《记旧本韩文后》中回忆这段历史时，说从那以后，二百多年湮没不见的韩文，在社会上广为流传；天下学者，学韩文渐趋于古了。他最初得韩文是在韩文沉没遭废弃之时，好韩文不是为了追求名誉而取势利，而是久志于此，至于为官，反倒是进也不喜，退也不惧。他好韩文、推广韩文，最有力的实践是嘉祐二年（1057）主持礼部贡举的时候，凡是写迂僻奇怪古文的都不予录取，那些因此落榜的举子，不得不改弦更张。北宋文风发生变异，这也是一个重要原因。加上宋仁宗下令学者文章都应去浮华而兴古朴，促进了

① 欧阳修:《议学状》。

当时文风的迅速改变，苏轼正是在这个时候崭露头角的。

欧阳修还好韩愈推崇的儒学之道。苏轼也梳理过韩愈说的儒学道统，稍稍有些展开和延伸。他告诉人们从先秦的孔子、孟子到秦、汉、魏、晋时期，儒学之道对社会的影响，尤其是晋好老庄而灭亡、南朝梁好佛而灭亡，然后说：“五百余年而后得韩愈，学者以愈配孟子，盖庶几焉。愈之后二百有余年，而后得欧阳子，其学推韩愈、孟子，以达于孔氏；著礼乐仁义之实，以合于大道。其言简而明，信而通，引物连类，折之于至理，以服人心，故天下翕然师尊之。”[①] 苏轼这话，就把韩愈说的儒学道统连上了，韩愈只说到西汉，苏轼跳过汉以后的五百年，说唐代继承儒学道统的是韩愈，二百年后继承儒学道统的是北宋欧阳修，这对欧阳修兴儒学也是很高的评价。

欧阳修主张写文章应摆正文与道的关系。他对吴充秀才说：“夫学者未始不为道，而至者鲜焉。”[②] 这是为什么呢？其中的原因不是道离人远，而是学者满足于容易让人喜悦的文章。文章写得稍好一点，就高兴地说自己的学问够了。还有人除了写写文章，百事都不关心，觉得自己是一个文人，靠文章吃饭就行了，可这文章既不载道，也不传道。所以他说好文者要清楚，“圣人之文虽不可及，然大抵道胜者，文不难而自至也”[③]。这道胜文至还是要“道”即纯正的儒家思想占主导地位，文辞与道相随，总还是依附的地位。他告诉吴充，先辈的文章写得好，是文气沛然又志于道，他欧阳修学道未至，但不沉溺于让人自乐的文章，没有停

---

① 苏轼：《〈六一居士集〉叙》。

② 欧阳修：《答吴充秀才书》。

③ 欧阳修：《答吴充秀才书》。

下求道的脚步。他还对李诩说，自己距离孟子、荀子、扬雄、韩愈太远了，对于“道”，自己还是一个“好学而未至者”[①]，世无师者，只要不自满自足，朋友之间不断切磋终究会有所成的。其中重要的途径是他知古明道，以道修身，以道行事，然后形诸文章，取信后世。

欧阳修喜欢韩愈，也像韩愈一样勇敢。前面说过，韩愈的《御史台上天旱人饥状》让他被贬阳山，却没有影响他后来又上了《论佛骨表》，不惧生死，何遑说再贬潮州。尽管他到潮州写的谢上表把自己说得可怜兮兮的，希望宪宗皇帝同情他，召他回京城长安。而欧阳修为范仲淹辩，痛斥高若讷而被贬夷陵；数年后又以《朋党论》再为范仲淹等人辩，再贬滁州，都在于胸怀为国为民的牢固信念。他们两人又都学孟子，孟子养浩然之气，人生充满了正义感，甚至说了“生亦我所欲也，义亦我所欲也。二者不可得兼，舍生而取义者也”。与孔子说的“志士仁人，无求生以害仁，有杀身以成仁”，二者共同构成中国士大夫的精神脊梁。不过孟子的浩然之气还有文学效应，这就是孟子的文章写得极富气势，以难以辩驳的逻辑推论让人感受那强大的内在力量。韩愈的《论佛骨表》《讳辩》，欧阳修的《与高司谏书》《朋党论》就是如此。苏洵携子进京赶考时，曾给欧阳修写了《上欧阳内翰第一书》，说欧阳修的文章写得好，“纡余委备，往复百折，而条达疏畅，无所间断，气尽语极，急言竭论，而容与闲易，无艰难劳苦之态”，不同于孟子文章的语约义尽，锋不可犯；也不同于韩愈文章如长江大河，浑浩流转而不自露，让人惶惑畏避。这“气尽语极，急言竭论”正是欧阳修《朋党论》这类文章的气势所在，但

① 欧阳修:《答李诩第一书》。

他同时善于从容地把文章写得一波三折，让人读来兴味十足。

欧阳修的史论就是如此。他修《新唐书》《新五代史》时，在人物传记前后作评述，用的是司马迁《史记》确立的撰述方法，撰述者为自己留下评述历史事件或历史人物的通道和空间。欧阳修的史论有《新五代史》的《一行传序》《伶官传序》，《新唐书》的《隐逸传序》《循吏传序》等，人们最爱说的是《伶官传序》，这篇为伶官传写的序文以“呜呼！盛衰之理，虽曰天命，岂非人事哉”开头，然后讲述了唐末晋王李克用之死。李克用临死时，把三支箭交给儿子后唐庄宗李存勖，并嘱咐他说：“后梁是我们的仇敌，燕王是我立的，契丹可汗和我是结拜兄弟，但他们都背叛我而归附了后梁，这三者未灭是我留下的遗憾，给你三支箭，你不要忘了我要消灭他们的志向。李存勖接受后把三支箭藏在祖庙里，后来他用兵打仗，就派随从用一猪一羊祭祀父亲，请出这三支箭用锦囊装好背着冲锋陷阵，凯旋之后再放回祖庙。当他俘获了燕王父子、用木匣装了梁朝君臣的首级，在祖庙里把三支箭还给先王，报告大功已成，意气豪壮。可后来，仇敌没有了，天下平定，有一天一人在夜里高呼发难，四方响应，庄宗仓皇东出，没看见作乱的人，手下的士兵就逃散了，君臣对视，不知道应去哪儿。于是断发对天发誓，泪下沾襟，多么衰败啊。从这里可以看到，得天下是很不容易，丢失天下就太容易了，得天下与失天下都是因为人事。欧阳修深入探究庄宗身死国灭的原因，说了下面的话：

《书》曰：“满招损，谦得益。”忧劳可以兴国，逸豫可以亡身，自然之理也。故方其盛也，举天下之豪杰莫能与之争；及其衰也，数十伶人困之，而身死国灭，为天下笑。夫祸患常积于忽微，而智勇多困于所溺，岂独伶人也哉！

欧阳修《伶官传序》后有《伶官传》。伶官是封了官的戏子，庄宗懂得音乐，能自度曲、好戏子，立国后重用戏子景进、史彦琼、郭门高，纵情享乐。而这三人先后怂恿将士作乱，庄宗被郭门高杀害。欧阳修在这里主要想表达的是忧劳兴国，逸豫亡身，后唐庄宗就是典型的例子。其中蕴含了重要的道理："祸患常积于忽微，而智勇多困于所溺。"后唐庄宗的悲剧正在于此。他在立国功成之后只顾自我的喜好和享受，消磨了智勇，让伶官之祸渐积而成却全然不察。这类悲剧在日常生活中时时可以见到，实在需要人们警醒。另外，这里顺便提一下，欧阳修主持的《新唐书》编撰有重要的合作者，这就是翰林学士、史馆撰修宋祁（998—1061）。两人完成书稿以后，朝廷让欧阳修统稿，以求观点一致。欧阳修说宋公是我的前辈，各人所见不同，不可全如己意，因此对宋祁的稿子不作改动。宋祁的哥哥、时为名臣的宋庠（996—1066）得知后，感慨地说，自古文人都好相互鄙薄、压制，像欧阳修这样的人前所未有。

欧阳修的记叙文也写得很好，最为人称道的是在滁州时写下的《醉翁亭记》。《醉翁亭记》素有美誉，好之者众。文章记醉翁亭，实际上写的是醉翁亭所在的琅琊山水和他与民同乐的情怀。《醉翁亭记》是欧阳修写得轻巧洒脱的文章，前面已经说过，类似的文章还有他晚年写的《六一居士传》，也让人看到他的超脱和悠然。在这样的时候，欧阳修仿佛处在自我的世界，与俗世功名距离很远。同时，他的这些文章往往有对社会人生的思考，与《醉翁亭记》同期写的《丰乐亭记》，在记叙了丰山的景致后，说滁州经历的战乱，希望百姓在太平无事时，安于丰年之乐，而他

明·董其昌《昼锦堂图并书记》(局部)

则宣上恩德，与民同乐。他在为梅挚杭州吴山“有美堂”写的《有美堂记》中，说天下的至美与至乐，难以兼得。因为至美的山水在宽闲之野、寂寞之乡，至乐在人物繁盛的通达都会，而杭州有天下之美，有美堂则享杭州之美，他说“所谓有美堂者，山水登临之美，人物邑居之繁，一寓目而尽得之”，加上他与民同乐的情怀。因此这些文章读起来别有味道。

还可以看看他的《相州昼锦堂记》。这篇记文是为韩琦家乡相州（今河南安阳）的昼锦堂写的。仁宗至和二年（1055），韩琦以武康军节度使的身份知相州时建了昼锦堂，他很喜爱，还写了《昼锦堂》《昼锦堂赏新牡丹》《再题昼锦堂》等诗抒发自己的心情，并在《相州新修园池记》里希望别人不要误解，说建昼锦堂不是要炫耀自己得了荣华富贵之后衣锦还乡的得意扬扬，而是借此让自己记得报答君王的恩德。

欧阳修说“仕宦而至将相，富贵而归故乡，此人情之所荣，而今昔之所同也”，隐含了富贵理当衣锦还乡。他还援引了《战国策·苏秦始将连横》及《汉书·朱买臣传》两则典故。战国苏秦曾花百金游说秦惠王连横，兴武力以定天下，失败后狼狈回到家中，父母不跟他说话，妻子不下纺织机，嫂子不给他做饭。于是苏秦发愤攻读《太公兵法》，一年后游说诸侯联合抗秦，大获成功。当他将去游说楚王，路过家乡洛阳的时候，父母清宫除道，张乐设饮；妻子侧目而视，倾耳而听；嫂子蛇行匍伏，四拜自跪道歉。他问嫂子为什么去年傲慢而现在谦卑？嫂子说："以季子之位尊而多金。"于是苏秦叹息说："嗟乎！贫穷则父母不子，富贵则亲戚畏惧。人生世上，势位富贵[①]，盖可忽乎哉？"西汉朱买臣不得志时，砍柴卖柴为生，妻子相随。时间长了，妻子为贫贱而羞耻，要求离婚。朱买臣说，我五十岁会富贵，现在已经四十多岁了，再等等就好了。妻子说再等自己会饿死在沟壑里，哪有什么富贵呢？朱买臣真的富贵后，妻子羞愧自杀。欧阳修讲这两个故事说明人性往往如此，得志就想衣锦还乡。但韩琦不像世俗庸夫愚妇在穷厄之间侥幸得志，年轻时已做高官，为海内之士所仰慕，志向不在"夸一时而荣一乡"，而在"德被生民而功施社稷，勒之金石，播之声诗，以耀后世而垂无穷"。并说韩琦所建的功业是国家的光荣，远不限于故乡。欧阳修称赞韩琦的，也是他自己努力做的事，他晚年也没想到要衣锦还乡，而是定居颍州，静静地过着自己的退休生活。他曾在《岘山亭记》里说，西晋的羊祜即羊叔子以武功、杜预即杜元凯以仁爱建立功业，二人深知立名可传后世、垂而不朽的，但欧阳修并不执着于功名，最后向往的是平平淡淡的生活。

欧阳修的赋也写得很好，他的《秋声赋》是宋代文赋的先声，虽然受庄子《齐物论》关于风的描写以及宋玉《风赋》等的影响，但他把秋风描写得更细腻，让人从秋景感受秋风的欢悦和肃杀，

① 贵，一作厚。

感受人的生老病死。在天地之间，万物随时飘零，却能凋落又生，如花落复开，而人非金石，不必与草木争辉。那时身体状态很不好的欧阳修，在秋风吟中，隐含了坦然直面生死的旷达。

欧阳修还是有名的诗人和词人。先说说作为诗人的欧阳修。

清代刘熙载说：苏轼评价欧阳修的诗像李白的诗，试看欧公的诗，虽说像李白的诗，他诗的刻意形容更接近韩愈的诗。所以刘熙载还说："欧阳永叔出于昌黎。"[①] 他说这样的话，当然是因为欧阳修诗的风格，这和欧阳修受韩愈的影响有关。欧阳修在《六一诗话》中说：韩愈以诗为文章末事，所以说"多情怀酒伴，余事作诗人"。自己见过他的诗资谈笑、助谐谑、叙人情、状物态，但自己喜欢他的诗工于用韵，又不拘常格。这说明欧阳修的诗真是受了韩愈诗的影响。

人们说欧阳修在北宋倡导古文革新的同时，也提倡诗歌革新。这也是当时的西昆体诗引起的。西昆体的杨亿、刘筠和钱惟演学习晚唐李商隐的诗，好运用典故和缛美的文辞，加上一些相互唱和的诗有很浓的游戏味，无病呻吟。好道务实的欧阳修很不喜欢，认为诗歌应该触事感物、美善刺恶，怨愤出于心发于口。也就是说，诗歌应该体现诗人的性情和生活，能够经世致用。这样的想法前人也表达过，但欧阳修在西昆体的风潮中再说这话，还是很有革新的意义。欧阳修在为朋友梅尧臣的诗集作序的时候，感慨诗人少显达而多穷困，写诗是因为内心郁积了忧思感愤，诗歌往往"愈穷则愈工"，诗人人生越不得志，诗就写得越好。这类似于韩愈说的"大凡物不得其平则鸣"。欧阳修的意思仍然是诗有性情有生活情趣，而且人生遭遇的不幸会对诗歌创作有强大的推动。

---

① 刘熙载：《艺概 · 诗概》。

欧阳修同韩愈一样，在自己的时代能够使诗歌别开生面。这别开生面在韩愈是追求诗歌风格的奇崛，在欧阳修则是走向平易。欧阳修步韩愈的后尘，也以文为诗，写了许多古风，代书、送别、赠人、悼亡、读书，题材多种多样，它们诉说着欧阳修的生活和情感，让人看到一个个在特定环境下的欧阳修。他对梅尧臣说自己的思念和生活，最后告诉他，自己三年来因生病不再喝酒，眼睛老花，壮心消磨，种菜、钓鱼、弹琴、游山玩水，接着写道："及身强健始为乐，莫待衰病须扶携。行当买田清颍上，与子相伴把锄犁。"[①] 他希望身体长保健康，在晚年可与梅尧臣一起躬耕田园，聊以度日；又读了石介的书，写了《重读徂徕集》，其中说："人生一世中，长短无百年。无穷在其后，万世在其先。得长多几何，得短未足怜。惟彼不可朽，名声文行然。"这番平易和散文化的直白诗行，赞扬了石介的著作不朽。是呀，人终归要面对死亡。他说得很平静，活得长不足羡慕，活得短也无须可怜。这些诗多好叙事、说理，相较而言，还是他感物触怀、因事寄情的律诗、绝句的情韵更足一些。如《下牢溪》：

隔谷闻溪声，寻溪度横岭。
清流涵白石，静见千峰影。
岩花无时歇，翠柏郁何整。
安能恋潺湲，俯仰弄云景。

那时欧阳修流贬夷陵，牢溪是夷陵景致，未见溪容，先闻溪声，然后是牢溪的清流。他没说溪水的清澈和千峰的环绕，而让

① 欧阳修：《寄圣俞》。

人从溪水里的千峰倒影去感受。况且溪边有岩花、翠柏相伴，一个“美”字了得。他分明爱恋潺潺溪流，却以俯身弄溪流中的云影来婉转表达。又如他皇祐二年（1050）四月在颍州写的《祈雨晓过湖上》：

清晨驱马思悠然，渺渺平湖碧玉田。
晓日未升先起雾，绿阴初合自生烟。
身闲始觉时光好，春去犹余物色妍。
更待四郊甘雨足，相随箫鼓乐丰年。

那是他离开滁州的第三年，颍州的年成不错，欧阳修的心情也很好。此前，他还在颍州聚星堂召友宴饮，大家分韵赋诗，他写了《人日聚星堂燕集探韵得丰字》。这首诗写在颍州西湖畔，他清晨驱马出游，西湖的秀水犹如碧玉，在晓日、绿荫相映之下，更显时光和景色的和美。他款款道来，身闲的悠然本有喜气，再说期待甘雨、丰年，箫鼓声仿佛已在耳边了。他的诗发议论也很有味道，如《休逸台》：

清谈终日对清樽，不似崇高富贵身。
已有山川资胜赏，更将风月醉嘉宾。

清谈似显富贵，而他说彼此不像富贵人。风景之美本有山光水色，他又落一笔，说“更将风月醉嘉宾”，让人深感诗的雅趣和快乐。当然，他也有诗写自己的人生失意，前面提到的《黄溪夜泊》《戏题元珍》即是。欧阳修的诗学韩愈，没取韩愈最具特色的《陆浑山火和皇甫湜用其韵》《南山诗》的奇崛诗风，而是取了他诗歌平易的一面，并弘扬为自己诗歌的基本特点之一，与西昆体大异其趣。

再说欧阳修的词。在欧阳修的时代，词不及文和诗有悠久的历史和文学传统，它在隋唐之际萌生，经盛唐、中唐，在晚唐温庭筠时才有了一时的辉煌。温词轻柔华艳，五代有词人学习他的词风进行创作，于是后蜀赵崇祚编了《花间集》，从此有了“花间词人”“花间词派”的说法，温庭筠被推举为“花间词派”的领袖。南唐时，后主李煜因亡国后成了阶下囚，以词写自己的血泪遭遇和内心痛苦，那“问君能有几多愁，恰似一江春水向东流”的哀鸣，使词风在他手上有了根本变化。但他命运的特殊性并没有带来词坛风格的扭转。而且北宋立国后，词坛还沉寂了 60 年，直到宋仁宗时晏殊、欧阳修等人登上词坛。他们的词没有李煜词的血泪，多受花间香艳词风的影响，使北宋词坛的风向维持轻柔华艳，主要内容还是男女情恋，离愁别绪，没有改变词为艳科的本色。这时候，欧阳修也是词坛风向的引路人。不同的是，他的词除了写传统的男女相思，还写自我的现实生活。与其诗歌风格的平易相应，欧阳修的词风也显得疏淡，花间词风的香艳华丽在他手上渐渐地褪色了。如《玉楼春》：

别后不知君远近，触目凄凉多少闷。渐行渐远渐无书，水阔鱼沉何处问。　　夜深风竹敲秋韵，万叶千声皆是恨。故欹单枕梦中寻，梦又不成灯又烬。

这词也属代女性立言，即欧阳修替思妇说话，思妇的夫君离家远行了，她在家所见一切都觉得凄凉。夫君越走越远，音讯越来越少，连打探的地方都没有。夜深人静，风吹竹响，那竹叶声何尝不是她的怨恨声？本想夜半靠在枕上做梦与夫君在梦中相见，可油灯烧尽了梦还没做成。这词的离情别意格外浓厚，思妇的相思之苦，自然是相爱之深。单枕梦碎，所剩只有无人可诉的孤独。他常在词中这样表现思妇征夫之苦，如“离愁渐远渐无穷，迢迢不断如春水”[①]；“新岁风光如旧岁，所恨征轮，渐渐程迢递。纵有远情难写寄，何妨解有相思泪”[②]。他很在意抒写人与人相处的距离，距离越远，相思也就越浓烈。

欧阳修以词吟咏人生也是常有的，如《定风波·把酒花前欲问君》：

> 把酒花前欲问君，世间何计可留春。纵使青春留得住，虚语，无情花对有情人。　　任是好花须落去。自古，红颜能得几时新？暗想浮生几时好。唯有，清歌一曲倒金尊。

欧阳修对人生有透彻的认知，因花感兴和把酒欲饮连在一起，想留春，是想留花，因“无计留春”，所以“好花须落”。在这样的感喟中，他想的是自我的人生，于是说红颜易老，就像花开花谢一样，那么人生之乐在哪里呢？他说“唯有，清歌一曲倒金尊”，这可不是把酒花前的当下吗？这时的他心里不再充满男女情恋、离愁别绪。还有“记得金銮同唱第，春风上国繁华。如今薄宦老天涯。十年歧路，空负曲江花”[③]。这是他被贬滁州时填的词。他想到当年登第时在金銮殿上的荣耀，如今却“薄宦老天涯”，在

---

① 欧阳修：《踏莎行·候馆梅残》。

② 欧阳修：《蝶恋花·欲过清明烟雨细》。

③ 欧阳修：《临江仙·记得金銮同唱第》。

滁州做一个小小的知州，难免有“十年歧路，空负曲江花”的感慨。这“曲江”用的是唐时故事，唐代春季放榜，新榜进士设曲江宴，弹冠相庆。欧阳修初贬夷陵，再贬滁州，前后十年的“歧路”，自认为有负进士的名号。其实，不过是他一时的感愤而已。他这个重道义、忠信、名节的人，何曾真说自己走了歧路呢？欧阳修晚年在颍州，尤爱颍州西湖。颍州西湖又称汝阴西湖，以前可与杭州西湖媲美。欧阳修有诗云：“菡萏香消画舸浮，使君宁复忆扬州。都将二十四桥月，换得西湖十顷秋。”[①] 还在颍州写了一组以“西湖好”为旋律的《采桑子》词，说自己悠闲自得的生活，如《采桑子·画船载酒西湖好》：

画船载酒西湖好，急管繁弦，玉盏催传，稳泛平波任醉眠。　　行云却在行舟下，空水澄鲜，俯仰留连，疑是湖中别有天。

这是怎样的生活呢？“急管繁弦”的演奏之乐，“玉盏催传”的饮酒之欢，佳乐让人醉了，美酒让人醉了，那“稳泛平波”何尝不是苏轼游于赤壁之下的“水波不兴”而“纵一苇之所如”；那“任醉眠”何尝不是苏轼与客醉酒赤壁之下的小舟，“相与枕藉乎舟中，不知东方之既白”呢？行舟在“空水澄鲜”之间，他几乎忘了自我和周围的一切，说了句“疑是湖中别有天”，真是乐不可支。

欧阳修的古文、诗歌和词构成他的文学人生。在他那个时候，词和古文、诗歌的地位不一样，古文和诗歌坐文学的正席，词自

① 欧阳修：《西湖戏作示同游者》。

花间词兴起之后，相当长的时间都是花前、月下、樽前的调笑品，佐人酒兴。欧阳修在诗文领域里的革新，自然也带动了词创作的革新。因此他的词保持了一些“花间”味，也疏远了花间词传统的面貌而有自我人生的由衷表达，不再是纯粹让歌伎演唱的娱乐品。对他来说，文为心声，这里是包括了他的诗和词的。欧阳修死后，韩琦曾说他的文章“独步当世”，唐以后文风渐衰，欧阳修重振文风，“复古之功，在世莫二”[①]。而对于欧阳修来说，盛衰之理，尽在人事，治国如此，为人也如此。

① 韩琦:《祭少师欧阳公永叔文》。

第四节　游于物外无不超然

韩柳欧苏都谈读书、都谈写作，但在读书与写作方法上，说得最具体的大概是苏轼。苏轼有“八面受敌”读书法，“抄书”读书法，随物赋形、以意摄文的写作法。

“八面受敌”读书法是苏轼对王庠说的。他称赞王庠积学数年，自有可得之道，然后说了下面这番话：

> 卑意欲少年为学者，每一书皆作数过尽之。书富如入海，百货皆有，人之精力，不能兼收尽取，但得其所欲求者尔。故愿学者，每次作一意求之。如欲求古今兴亡治乱、圣贤作用，但作此意求之，勿生余念。又别作一次，求事迹故实典章文物之类，亦如之。他皆仿此。此虽迂钝，而他日学成，八面受敌，与涉猎者不可同日而语也。甚非速化之术。[①]

他这是教导年轻学者，说每一本书应该分几次读，因为书的内容繁富，不是一次可以尽得的。每次读要有一个基本的意向，他举了一个例子，说你要想知道古今兴亡治乱时圣贤起的作用，就只从这一点考虑，以此类推，把书作数次读完，教人读书要专，因专而求博。这是读书的笨办法，他称之为“非速化之术”。

---

① 苏轼:《又答王庠书》。

他说的“八面受敌”，是说读的角度多了，所取的材料各不一样，与涉猎泛览的效果会大不相同。

苏轼还有一种“抄书”法，是他流贬儋州时教小儿苏过的。那时，他们可读的书很少，苏过边读边抄或者说边抄边读。苏轼很高兴地对程秀才说：“儿子到此，抄得《唐书》一部。又借得《前汉》欲抄。若了此二书，便是穷儿暴富也。呵呵，老拙亦欲为此，而目昏心疲，不能自苦，故乐以此告壮者尔。”[①] 他把这种读书法告诉年轻的学子，以抄书来读书，同样是读书的笨办法，这种办法有利于记忆，却少有人下得了这苦功。苏轼打了个比方，说如此读书穷儿可以暴富，足见抄书以读书卓有成效。这样的方法不同于韩愈的“提要钩玄”法、“旁搜远绍”法，但和韩愈说的读书当养根俟实、加膏希光、强调打基础是一致的。他还把韩愈说的“腹有诗书”发展了一下，成为“粗缯大布裹生涯，腹有诗书气自华”[②]，说即使生活艰难，但只要腹有诗书，人的气质自然就会好，点明了韩愈说的读诗书的意义。

苏轼也好与人谈自己的写作经验，他在《自评文》中说：

> 吾文如万斛泉源，不择地皆可出，在平地滔滔汩汩，虽一日千里无难。及其与山石曲折，随物赋形，而不可知也。所可知者，常行于所当行，常止于不可不止，如是而已矣。其他，虽吾亦不能知也。

这番话所描述的写作境界很高，文思泉涌，需要作者具有

---

① 苏轼:《与程秀才书》。

② 苏轼:《和董传留别》。

丰富的知识积累、生活阅历以及流畅的语言表达。苏轼恰好是这样的人，所以他说自己写作随时都能进行。一旦写作，既能日行千里，又能随物赋形，山石曲折文就曲折，土地平坦文就平坦。这些比方说明，他的文章写作已经到了出神入化的地步，想怎么表现就怎么表现，行所当行，止于不可不止。苏轼这话还在称赞谢民师的诗赋杂文时说过，说它们“大略如行云流水，初无定质，但常行于所当行，常止于不可不止，文理自然，姿态横生”①。这“文理自然，姿态横生”，是“随物赋形”的结果。苏轼还提到孔子说过的“辞达”，他对“辞达”有一个很好的说法，了然于心，然后了然于口与手，心、口、手三者相应，“辞至于能达，则文不可胜用矣”②。“辞达”说起来容易，做到却不容易，不仅是语言的流畅，而且有表意的准确，得成竹在胸，纵笔立就。对于怎么写作，苏轼也有说法。这是他在儋州教葛延之作文时说的，记录下来成为杂记《诲葛延之作文法》，全文如下：

> 儋州虽数百家之聚，而州人之所须，取之市而足。然不可徒得也，必有一物以摄之，然后为己用。所谓一物者，钱是也。作文亦然。天下之事，散在经、子、史中，不可徒使，必得一物以摄之，然后为己用。所谓一物者，意是也。不得钱不可以取物，不得意不可以明③事，此作文之要也。

---

① 苏轼：《与谢民师推官书》。

② 同上注。

③ 明，一作用。

苏轼给葛延之传授的写作经验，至今也有意义。他说得很形象，购物需要钱，用钱，什么物品都可以购买，这就是市场上的钱摄万物。写文章也一样，各种各样的材料、各种各样的想法，需要用“一物”统领，这“一物”就是作者写作之“意”。以“意”把所需的材料和文辞按相关的逻辑联系组织在一起，这样材料和文辞就不会散乱，思想表达也会明确。相反地，写文章不以“意”来统摄，所说的事就不会很明确，这是一般的道理。西晋陆机在《文赋》里说的“立片言以居要，乃一篇之警策”，也是强调要以“意”统摄全篇。苏轼这里说的“天下之事，散在经、子、史中”，这“事”是过往的他人生活，是需要读书才能知道的。他说的读书只是写作的一方面，另一方面写作源于现实生活，他没有说，实际上写作总是因自己的生活和情趣而起的，因此他的诗、文、词才会那么鲜活。

在文章写作上，苏轼曾对二郎侄说：“凡文字，少小时须令气象峥嵘，采色绚烂，渐老渐熟，乃造平淡；其实不是平淡，绚烂之极也。汝只见爷伯而今平淡，一向只学此样，何不取旧日应举时文字看，高下抑扬，如龙蛇捉不住，当且学此。”[①] 他把自己一生写作的文字分成两个时期，少小时和渐老时，不同的年龄有不同的追求和风格。少小时趣味所在，往往好文奇美；老来心态平和了，文章也写熟了，不再求文章奇美而趋平淡。这平淡又不是真平淡，而是在平淡中有余味悠长的内涵。

苏轼刚成年时，就学通经史，文思敏捷，写起文章来日数千言。他最初为欧阳修所赏识，缘于他参加科考时写的《刑赏忠厚之至论》。这篇应试之文的平易洒脱，和时文的缛美、“太学体”

---

① 苏轼：《与二郎侄》。

古文的诡异全然不一样。尤其是文章里就唐尧时一人犯法，当杀还是当赦，苏轼没有实据，根据自己的推论说皋陶三次说“杀掉”，唐尧三次说“赦免”，让欧阳修和同为考官的梅尧臣都十分惊讶。欧阳修说：“此人可谓善读书，善用书，他日文章，必独步天下。”[①]这是欧阳修说的，唯有他敢说这话，因为他的文章在那时也可以说是独步天下的。然而，苏轼走出眉山，以参加科考这种最传统的方式横空出世，也让世人诧异。

苏轼古文重辞达，自然明快而有气势，但远不限于此。人们说他的策论写得好，这些文章的时政性很强，气势是有的，文学的可读性还是差了些。人们在他的《策略》《策别》《策断》三组文章中常常挑出来读的是《教战守策》，仍然是实用性超过了文学性。这也很正常，策论重的就是时政而不是文学表现。此外的一些政论、史论不像这三组策论正襟危坐地说理，而且他思考的角度和提出的问题也不一般。先说最近的吧，欧阳修是苏轼的老师，欧阳修对韩愈推崇备至，传播韩愈提出的儒学道统，继承韩愈的古文风范，并在《记旧本韩文后》里，表明自己对韩文一贯的尊崇态度。苏轼也尊韩，在《潮州韩文公庙碑》中赞赏韩愈的功绩，说其“文起八代之衰”，也掷地有声。但他早年还写过一篇《韩愈论》，对韩愈颇有批评，说他对圣人之道好其名而不能乐其实，尊崇孔子、孟子，批判杨朱、墨翟和佛、道，看起来好像高明严厉，但是论理支离散荡，往往自叛其说都不知道。他举例说儒者患在论性，认为喜怒哀乐出于情而不是性，仁义礼乐出于情而不是性，这就违背了圣人情出于性的教诲。这让人看到苏轼的个性和思想锋芒，如果韩愈九泉有知，会对苏轼这样能言善

---

① 杨万里：《诚斋诗话》。

辩的后生有怎样的感觉呢？苏轼也尊孟子，他说孔子之后，弟子们各按自己的见闻来说孔子，弄不清楚孔子思想的源流。而孟子深知孔子的仁义，所以能够做到“其道始于至粗，而极于至精，充乎天地，放乎四海，而毫厘有所必计。至宽而不可犯，至密而可乐者”[①]。孟子把孔子的理论精细化后弘扬开去，这就是孟子之所以在孔圣人之后被人称为亚圣的重要原因。

苏轼太好批评，他作《汉高帝论》，说汉高祖有仁义之心，以爱的缘故想废太子而立新宠戚夫人的儿子如意为太子，也不想一想自己百年之后，吕后和旧臣们谁肯北面而事太子如意？立如意为太子不成而封他为赵王，结果如意死于吕后之手，也是高祖之过，为什么不抑制他、疏远他，以泄吕后内心的不平之气呢？苏轼随后说：“古之善原人情而深识天下之势者，无如高帝，然至此而惑，亦无有以告之者。悲夫！”他的《魏武帝论》说魏武帝曹操长于料事，而短于料人，在新破刘璋时放过了有盖世之才的刘备，终身不敢加兵于刘备；又错看了有勇有谋的孙权，不用中原车马之长而用南方舟楫与孙权在江上争锋，结果赤壁之战大败。这些都是说的帝王。帝王之外，他还说荀子主张性恶，一定是刚愎不逊，自许太过了；说贾谊不为汉文帝所用，不是汉文帝不用他，推论是他不能为汉文帝所用，这样的断言不能不让人对苏轼刮目相看。

苏轼的论说总是史论相兼，让人们看到他对历史人物、历史事件的再思考。当然他也有心平气和地评述历史人物和事件的时候，也说了一些耐人寻味的话。如《伊尹论》说：“天下之富，是箪食豆羹之积也；天下之大，是一乡之推也。非千金之子，不能

① 苏轼：《孟子论》。

运千金之资。贩夫贩妇，得一金而不知其所措，非智不若，所居之庳[1]也。”这话从箪食豆羹看天下之富、从一金看千金，视野很大，说的却是生活在于积累、从小到大的常理；人们的生活条件不同、地位不同，视野和处事的能力也会有所不同。《孙武论》上篇说：“古之善用兵者，见其害而后见其利，见其败而后见其成。”利与害、败与成永远相系，知害方能知利，知败反能知成，直视利害、成败，是善用兵者需要的勇气和胸怀。苏轼说这些话的时候，或据理而演绎，或据事而归纳，后者往往更可读。如《留侯论》。

留侯是西汉高祖刘邦的谋臣张良，字子房，其先祖是战国时韩国人，祖父和父亲曾为韩臣，韩被秦灭，张良愤激，收买刺客以铁椎（锤）在博浪沙狙击东游的秦始皇，结果扔出去的铁椎误中了秦始皇侍从的车子。此举激怒了秦始皇，他下令搜捕刺客，张良因此隐居下邳。天下反秦时，张良投奔刘邦，为刘邦出谋划策，随刘邦出生入死，功劳卓著。刘邦称帝后，让他自择齐地三万户作为封邑，张良说他与陛下相遇于留县（今江苏沛县东南），陛下用他的计策，幸而这些计策合用，他只想封在留县就够了，不敢接受三万户的封邑。于是刘邦封张良为留侯，张良此后不问世事，得以善终。

《留侯论》撇开张良经历的一连串重大历史事件，只拎出张良隐居下邳在桥上漫步时的一件小事。当时一位穿粗布衣服的老人走到张良面前，故意将鞋子掉到桥下，喝令张良把他的鞋子拾上来，又跷脚令张良给他穿上，然后扬长而去，一再强忍怒火的张良惊愕不已。后来老人感慨“孺子可教”，于是交给他一部《太

---

① 庳，一作卑。

公兵法》，并说："读此则为王者师矣。"凭借熟读《太公兵法》，张良为刘邦运筹于帷幄之内，决胜于千里之外。后来刘邦说自己能得天下，主要得三人之力，其中就有谋臣张良。苏轼说圯上老人送《太公兵法》给张良，其意不在书，而是在磨磨他不能忍耐的急性子。他说：

> 古之所谓豪杰之士者，必有过人之节。人情有所不能忍者，匹夫见辱，拔剑而起，挺身而斗，此不足为勇也。天下有大勇者，卒（猝）然临之而不惊，无故加之而不怒。此其所挟持者甚大，而其志甚远也。

苏轼在这里说到两种人，一是有过人操守的豪杰，这种人能"忍"，猝然临之、无故加之，可以泰然处之，不为所动。他引用了春秋时楚庄王伐郑和越王勾践忍辱灭吴的故事。楚庄王伐郑，郑襄公知道力不敌楚，光着上身，牵着羊在大路上迎接楚庄王，表示将率子民唯命是听，因郑襄公能忍，避免了亡国之灾。吴王夫差灭越，越王勾践降身事吴，男人为吴之臣仆，女人为吴之妾婢，忍着屈辱，卧薪尝胆，最终灭吴。另一种人是常见的匹夫，这种人不能"忍"，猝然临之、无故加之，则会拔剑而起，挺身而斗。荆轲刺秦王、张良刺杀秦始皇，都属于这一类。所以，苏轼说那位老人认为张良的才能有余，气量、胸怀不足，"故深折其少年刚锐之气，使之忍小忿而就大谋"。从而得出结论：刘邦的成功，是张良教他忍；项籍的失败，是不能忍而轻易用兵以决胜负。所以，"忍"何尝不是一种策略呢？胸怀大志者能忍，能忍才能克敌制胜。做人当如是，应好好地修炼胸怀。

苏轼在论说中表现出来的人生精神、社会思考是和他的记文不同的，很明显的是，他的论说一般偏于历史、时政，而在记文中，则常常回到了普通的人生。这里说的记文，有以“记”为题的文章，还有人物传记。

苏轼以“记”为题的文章，有一点复杂，因为有的“记”文，太重议论，甚至可以说就是在论述，如《庄子祠堂记》《李太白碑阴记》，不过，他较多的记文是边叙边议，易读，读起来往往令人感触很多。嘉祐八年（1063），他在陕西凤翔做通判时写了《凌虚台记》。陈太守建台于终南山上，山高台也高，取名“凌虚”，嘱苏轼作记。苏轼《凌虚台记》在交代了建台的缘由后说道：物之兴废成毁，不可得知，且兴废成毁相寻无穷。以前终南山这荒山野岭的，哪里想得到会有一天建了座凌虚台。凌虚台有一天重新变成荒山野岭也是难说的。他说自己陪陈太守登台而望。以前，台东面是秦时的祈年宫、橐泉宫，台南面是汉武的长杨宫、五柞宫，台北面是隋王朝的仁寿宫，唐代的九成宫，都有一时之盛，建得宏杰诡丽，比凌虚台坚固百倍。而现在这些宫殿都变成了废墟，废墟上长满了荆棘，更何况是这座凌虚台呢？凌虚台不知什么时候也会变成废墟的。然后他说：

> 夫台犹不足恃以长久，而况人事之得丧，忽往而忽来者欤？而或者欲以夸世而自足，则过矣。盖世有足恃者，而不在乎台之存亡也。

他这话陈太守听了一定很不舒服，因为陈太守得意于台高，便于观赏终南山的美景，但苏轼的意思是，那么多宏伟的、比凌虚台建得坚实的宫殿都成了废墟，凌虚台也会是这样的命运。既然如此，建凌虚台有什么意义呢？不仅是这样，人生的得与失经常在发生，想靠凌虚台传名可能吗？如果建凌虚台是寻求自我满足、借此向世人夸耀，那就错了。人生一世可以依赖的东西不是凌虚台，苏轼没有点明应当依赖什么，却暗示足以依赖的是立德、立功、立名。凌虚台的存亡无关紧要，这是真的！

苏轼《超然台记》是在做密州太守时写的。所谓“超然台”原本是他在密州所居院子里的一座旧台，修葺一新之后，请苏辙命名。苏辙取《老子》第二十六章的“虽有荣观，燕处超然”的“超然”为名。当时除苏轼自己写了《超然台记》外，苏辙、张耒、李邦直、文与可等人都写了《超然台赋》，为苏轼助兴。苏轼在《超然台记》中说：

> 夫所为求福而辞祸者，以福可喜而祸可悲也。人之所欲无穷，而物之可以足吾欲者有尽，美恶之辨战乎中，而去取之择交乎前，则可乐者常少，而可悲者常多。是谓求祸而辞福。夫求祸而辞福，岂人之情也哉？物有以盖之矣。彼游于物之内，而不游于物之外。

求福辞祸是人之常情，祸福相倚，人难以抑制的无穷欲望与现实事物有限之间的矛盾，使人们面临“美恶之辨”“去取之择”而有难以决断的纠结，过分追求欲望的满足，往往不是求福辞祸，而是求祸辞福。苏轼说物欲之所以会超越人之常情，是因为人为名利所困，以致本求乐而终获悲。苏轼称之为“彼游于物之内，而不游于物之外”。这一说法源于庄子《大宗师》，方外、方内，是方域之外和方域之内，指物外与物内。求于物外，安于自然不知生死，也就无所谓名利祸福了；求于物内，就会讲礼义、祸福，重名利也重生死。游于物外，能知足避祸，与老子知足常足、知足常乐达到一致；游于物内，则总为物欲羁绊，不知足而多悲愁。苏轼说“超然”，表明自己要超乎物外了。因此他在熙宁九年（1076）登超然台，见满目春光，顿有喜色，赋《望江南·超然台作》一首：

> 春未老，风细柳斜斜。试上超然台上看，半壕春水一城花。烟雨暗千家。　　寒食后，酒醒却咨嗟。休对故人思故国，且将新火试新茶。诗酒趁年华。

这首词表达苏轼的故国之思其实暗示京城之思，全然没有愁绪，说出“新火试新茶”“诗酒趁年华”这样的话来，皆是乐意，正应他在《超然台记》最后说的：苏辙“且名其台曰‘超然’，以见余之无所往而不乐者，盖游于物之外也”。

苏轼写得轻松些的记文是游记性的《喜雨亭记》《放鹤亭记》《石钟山记》，一亭或一山一记。《喜雨亭记》的喜雨说的是连月不雨，农夫祈雨而甘雨降临，众人大喜。苏轼幽默地说，降雨之功归谁呢？太守、天子、造物主和苍穹，都说不能承受，那么以之名亭为“喜雨亭”吧。《放鹤亭记》感慨鹤清远闲放，超然处于尘垢之外，所以《诗经》《周易》好用它比拟贤人君子。《石钟山记》说自己与长子苏迈游于彭蠡湖口的石钟山，又一次认知事不目见耳闻，是不能臆断其有无的。这让人想到他的记游赋，即前后《赤壁赋》。苏轼赋的品类繁多，悼人的《屈原庙赋》，怀古的《昆阳城赋》，咏物的《飓风赋》，说理的《明君可与为忠言赋》等，同有丽色，各具光彩，人们最爱的还是《前赤壁赋》。

《前赤壁赋》又称《赤壁赋》。元丰五年（1082）农历七月十六日，身为贬官的苏轼与“客”同游黄州赤壁之下，那时与赤壁相伴的长江充满了诗情画意：

清风徐来，水波不兴。举酒属客，诵明月之诗，歌窈窕之章。少焉，月出于东山之上，徘徊于斗牛之间。白露横江，水光接天。纵一苇之所如，凌万顷之茫然。浩浩乎如冯虚御风，而不知其所止；飘飘乎如遗世独立，羽化而登仙。

苏轼月夜乘舟游赤壁的闲逸与水天一色的静美，让他不觉得是随波流淌在江流之上，以诵诗佐酒，竟有脱离尘世、飘然若仙之感。他们吟唱着屈原的“桂棹兮兰桨，击空明兮泝（溯）流光；渺渺兮予怀，望美人兮天一方”。也像屈原以“美人”喻君王，表达遭贬后的思君情怀。“客”从曹操诗里的“月明星稀，乌鹊南飞”想到赤壁之战，而当年不可一世的英雄豪杰如今在哪儿呢？我和你苏轼如蜉蝣寄身于天地，又像是沧海一粟，生命短暂而人又渺小，可眼前滚滚长江没有穷尽。苏轼说天地万物与“我”都有自然的法则，说变，天地万物时刻都在变；说不变，天地万物和“我”都没有穷尽，是不必羡慕长江没有穷尽的，也不必挟飞仙遨游，抱明月长终。苏轼还说道：

且夫天地之间，物各有主，苟非吾之所有，虽一毫而莫取。惟江上之清风，与山间之明月，耳得之而为声，目遇之而成色，取之无禁，用之不竭。是造物者之无尽藏也，而吾与子之所共适。

苏轼说万物各有主宰，“苟非吾之所有，虽一毫而莫取”，这不可取的是人世间的“蜗角虚名，蝇头微利”。他曾想投身仕途

明·仇英《赤壁图》

为国家效力，此时虽然是黄州团练副使，但是遭流贬的虚衔，不能有所作为，只能享有“取之无禁，用之不竭”的江上清风与山间明月。于是两人尽兴醉卧舟中，不知东方既白，哪里还有流贬不快的影子。身陷困境的苏轼，就是这样书写着自己的人生。

苏轼的人物传记在记叙上有司马迁纪传之风，人们常说的是他为友人陈慥写的《方山子传》，因为是写友人，传中也有他自己。方山子少慕豪侠，长则改变操守，读书向学，因不遇于时而归隐于光州（今河南潢川）和黄州之间的歧（岐）亭，安贫乐道。苏轼游岐亭时住在方家，见方家“环堵萧然，而妻子奴婢皆有自得之意”，感慨不已。苏轼又有《江瑶柱传》，说南海人江瑶柱生性温平淳朴，口不论人是非，名动天下，以至时人婚庆宴友，宴席上没有江生就不高兴。后与人交往不慎，被众人抛弃。因此苏轼在传尾感慨道：“士之出处不可不慎也，悲夫。”在这样的人物传记中，苏轼往往会流露出自己关于人生取向的思考，自我告诫或告诫他人。他还受韩愈《毛颖传》影响，作《万石君罗文

传》，为歙砚作传，虽然也是游戏的文字。却说罗文为人廉洁方正，不可触犯，喜欢与老成知书者交游，这仿佛也在说他自己的心性。

苏轼的诗在两宋也了不得，他曾在送诗僧参寥即何道潜时说，要诗歌写得好，不要讨厌空和静，静能知晓万物皆空，空能接纳万物。这是诗歌创作的一种境界，以空、静感受自然、感受生活。同时，也要明白人世的咸酸苦辣、得意与失意，然后诗歌创作才会有妙语。苏轼也相信欧阳修诗穷而后工的话，说过“恶衣恶食诗愈好，恰是霜松啭春鸟”[1]；称道苏武、李陵的诗自然天成，曹植、刘桢诗的率性自得，陶渊明、谢灵运诗的洒脱超然，李白、杜甫诗的珍贵奇异，欣赏柳宗元、韦应物诗的淡泊有味。他早年的诗歌有李、杜诗的风韵，晚年爱陶诗和柳宗元的诗，也就趋于淡泊了。

---

① 苏轼:《次韵徐仲车》。

苏轼弘扬了韩愈、欧阳修的以文为诗，清人赵翼甚至说他的诗“大放厥词，别开生面”[①]，主要是因苏轼诗歌创作率性随意，不太讲究诗歌的意境。如“欲将同异较锱铢，肝胆犹能楚越如。若信万殊归一理，子今知我我知鱼”[②]。它化用了庄子万物皆一的道理和濠梁鱼乐的故事，使诗满是学问。而《於潜僧绿筠轩》写道：“可使食无肉，不可使居无竹。无肉令人瘦，无竹令人俗。人瘦尚可肥，士俗不可医。”在食欲肉、居欲竹的两难选择中，取竹而弃肉，精神需求高于物质享受，也全在说理。苏轼也学李白诗的豪放，却不失轻盈，如《和子由中秋见月》开始写皓月升起：“明月未出群山高，瑞光千丈生百毫。一杯未尽银阙涌，乱云脱坏如崩涛。”明月升起的耀眼光彩以及乱云纷飞势不可挡，让人称奇，而他随后说“谁为天公洗眸子，应费明河千斛水”，收住气势却又在小巧中有银河水的浩大。

苏轼的诗姹紫嫣红，人们吟诵得最多的还是律绝，即使这些诗满是理趣。人们常说的有《题西林壁》：“横看成岭侧成峰，远近高低各不同。不识庐山真面目，只缘身在此山中。”说是写景，其实是在发议论。表面上见不到庐山的美，但横看、侧看、远看、近看、高看、低看，从不同角度可以感受到庐山的奇美。人在庐山不识庐山的真面目，只因见一斑而不见全豹，以偏概全也就错了。还有诙谐的《题沈君琴》：“若言琴上有琴声，放在匣中何不鸣？若言声在指头上，何不于君指上听？”他问得有趣，琴声发于琴，琴在匣中为什么无声；琴声发于指，为什么手指上听不到琴声？琴与指相互依存，彼此合作，世间许多人许多事都是如此，

---

① 赵翼：《瓯北诗话》。

② 苏轼：《观鱼台》。

否则一事无成，这幽默中大有人生的道理。再看他早年写的《和子由渑池怀旧》：

> 人生到处知何似？应似飞鸿踏雪泥。
> 泥上偶然留指爪，鸿飞那复计东西？
> 老僧已死成新塔，坏壁无由见旧题。
> 往日崎岖还记否？路长人困蹇驴嘶。

这诗是因苏辙的《怀渑池寄子瞻兄》引发的，苏辙在诗中怀念与哥哥应试时宿于渑池寺舍的生活以及中进士后被任命为渑池县主簿的经历。苏轼的诗因弟弟的怀旧情绪而发，诗先就往事说理，再才是对往事的回忆。他看人生的四处漂泊，像飞鸿踏雪泥，雪泥上会偶尔留下飞鸿的爪印，飞鸿依然是忽东忽西，并不留恋所停留过的地方。既然这样，昔日在渑池僧舍及骑驴到渑池的艰难是不必存于心中的，还是应放眼现实和未来。苏轼以喻说理，比喻的轻盈，使诗彰显出其处世的宽广胸怀。

苏轼的词和南宋辛弃疾的词齐名，人称“苏辛”。有人批评他的词不协词律，失了词的本色，主要是他不遵循词的传统亦步亦趋，传统艳丽、婉约的词风在他手上发生了很大的变化，而且还别生出豪放的情感。苏轼曾给朋友鲜于子骏写信，说自己在密州所作小词《江城子·密州出猎》“自是一家”，不同于柳永“杨柳岸、晓风残月”的婉约风味。只因《江城子·密州出猎》表现了“老夫聊发少年狂”的英姿和“西北望、射天狼”的豪情，完全不见离愁别绪下的儿女情长。他这种词风是在做杭州通判时慢慢酿成的，那时他写了《南歌子·苒苒中秋过》，说是“笑看潮来潮去，了生涯”，洒脱而旷达，似乎看透人生，任岁月飘零，度此一生。他还在《南乡子·和杨元素时移守密州》词中写道："东武望余杭，云海天涯两渺茫。何时功成名遂了，还乡。醉笑陪公三万场。"他流露出功成身退的思想，掩不住的是得意尽欢的豪气。正是在这样的逐渐变化中，又有了名作《水调歌头·明月几时有》：

明月几时有？把酒问青天。不知天上宫阙，今夕是何年。我欲乘风归去，惟恐琼楼玉宇，高处不胜寒。起舞弄清影，何似在人间。　　转朱阁，低绮户，照无眠。不应有恨，何事长向别时圆？人有悲欢离合，月有阴晴圆缺，此事古难全。但愿人长久，千里共婵娟。

当时正值熙宁九年（1076）中秋，他说自己欢饮大醉，又想念在齐州（今山东济南）的弟弟子由，词兴上来，提笔即问明月几时有，想乘月飞向月宫。但忧虑月宫琼楼玉宇的寒意太浓，只好在人间与月的清影共舞。当皎洁的月光让他无眠，月的有情在他看来却是无情，怨月圆惹人相思，好在他很快就从相思的痛苦中走出来，祝福"但愿人长久，千里共婵娟"，只要兄弟两人康健，分居两地又何妨呢？说相思，原来可以是这样的风采。此后，苏轼豪放的词风还在延续，他流贬黄州时写了最为人推崇的《念奴娇·赤壁怀古》，还有《定风波·莫听穿林打叶声》，这两首词前面都提到，同样可以看出他做人的格局。

苏轼词乐于创新，也乐于接受"词为艳科"的传统，他更多的还是"当行本色"的词，一样写得轻柔香艳。如《洞仙歌·冰肌玉骨》《水龙吟·次韵章质夫杨花词》。章质夫，名楶，仕于宋哲宗、宋徽宗朝，累官至同知枢密院事。他的《水龙吟·杨花》

上阕说春来柳絮翻飞，闲散无绪；下阕引出章台女的情思，止不住的盈盈粉泪。苏轼《水龙吟·次韵章质夫杨花词》写道：

> 似花还似非花，也无人惜从教坠。抛家傍路，思量却是，无情有思。萦损柔肠，困酣娇眼，欲开还闭。梦随风万里，寻郎去处，又还被、莺呼起。　　不恨此花飞尽，恨西园、落红难缀。晓来雨过，遗踪何在？一池萍碎。春色三分，二分尘土，一分流水。细看来，不是杨花，点点是离人泪。

这首词步章词的原韵，化用前人的诗词妙句入词，如南宋曾季貍说“思量却是，无情有思”化用杜甫诗“落絮游丝亦有情”；清代李调元说“春色三分，二分尘土，一分流水”化用宋初叶清臣的“三分春色二分愁，更一分风雨”。有人说，这也是在“夺胎换骨”。“夺胎换骨”是他门下弟子、“江西诗派”领袖黄庭坚的诗歌创作理论，说的是运用前人的诗文故事进行创作，使它获得新生。苏轼这首词咏的柳絮既是一种自然景观，又是一种意象，他以柳絮的飘零表现春光的流逝，充满惜春之意，柳絮无人爱惜，兀自坠落，因而怅恨不能将落花重新缀在树上。惜春的同时又在痛心年华悄逝，思妇独守空门，在春日无声消逝之际，浓郁的情思损害着她的寸寸柔肠而赋予她一脸倦容。本来梦可以消解思亲之愁，却被莺的啼叫声打破。再看雨后了无踪迹的杨花，或化为尘土、或化为流水，竟然点点都是离人的泪水，让人极度感伤。咏物言怀，少有词能和这首词相比。

苏轼以文为诗，也以文为词，在诗词中用散文的笔法。同时他也以诗为词，将诗歌的笔法用于词中。他和老师欧阳修一样，都是文学创作的通才，诗、文、词无不娴熟，包括骈体时文，虽只是应俗在章表奏疏中有所保留。在创作中，他惯常留意人世，不仅对万事万物抱着自当有的温情和关爱，还有游于物外的超然情怀。

第五章

亲情持守下的教养

人的亲情与教养很有关系，人一生最初的教育大都是从亲情开始的，亲情往往会给人生的教养烙下最深的印痕，不可磨灭，且终身受用。难得的是，韩柳欧苏都有一位高尚的女性陪同他们走过最初的人生道路，韩愈的嫂子，柳宗元、欧阳修和苏轼各自的母亲，对他们的性情和人生格局的形成都产生了深刻影响。走进社会，他们的人生无论有怎样的状态，都各放光彩。而在家庭里，亲情的温暖，总有那难以割舍的一幕幕，千百年来都令人感动。韩愈哭侄、柳宗元伤弟，欧阳修悲父母，苏轼思妻，无不一往情深，哀痛难已。做人，从自身做起，从家庭做起，韩柳欧苏在这里给人的感动，让人知道他们原本也很平凡。他们不以自己的成就掩饰平凡，相反更让人觉得任何人无论有怎样的成就，都会回归平凡，只是其中最少不得的是善和真。

第一节　受教方能未化夷蛮

唐德宗贞元十年（794），韩愈第二次落选博学宏词科，还准备参加次年的第三次博学宏词科考试。可这一年，他的堂嫂即堂兄韩会的妻子、荥阳（今河南荥阳）人郑氏病逝了。韩愈作《祭郑夫人文》以寄哀思。父母死的时候，韩愈年纪尚小，还不太懂得悲痛，即使是12岁时堂兄韩会死去，他的感受也不是特别强烈。韩会原本在朝廷做起居舍人，宰相元载因收受贿赂遭到代宗皇帝的惩治，他被牵累，本当像元载一样被处以极刑，最后恩加一等，被贬为韶州（今广东韶关）刺史。这事韩愈后来也提到过，说韩会如此遭遇是受了他人的谗言，本不当如此。大历十四年（779）唐代宗死后唐德宗即位，42岁的韩会病死在韶州刺史任上。随后韩愈跟着嫂子郑夫人扶堂兄的灵柩，插着黑色的幡旗，水陆兼行，回家乡河阳（今河南孟州）安葬。并与嫂子一起去江南即宣州（今安徽宣城）生活，因为韩会早先在宣州置有房产，而当时中原不大太平，韩愈家族百人同行，生活相当艰难。

嫂子郑夫人去世时，韩愈27岁了，混在京城，想入选博学宏词科却一再失意，心里本来就不痛快，遇上嫂子病逝，十分伤心。他只得在京城设坛祭奠，寄托自己的哀思，并在《祭郑夫人文》里，诉说家里的不幸，说是“天祸我家，降集百殃”。也是，他小小年纪就没了母亲，是吃奶妈徐州李氏的奶长大的。李氏见他可怜，不忍离他而去，就一直待在韩家，亲见了韩愈娶妻生子。

元和六年（811）三月十八日在韩家病逝，享年 64 岁。韩愈为她送终。母亲死后，韩愈又接连没了父亲和堂兄。虽说韩会是堂兄，由于韩愈的三个哥哥都夭折了，自己再没有同胞兄弟，这堂兄也像是亲生兄弟一样。所以他在父母双亡后随堂兄生活，和堂兄一起离开河南洛阳去了长安，那时韩会忙于公务，嫂子郑夫人负责照顾他的生活，寒而衣，饥而食，用力颇多，这一段经历韩愈在《祭十二郎文》中也提到了：

> 呜呼！吾少孤，及长，不省所怙，惟兄嫂是依。中年，兄殁南方，吾与汝俱幼，从嫂归葬河阳。既又与汝就食江南。零丁孤苦，未尝一日相离也。吾上有三兄，皆不幸早世。承先人后者，在孙惟汝，在子惟吾。两世一身，形单影只。嫂尝抚汝指吾而言曰："韩氏两世，惟此而已！"汝时尤小，当不复记忆。吾时虽能记忆，亦未知其言之悲也。

韩愈这番诉说让人看到了郑夫人对他的用心及内心难言的苦楚，韩家子孙两代，在儿子一代只有他一人，在孙子一代只有韩会和郑夫人的儿子韩老成，因此当他说出"两世一身，形单影只"时，令人悲从中来。韩愈说他那时年纪太轻，阅历太浅，不能理解嫂子的哀伤，不知道"韩氏两世，惟此而已"里蕴含了韩家传宗接代的大事。可现在郑夫人死了，韩愈从长安回来奔丧，只见到嫂子的灵车，再也见不到养育他的嫂子了。他把嫂子和哥哥葬在一起，又想到自己这几年在京城奔波，急于求进，心想能得一官半职然后荣归故里，哪料到志向未能实现，实在是对不起嫂子的殷勤养育，不禁泪水潸然。

嫂子在韩愈心里分量很重，他在祭嫂文中说："在死而生，实维嫂恩。”短短的八个字，说尽了他少时的酸楚，如果不是嫂子的养育，他可能濒临死亡，活不到今天，所以说嫂子是再生父母。郑夫人对韩愈，像对自己的儿子一样，供养他的生活，谆谆教诲他成人。正是在郑夫人的教诲之下，韩愈勤奋读书，学有所成，才能够进京赶考，并在25岁时中了进士，有了进入仕途的资本。如果不是嫂子的教诲，韩愈说自己会“化为夷蛮”，即成为一个没有文化、没有教养的野蛮人。他对嫂子充满了感激之情，嫂子死后，他为嫂子服丧守孝一年。

郑夫人念叨的儿子韩老成，没有想到壮年早逝，失去了这个少年朝夕相伴的侄儿，韩愈的悲痛简直难以抑制。韩老成的生卒年不详，他在堂兄弟之间排行十二，故人称十二郎，原本是韩愈二哥韩介所生，因韩愈大哥韩会无子，韩老成被过继给韩会，故世称韩老成为韩会之子。上面提到嫂子郑夫人指着韩愈和韩老成说“韩氏两世，惟此而已”时，韩愈有些记忆，韩老成“当不复记忆”，可见韩老成要比韩愈小好几岁。

韩愈在贞元十六年（800）写了《河之水二首寄子侄老成》。当时韩愈离开徐州前往长安，韩老成在宣州。这两首诗运用《诗经》重章叠句式的表现方法，说是两首，也可以看作一首的两章。“其一”写道：

> 河之水，去悠悠。我不如，水东流。我有孤侄在海陬，三年不见兮，使我生忧。日复日，夜复夜。三年不见汝，使我鬓发未老而先化。

东流的悠悠河水，象征他想念韩老成的愁思。他说自己不如流水，是因为一时间行动没有自由，只有想念而无缘相见。他反复咏叹“三年不见”，有欲见的急迫，但又不能变成现实，于是说思念使自己人未老头发却变白了。人们常说的忧能伤人，也真是如此。“其二”写道：

> 河之水，悠悠去。我不如，水东注。我有孤侄在海浦，三年不见兮，使我心苦。采蕨于山，缗鱼于渊。我徂京师，不远其还。

这一首与上一首相连贯，仍然说相思不能相见的心忧和愁苦。所不同的是诗的最后四句有了变化。他说的“采蕨”，蕨是一种野菜，典出西周初年孤竹君二子伯夷和叔齐不满周武王伐商而隐居首阳山，以采野菜为生；“缗鱼”即钓鱼，缗是钓鱼绳，源于姜太公隐居渭水河畔垂钓的故事。二者都说隐居，他引用这样的故事，似说韩老成有隐居之志；说自己要去京城，不久会回来和老成团聚。这两首诗情深意切，两人彼此相依，却为生计忙碌难以相聚。韩愈说与韩老成虽三年不见，终有相见的时候，万万没有想到，又是三年不见，结果是永远不能再见，因为韩老成居然不及和他相见就病死了。人生有多少以为可以做到的事却做不到，本不至于无可奈何的最终却无可奈何，悲痛万分的韩愈把自己所有的心里话都倾注在《祭十二郎文》里。

《祭十二郎文》写在贞元十九年（803），十二郎死后的第七天。他在这篇祭文里回顾了与十二郎相处的日子，19 岁以前，两人“零丁孤苦，未尝一日相离也”。那是两人的成长期，在郑夫人的羽翼下，他们一天天长大成人。19 岁以后，韩愈进京求取功名，在京城待了四年才回家。短暂相聚后，他返京，又过了四年，回乡为父母扫墓，适逢嫂子病逝，韩老成奉母灵柩归河阳安葬，同样是短暂的相聚。此后，韩愈汲汲于仕途，拼命想改变贫寒的生活现状，三次上书宰相求官不成，只好先去汴州辅佐宣武军节度使董晋，再去徐州做武宁节度使张建封的幕僚，他和韩老成各居一方。韩愈在汴州时，韩老成去看过他，在他那里待了一年。韩老成本来想回家把妻子儿女接来与韩愈同住的，没想到董晋死去，韩愈随后离开汴州到了徐州，他想等安定下来，再派人去接韩老成一家。当他派去接韩老成的人刚刚启程，张建封死了，于是韩愈离开了徐州，与十二郎在徐州相聚亦成为泡影。韩愈不禁痛心地说：

> 呜呼！孰谓汝遽去吾而殁乎！吾与汝俱少年，以为虽暂相别，终当久与相处。故舍汝而旅食京师，以求斗斛之禄。诚知其如此，虽万乘之公相，吾不以一日辍汝而就也。

这年，韩愈36岁，十二郎韩老成当在30岁左右，所以他说两人“俱少年”，按人生的常理距离死亡是很遥远的事。所以离别不过是暂时的，相聚一定会长远，因此自己才会到京城求官。如果自己知道十二郎天不假年，会这么早死去，那他韩愈要官干吗？他会连万乘公相这样的高官都不做，一定要和十二郎在一起，何况眼下他所求的只是享有斗斛之禄的卑微小吏呢？

韩愈说到自己的身体状况和韩家父兄的命运，韩家的父辈和兄弟，往往年轻体壮的时候就死了，像自己这样还不到40岁，眼睛花了、头发白了、牙齿动摇了，身体衰弱得很厉害，怎么可能活得长久呢？这话他在前一年即贞元十八年（802）就对朋友崔群说过。他告诉崔群，近来自己的身体特别衰弱疲惫，左边牙床的第二颗牙齿无故动摇脱落了，两眼昏花，平常分不清楚颜色，两鬓斑白，顶上的头发白了五分之一，胡须也白了一二成。韩家不幸，各位父兄都英年早逝，像他这样的身体还想活得长久吗？这番话比他为十二郎写的祭文说得更加具体，他似乎有充足的理由相信自己的寿命不长。从韩家的状况看，这一理由更站得住脚。他最初担心自己死了，把悲哀留给了十二郎，可实际的情形相反，他这个年纪大的、身体衰弱的人活着，而年轻的、身体强壮的十二郎死了，把失去亲人的悲痛留给了他。

韩愈说，他听到十二郎死去的消息时，不敢相信自己的耳朵，不敢相信孟郊的来信，不敢相信耿兰的报告，以为是一场梦却并非是梦。所以他很感慨有德行的哥哥的儿子怎么会就这样早死呢？十二郎纯洁廉明应当接受父亲的恩泽，怎么就早死了呢？果然，苍天难测，神灵难明，道理难推，寿命难知。他猜想十二郎可能死于曾经告诉过他的"软脚病"。但这病江南人常有，没听说有谁死于此，这说法未必是真的。假如不是这病症，那会是什么呢？由于不明就里，反增他的哀痛。哀痛至极，他说自己的身体今年以来更不好了，花白的头发变白了，动摇的牙齿脱落了，毛血一天比一天衰，志气一天比一天弱，大概不久会随十二郎而去。如果人死而有知，那他们的分离就没多长时间了；如果人死而无知，那他的悲哀就没多长时间了。他说出这样的话，淡化了一时的悲痛，但想到自己的儿子只有 5 岁，十二郎的儿子只有 10 岁，年轻、强壮的十二郎性命况且不保，这些小孩子怎么能够指望他们顺利成人呢？

说了这些，韩愈还觉得悲痛难抑，又一个劲地指责自己，说太对不起你十二郎了，既不知道你是什么时候病的，又不知道你是哪一天死的。你活着的时候，我没能和你住在一起；你死之后，我没来给你办丧事。也许是我做了对不起掌管生命的神明的事，让你早早就死了；也许是我不孝顺又不慈爱，不能与你生则相养，死则相守。“一在天之涯，一在地之角，生而影不与吾形相依，死而魂不与吾梦相接。”这都是我的过错，从今以后，我也不想多活了。但我不能死，你和我的儿女都没长大，那我就在伊水旁、颍水畔找几亩田地，在那儿隐居养育我们的儿女，让儿郎们有所成，让女娃们都出嫁，以度余生。说到这里，韩愈对十二郎说，我的话说完了，但我对你十二郎的思念没有穷尽，你知道还是不知道呢？“呜呼哀哉！”不过，韩愈为了生计和自己的社会抱负，并没有真的还乡隐居、养儿育女，而是仍在宦海浮沉，还经历了两次流贬的痛苦。韩愈为十二郎的死流下的诚挚泪水，后来感动了许许多多读者，这篇祭文被誉为祭文中的千年绝调，就在于其对往事的回想和当下的悼念中情真意浓。

韩愈的夫人是高平郡范阳（今河北涿州）卢氏，育有二男五女，他死时，还有三个女儿没有成人。元和十五年（820）正月，韩愈因谏唐宪宗迎佛骨到宫中供奉而由少秋官刑部侍郎被贬为潮州刺史，他的四女儿即 12 岁的韩挐，本来病重，也不得不随父离京前往潮州。路途遥远，每天从早上走到傍晚，赶路实在辛苦。加上天雪冰寒、险阻饥渴，韩挐羸弱的身体难以承受，又得不到及时医治，最后死在商州（今陕西商州）层峰驿。当时韩愈要赶路，无法将女儿归葬河阳，只好把爱女就近埋葬在层峰驿旁的南山下。他从潮州回京时，路过女儿韩挐的坟墓，还写了一首《留题驿梁》，这诗写道：

数条藤束木皮棺，草殡荒山白骨寒。
惊恐入心身已病，扶舁沿路众知难。
绕坟不暇号三匝，设祭惟闻饭一盘。
致汝无辜由我罪，百年惭痛泪阑干。

诗特别说韩挐因受惊吓而病情加重，终致死亡。她死后被树皮包裹，藤条捆扎，草草安葬在远离家乡的层峰驿边的南山，真是够凄惨的了。韩愈安葬了爱女后，举行了简单的祭奠仪式、绕坟号叫三圈，祭品只有可怜的一盘饭。让他怀“百年惭痛”，泪水唰唰地流个不停。

韩愈回京后，忙于国子祭酒、京兆尹等事务，直到长庆三年（823）十月，才将女儿韩挐移葬家乡河阳的韩氏墓地，让她永远安息。为爱女迁葬，他写了《祭女挐子文》和墓志铭《女挐圹铭》。他在《女挐圹铭》里说到自己排佛而遭贬潮州，这虽已成往事，况且唐宪宗也驾崩了三年，但自己的思想仍然没有变化，依旧说佛教乱治，梁武帝不是痴迷于佛教吗？引发了“侯景之乱”，最终亡国。他说自己认为佛教不能弥漫，但宪宗陛下说他的话很不吉利，把他贬到潮州。韩愈说这些话是要告诉人们，如果不是自己遭贬，早慧的女儿韩挐何至于夭折呢？

这时候祭女，祭品也隆重多了，有清酒、鲜果和美味的菜肴。尽管如此，韩愈不免又一次说到因自己的罪过才使爱女丧命，又一次回想爱女死后的草葬情形，说把你掩埋之后，我们就走了，有谁守护你，看望你，可怜你“魂单骨寒，无所托依”。这怎么能让我心里不痛呢？“人谁不死，于汝即冤！”你是不该这样冤死的呀！韩愈接着说，此时此刻，我仿佛又看到你的面容，记得你的心意，可你已经死去了。在世俗和唐宪宗面前浩气凛然、无所畏惧的韩愈，在官场历练了二十余年见过无数场面的韩愈，这时充满了慈父的柔情，对四女儿韩挐的怜惜、疼爱，都流露在字里行间。

韩愈以怀念的方式表现对嫂子郑夫人、侄子十二郎韩老成以及爱女韩挐的情感，此时他更像是一个普通人，一个普通得像儿子一样的侄儿，一个普通的叔父和一个普通的父亲，有着普通人一样的情感。他这个普通人在文坛的功业不太寻常，但在芸芸众生中，他是那么平凡：对嫂子郑夫人的无比感恩，没有嫂子就没有他的今日；对十二郎和四女儿的无比怜爱而产生无比自责，责怪自己没有和十二郎团聚，责怪自己的罪过牵连了四女儿导致其无辜而死，内心有格外的伤痛。平凡也是可以伟大的，这就是情感发乎肺腑的真，真心、真情、真意，这一切又显得那么本色、自然。

第二节　明智者不追伤往事

柳宗元的父亲柳镇，天宝末年曾以经术中进士，“安史之乱”时，柳镇携母亲德清君隐居王屋山，修行授学，给子侄和学生们讲授《左传》《易经》等经典，孜孜不倦，乐以忘忧。后来带领族人逃到苏杭一带，无以为生时，骑驴乞食于仁者，遭磨难而面无愠色。“安史之乱”后，柳镇欲兴太学力劝农耕，但不为时用。贞元九年（793）57 岁时卒于长安，葬于万年县栖凤原。柳宗元是家中唯一的儿子，他在为父亲写的《先侍御史府君神道表》里，不动声色地简单叙说了父亲的一生，其中有三件事给人留下很深的印象。

一是柳镇担任晋州（今河北晋州）录事参军时，武将出身的晋守强悍嗜杀，手下官吏没有谁敢于抗争，唯独柳镇据理力争，即使身遭鞭抽杖击，也拒不受命，晋守大怒，毁坏了他的几案座席，也不能改变他的意志，终因秉直免于羞辱。

二是柳宗元祖母德清君去世时，柳镇悲伤过度，但在祭祀上始终不超越常规的礼节，为士人所钦佩。服丧期满后，吏部任命他为太常博士，三辞而不就任，说是有尊老孤弱在吴，只愿做一个宣城（今安徽宣城）县令，最终果为宣城县令，且治理有功，当地吏民为他立碑纪德。

三是柳镇担任殿中侍御史时，有“守正为心，疾恶不惧”的佳评。柳宗元中进士时，德宗皇帝问，有没有当朝的士子为他说话、走关系，主管的官吏报告说新中进士柳宗元是柳镇的儿子，德宗皇帝说，柳镇曾抗击奸臣窦参，他不会为儿子谋私利的。果真没有。

清·王素《教子图》

柳宗元还说到祖母德清君赞赏柳镇隐居，用了《易经·乾》的典故“遁世无闷”，说他逃避世俗名利，心无忧烦，这也是处世的一种境界。

父亲柳镇很重亲情，他在外做官，总是把兄弟姐妹和子侄接到自己身边一起生活。柳宗元的母亲卢氏是涿郡范阳人，自幼受到良好的家教，通晓《毛诗》和西汉刘向的《列女传》。柳镇曾说自己所读的旧史和诸子，夫人无所不知，在那时真不简单。不仅如此，她一向温柔、明智、勤劳、节俭，被人誉为“全德”“九族宗师”。母亲是柳宗元最初的老师，在京城西田庐教他学习古赋，让他能够诵传，还教两个女儿学诗礼图史和剪裁针织。在她的抚育下，三个孩子逐渐成人。

卢氏两个女儿命运都不好。柳二姑娘嫁了裴瑾。裴瑾，字封叔，河东闻喜（今山西闻喜）人，出身官宦世家，进士及第后，曾官至殿中侍御使、尚书比部员外郎。柳二姑娘“与仁孝偕生，以礼顺偕长”①，未嫁时纯朴，出嫁后仁孝惠爱，温顺恭敬，妯娌

① 柳宗元:《亡姊前京兆府参军裴君夫人墓志》。

和睦，父母疼爱，他人尊重，不幸于贞元十六年（800），30 岁时死于长安光德里，柳宗元为她写了墓志铭《亡姊前京兆府参军裴君夫人墓志》。二姐有三个儿子，三儿裴七，在二姐死前八个月时死去；二儿裴六，在二姐死后也夭折了。唯剩大儿裴五由奶妈抚养。

柳大姑娘嫁了崔简。崔简字子敬，博陵安平（今河北安平）人，进士及第后，曾任刑部员外郎、永州刺史等职。贞元十八年（802），柳大姑娘在妹妹死去两年后也与世长辞了。丈夫崔简为她写了墓志铭，柳宗元则写了《亡姊崔氏夫人墓志盖石文》，说崔简对大姐婚后的情况熟悉，他则熟悉成人、出嫁以前的大姐，所以在墓志盖石文里主要说的是大姐出嫁前的情形。大姐自幼声和气柔，在大家族中待人恭谨有礼，与孩子们在一起玩耍时，从不因玩具起纷争。大姐多能，好读书，曾因一时无书可读而默泣不食，假托身体不适以免母亲忧虑；善隶书，能奏雅琴，自我娱乐而不显扬；善手工，衣服做得漂亮但不标新立异；说话守礼仪，不好强辩。柳宗元说她“德硕行淑”，孝至、敬备、仁大，在柳、崔两大家族中以美德为人称道。

卢氏把两个女儿教育得很好，也因为有她的德行作榜样。柳宗元想到两个姐姐先后去世，心中悲痛，说是有这样美德的姐姐都早早谢世，唯有他这个愚蠢的弟弟还活着，问天是什么道理，这天可问吗？卢氏对两个女儿的死，也是相当悲痛的，但人生命运如此，不是她能够改变的。

柳宗元流贬永州，母亲随行。卢氏对儿子参与王叔文政治革新并不理解，也许她不知道详情，只是面对了儿子犯事遭流贬的社会现实。她告诫儿子应该吸取教训，自我警醒，以后不再犯这样的过错，说柳宗元要能够这样她就没有什么遗憾了。她不知道，儿子虽然遭了永州之贬，言行是比从前慎重，但性情根本就没有改变。卢氏随儿子在永州，处世一仍旷达，她在说了上面这些话以后，还对柳宗元说："明者不悼往事，吾未尝有戚戚也。"[①] 意思是明智的人不纠结往事，儿子被流贬永州已是既成事实，她不因此悲伤，也就谈不上远离长期生活的京城之后心怀抱怨。可想而知，她对两个女儿的死也会是这样一种态度，既成过往，不再忧伤。元和元年（806），卢氏死于永州零陵佛寺，享年68岁。先葬于永州，第二年被迁到京兆万年（今陕西万年）栖凤原，与丈夫柳镇合葬。

柳宗元曾评价自己的母亲："尊己者，敬之如臣事君；下己者，慈之如母畜子；敌己者，友之如兄弟。无不得志者也。"[②] 这三条，尤其难能可贵的是对那些对自己有敌意的人，能够像对兄弟一样友爱，可见她心地宽厚。母亲的死，柳宗元深感痛苦，说永州地方炎热潮湿，不是生活养命的好地方。人患病时，无处求医，也无处求药，祈祷又虚而不实，无济于事。于是，他呼天抢地，说自己怎么遭了这样大的惩罚呢？"天哪！神灵啊！你们怎么忍心这样呢？怎么不让我随母亲死去而独自活在这世上呢？老天哪！怎么会这样呢？"当此之际，他说天下所有的声音都不足以抒发自己内心的哀伤，所有的文辞都不足以传达自己内心的悲痛。柳宗元说，如果不是自己流贬永州、孤囚穷縶在这穷乡僻壤，母亲的病怎会得不到及时的救治呢？他很想尽孝，可眼下子欲侍而亲不在，他除了号泣痛不欲生之外，还能做什么呢？

柳宗元的一生有三个女人，第一个妻子是弘农杨氏，贞元

---

① 柳宗元：《先太夫人河东县太君归祔志》。

② 柳宗元：《先太夫人河东县太君归祔志》。

十五年（700）病逝。杨氏死后，他写了《亡妻弘农杨氏志》，深情地怀念妻子。

弘农杨家和柳家有通家之好，柳宗元在《先君石表阴先友记》有“杨氏兄弟”传：“杨氏兄弟者，弘农人。皆孝友，有文章。凭，由江南西道入为散骑常侍。凝，以兵部郎中卒。凌，以大理评事卒，最善文。”他也说过杨、柳“通家殊孔李，旧好即潘杨”[①]。前一句说拜老子李耳为师的孔子，从此孔李两家有“通家”之好；而潘、杨说的是西晋杨肇，曾嫁女给当时的才子俊男潘岳，所以潘杨两家是“旧好”。柳宗元借此比拟杨、柳两家的关系。杨氏兄弟杨凭、杨凝、杨凌时号“三杨”。杨凭是柳宗元的岳父，做过刑部侍郎、京兆尹，最后以礼部尚书退休。柳宗元和岳父三兄弟有很好的交往，他写了《送杨凝郎中使还汴宋诗后序》，称赞他为官的功德。为杨凌写了《杨评事文集后序》，说他学富识远，诗文名满江湖和京城，感叹他雄杰老成之风没有完全施展就死去了，以致他的诗文创作才能不及充分发挥，诗文没有达到最高境界，遗文未能流传于世，美名未能尽显于时。他写这篇后序，就是为杨凌扬名。

柳宗元和岳父杨凭的关系最深。元和四年（809），杨凭遭一向不和的御史中丞李夷简弹劾，说他在做江西观察史时贪污奢侈，因此被贬为临贺尉，柳宗元写了《与杨京兆凭书》安慰他，说他以诗文名传当世，兄弟三人号称“文章家”，今虽被贬，早晚会重回朝廷，官复原职。果然，杨凭三年后即元和七年（812）复官，柳宗元又高兴地献上《贺弘农杨公复官五十韵》，以示祝贺。元和十二年（817）杨凭病逝，时在柳州的柳宗元写了《祭杨凭詹

---

① 柳宗元：《贺弘农杨公复官五十韵》。

事文》。颂扬他的孝友忠信，也说到他因“道峻多谤，德优见憎”，且遭贬复官后“优游德艺”，道德文章得到光大。

柳宗元很欣慰有这样的岳丈，他的妻子杨氏3岁丧母，5岁时知母忌日，从此每当这一天，涕泣涟涟，终身日戚。她在家“小心敬顺，居宠益畏，终始无骄盈之色”[①]；出嫁后，侍奉婆婆，操持家务，备行敬养之道，与柳家兄弟相处和睦。柳宗元的母亲很喜欢这个媳妇，视为已女，曾对人说：“自吾得新妇，增一孝女。”[②]柳宗元的两个姐姐对杨氏也像亲生的姐妹。杨氏孕而不育，贞元十五年（799）病死于长安永宁里私宅，年仅23岁，死后葬在万年县栖凤原。

柳宗元在《亡妻弘农杨氏志》里悲伤地说：“以夫人之柔顺淑茂，宜延于上寿；端明惠和，宜齿于贵位；生知孝爱之本，宜承于余庆。是三者皆虚其应，天可问乎？”这“三宜”说归结杨氏以她的德行，应当有高寿、尊位和余福，可这“三宜”都落空了。惩恶扬善的苍天呀，善有善报，杨氏的善报在哪里呢？后来，他在祭岳父杨凭文里又说，承受通家之德成就了杨氏良缘，实在没有想到娶了这样有德行的妻子，却早早离他而去，使他至今都放不下，十八年来没有正式娶妻。况且如今迁居万里，流贬已是十二年多了，谤言未明，身如囚徒，妻子的“德辉间绝，音尘莫俟”，心实在是痛啊。

柳宗元的第二个女人不知姓氏，在杨氏死后的第二年为他生育了女儿和娘。和娘随父流贬永州，患病后依佛，愿为佛役，因此更名佛婢，削发为尼，号初心。尽管这样，还是未能保住和娘

① 柳宗元：《亡妻弘农杨氏志》。

② 柳宗元：《亡妻弘农杨氏志》。

的性命，元和五年（810）四月三日，10岁的和娘死于永州，葬在零陵东郭门外第二岗的西角。柳宗元很伤心，说柔惠的和娘看样子是可以成人的，没想到就这样死去了。柳宗元为她写了《下殇女子墓砖记》。殇，本意是未成人而死，古有"三殇"说：8至11岁为下殇，12至15岁为中殇，16至19岁为长殇。他流贬永州后曾对朋友许孟容说自己茕茕孑立，没有儿子，永州这荒远地方的士族人家的姑娘没有谁愿意跟他结婚。他后来还是续娶了，元和十一年（816）有了儿子周六、遗腹子周七，另外还有两个女儿。柳宗元死时，儿女年纪都很小，也是够不幸的了。

柳宗元在家族兄弟中排行第八，人称八郎。他的堂兄弟、内弟出现在他诗文中的有柳偁、柳谋、柳宗直、柳宗一、卢遵等人。他对小自己两岁的柳谋尤其寄予厚望。柳谋官至御史，后辞官居江陵，过着躬耕自给的生活，怡然自得。柳谋去永州看望柳宗元，临别时柳宗元写了《送从弟谋归江陵序》，说他"不谋食而食给，不谋道而道显"。两人九年不见，柳谋形貌更加伟岸，学业更加努力，志向更加坚定，他感慨地说，柳氏家族很久都没振兴了，如果现在有人能够振兴，那这人就是柳谋。他有管仲之谋，又可以借助学习而获圣人之道；志向专一，行为谦和，前途是可以预料的。他告诉柳谋自己流贬永州的生活，说柳谋诚信厚道，少言虑周，不会像他这样遭祸，不愿大富贵的柳谋，何惧大富贵会遭祸呢？以此鼓励柳谋积极进取。元和十一年（816）他的堂弟柳宗一到柳州看望他，离别时，柳宗元送上一首《别舍弟宗一》，诗说：

零落残魂倍黯然，双垂别泪越江边。
一身去国六千里，万死投荒十二年。

桂岭瘴来云似墨，洞庭春尽水如天。
欲知此后相思梦，长在荆门郢树烟。

这诗写得很感伤，他用南朝梁江淹《别赋》里“黯然销魂者，唯别而已矣”之意，说他和宗一在越江即柳江畔的离别。那时的他“一身去国六千里，万死投荒十二年”，心里还是很凄苦，他将柳州风情和江南风情相较，欣羡江南风情，说自己总在思念它。诗含蓄婉转，意味深长。

在诸兄弟中，柳宗元说得最多的是十郎柳宗直。柳宗直陪他到永州，后又和他一起去了柳州。元和十年（815）六月，柳宗元一行先抵柳州，柳宗直七月到达，他在半道受了风寒，患上疟疾，但没几天就好了。他随柳宗元一起去拜谒雨雷塘神所，回来的路上，又去灵泉游玩，之后大家高高兴兴地回了家。没想到第二天早上，柳宗元喊宗直，居然无人回应，走近一看，发现宗直躺在床上，已经没了气息。果真是“一寐不觉，便为古人”[①]。柳宗直死后，被安葬在柳州城西北，出殡时柳宗元写了《志从父弟宗直殡》。说宗直自字正夫，生来“刚健好气”，“闻人善，立以为己师；闻人恶，若己仇；见佞色谄笑者，不忍与坐语”，是一个真性情好善恨恶的人，与柳宗元的性情相似。在众位兄弟中，他跟随柳宗元的时间最长。柳宗直善文书、歌谣，文章也写得很好，曾撰《西汉文类》四十卷。柳宗直的这四十卷文章，在永州时就已经写完，柳宗元还专门为他写了《柳宗直〈西汉文类〉序》。

在这篇序文里，柳宗元从先秦的《尚书》《春秋》说起，一直说到东汉班固的《汉书》。他说《汉书》有分散不专的毛病，

---

① 柳宗元:《祭弟宗直文》。

难以考察那段历史的变化，本想再作整理，把精华抽出来合成一部，却因年纪大了，又患病在身，有点懈怠而不能胜任。曾经有一位叫路子的学人也想做这事，终不能成，幸好有柳宗直乐成此事。他搜集资料，各依其体，分门推移，成败兴坏、名臣模范、贤能志业、百姓风美，各归其类，形成新的条理，方便学者阅读入门。柳宗元很赞赏这部书稿，但他想到宗直的一生，心里还是很难过。因为他遭流贬，连累了柳宗直负才自弃，不参加科考，也不入仕途，而是在永州、柳州与他一起生活、读书、写作。虽然学业精进，但在永州时宗直就得了上气病，腹部气胀，每每病发作时，不仅寝食难安，而且连弯腰、后仰都很困难。柳宗直一旦身体稍好，又去读书，有时读书声和患病的呻吟声夹杂在一起，难以分辨。柳宗元说他“勤学成癖，攻文致病。年才三十，不禄命尽”①。

于是，他在《祭弟宗直文》里很伤感地说：“吾门凋丧，岁月已久，但见祸谪，未闻昌延。”也是，不说父母，他的同胞姐姐都早死了。四房兄弟，各自只有一个儿子传宗接代。而且堂弟柳慥死后，柳宗直又死了，两房已无人祭祀。他自己还没有儿子，其他人看起来有，实际上和没有也差不多。柳门的后代延续，不绝如缕，实在太微弱了。柳宗元说，老天爷不知道柳门子弟的仁义正直，让他们频繁遭受灾难而无处诉说。柳宗元指责苍天，也指责自己。宗直猝然命绝，没有交代后事，柳宗元记得他有两桩事需要办。一是宗直的文稿，柳宗元接着说：“汝墨法绝代，知音尚稀，及所著文，不令沉没，吾皆收录，以授知音。”二是宗直留下的一儿一女，年纪尚幼，柳宗元说自己会“抚育教视，使如

① 柳宗元：《祭弟宗直文》。

己子，吾身未死，如汝存焉”。这话是柳宗元流着泪写下的，他对九泉之下的宗直说，他活着跟宗直活着是一样的，宗直的儿女就是他的儿女。殊不知柳宗元的身体也很不好，宗直死时，他是“吾身未死”，但还能维持多久呢？他死了这些孩子又该怎么办呢？这哀痛相当深沉。

柳宗元的叔父贞元十二年（796）去世后，他在《故叔父殿中侍御史府君墓版文》里说，自己常因没有兄弟，而把兄弟之情移于朋友，视朋友如兄弟；父亲死后，移孝敬之情于叔父，老天爷让他困穷，硬是让无边的痛苦集于他一身。柳宗元自觉地视友情如亲情，有了他和刘禹锡的故事；视兄弟之子如己子，尽教养之责；视叔父如己父，孝敬叔父如同孝敬自己的父亲。只是柳门不幸，有太多的生死离别；柳宗元不幸，丧妻、丧母、丧女、丧弟，一一袭来，这如何能够承受？在困顿与悲苦中，德行和节操仍然是要坚守的。他在永州时，族弟柳澥来看望他，临行他勉励正直、敦厚且好文的柳澥，希望他“勤圣人之道，辅以孝悌，复向时之美”[①]。这也是柳门的家风，需要弘扬，这样也许能够重振家门。柳宗元是很想重振家门的，唐高宗时，柳氏一门在尚书省任职的有二十二人，当曾伯祖柳奭为武后所恶、被贬遭杀后，柳氏渐衰，此后几十年在尚书省任职的只有一人。那时柳宗元身为贬官，重振家门对他来说，实在是太不可能的事，但他还是可以这样想的。“明者不悼往事”，需要胸怀和勇气，亲情也是激励他的力量，柳宗元不懈地往前走着。

---

① 柳宗元：《送澥序》。

第三节　甘俭薄所以能居患难

欧阳修64岁时，写了一篇《泷冈阡表》祭奠父母，并刻在父母的墓碑上。他父亲欧阳观生前在泷冈（今江西永丰县沙溪南凤凰山）选了一块风水很好的墓地，不过欧阳修写这篇祭文、为父母立碑时已是60年后的事。他说自己迟迟没有立这块碑，是有所待，是想自己在仕途上有所成就，父母都能得到皇上的封赐，光宗耀祖。

欧阳修父亲的故事，是他母亲郑夫人讲述的，欧阳修在《泷冈阡表》里复述了这些故事。他这个古文家的生动描述，既使他父亲的形象让人们亲切易感，又使他这篇祭文与韩愈的《祭十二郎文》齐名，成为古代最有名的祭文之一。

欧阳观是一位清官，平日好施舍助人、交朋结友，俸禄微薄，常不积蓄，口头禅是"别让钱财成为我的拖累"。因此，他死的时候，家里没有一片瓦，没有一垅地。这一点欧阳修的《七贤画序》也有记载。那时候父亲在绵州（今四川绵阳）任军事推官，母亲对欧阳修说：

> 吾归汝家时，极贫。汝父为吏至廉，又于物无所嗜，惟喜宾客，不计其家有无以具酒食。在绵州三年，他人皆多买蜀物以归，汝父不营一物，而俸禄待宾客，亦无余已。罢官，有绢一匹，画为《七贤图》六幅，曰："此七君子，吾所爱也。"此外无蜀物。

欧阳观的官不大，他的俸禄除了用于家计之外，就是款待宾客。他离开绵州去泰州做军事推官时，别无他物，只有一匹绢，画了《七贤图》六幅，从此成为欧阳家的传家宝。母亲郑夫人给儿子讲这个故事，意在告诉欧阳修，他父亲是个怎样的人，并把保存的《七贤图》传给欧阳修。

清·彭暘《竹林七贤图》（局部）

郑夫人还说，欧阳观是一个孝子，她嫁到欧阳家时，婆婆已经死去，欧阳观每到祭祀母亲的那一天，总是流着泪说：“祭品丰厚，不如奉养微薄。”每当喝酒吃饭的时候，常流着泪说：“以前常不够吃，现在总有富余，可母亲又不在了。”子欲侍而亲不在，是欧阳观的痛苦。这让郑夫人十分感动，对欧阳修说：“如果你奶奶在世，你父亲一定是会奉养孝敬的。我不知道你是不是能有成就，但我知道你父亲一定会后继有人，因为他孝顺。”

欧阳观为官勤勉仁厚，白天在衙门断案子，晚上还在家读掌管的案卷，读着读着，就会放下案卷叹气，感慨没有办法帮助死刑犯求生。郑夫人曾问：“死囚可以求生吗？”欧阳观说：“有的人可能求生，万一不能求生，那我和死者都没有遗憾了。如果能够求生而没为他求生，那死者是会有遗憾的。在通常为死者求生的情况下，还有人因失误被处死，再说还有想置案犯于死地的。”郑夫人为此又很感动，对欧阳修说，你父亲在外面的事情我不知道，在家里很质朴很直率。他这样做出于真情，心地是很仁厚的。并说：“夫养不必丰，要于孝；利虽不得博于物，要其心之厚于仁。吾不能教汝，此汝父之志也。”[①] 郑夫人把欧阳观做人做事的道理说给欧阳修听，特别说到做人要孝顺，要仁厚，并说这是他父亲的志向。欧阳修牢记父亲之志，终身践行。

一次，欧阳观回头看见奶妈抱着幼小的欧阳修站在身边，于是指着欧阳修叹了口气，对郑夫人说：“算命的人说我过两年会死去，如果他算得对，我就看不到这儿子成人了。以后你把我说的这些话告诉他，要他好好做人。”

欧阳修的母亲郑夫人，出身江南名族，为人恭俭仁爱，彬彬有礼。在欧阳家，治家俭约，曾对人说：“吾儿不能苟合于世，俭薄所以居患难也。”[②] 后来，欧阳修流贬夷陵，母亲随行，并不把流贬放在心上，对欧阳修说：“汝家故贫贱也，吾处之有素矣。汝能安之，吾亦安矣。”[③] 有趣的是，欧阳修到夷陵以后，以前不饮酒的老母亲居然每天就着随时的菜肴，能喝上几杯酒，尽显生活的欢乐。欧阳修在夷陵虽有牢骚但终归沉静，母亲平和的生活态度也是镇静剂。

欧阳修在父亲死了二十年后才渐得功名，后官至枢密副使、

---

① 欧阳修：《泷冈阡表》。

② 欧阳修：《泷冈阡表》。

③ 欧阳修：《泷冈阡表》。

参知政事。因为他，父亲被追封为崇国公，母亲被封为魏国太夫人。这时，欧阳修还是有些高兴，说为善有报，这善报只看是迟来还是早来。他很谦逊地说自己德行不厚，能力不足，只是遇到好时候有幸入了仕途，这是祖上积善成德的回报。

欧阳修父亲死得早，后来他投靠过叔父欧阳晔。母亲对他说："你想知道父亲的样子，就好好看看你叔父吧。你叔父的音容笑貌、日常起居都像你父亲。"他叔父欧阳晔咸平三年（1000）进士及第，官至尚书都官员外郎。景祐四年（1037）四月九日，死于家中，享年79岁。后来欧阳修写了《尚书都官员外郎欧阳公墓志铭》，流着泪说自己当年为官羁绊，叔父去世时，他哭不及丧、葬不临穴。并说叔父死了，父亲的兄弟都没了，思慕的形貌起居言笑都见不到了，再也难以报答叔父"哺养提挈"之恩。这一年他31岁。念及叔父的死，他在这篇墓志铭里特别记载了叔父的几件事：

欧阳晔在随州做推官时，发生了大洪山奇峰寺案，朝廷转运使疑心寺僧积物谋利，派欧阳晔去收缴，寺僧以白金千两贿赂他。欧阳晔笑着说："我用不着这些。你们能听我的吗？今年地方大灾，你们有积谷六七万石，如果能够交给官府拯救百姓，我就不抄没寺庙的财产。"寺僧高兴地答应了，当地饥民得到及时的救济，摆脱了困境。

鄂州崇阳难治，朝廷派欧阳晔前去治理。他到任后，处理了百余件积案。其中县民王明和他的同母兄李通争夺财产，多年不能决，王明不能为自己申辩，穷得为人打工。欧阳晔据理说李通当轻财而重兄弟之情，李通服了，毫无怨言地拿出家财巨万给王明。

桂阳百姓为争船相殴，有一人被杀死了，案件也是久久判不下来，欧阳晔亲自去断案。他让几名嫌犯去掉枷锁，坐在大堂大吃大喝一通。众人不知何故，乐得一顿美食。吃完饭后，欧阳晔独留一个人在堂上，这人仓皇四顾，忐忑不安。欧阳晔不紧不慢地说："杀人的是你。我看吃饭的人都用右手拿勺子，唯独你用左手，死者伤在右肋，很清楚是你杀的。"囚犯大惊，流着泪说："是我杀的，不敢连累他人。"

欧阳修讲的这三件事告诉人们，叔父为官严明方正、廉洁自守，断案入情入理，最后他称道叔父"明足以决于事，爱足以思于人，仁足以施其族，清足以洁其身"[①]。这番评价也是欧阳家的作风。这一年，欧阳修写了著名的《朋党论》，说自己信守的是道义、忠信、名节，与他对叔父的评价是一致的。

欧阳修先后娶了三任妻子，第一任妻子是胥夫人，第二任是杨夫人，第三任是薛夫人。皇祐五年（1053），欧阳修送母亲郑夫人归葬吉州永丰时，写了《胥氏夫人墓志铭》《杨氏夫人墓志铭》，怀念两位夫人。

天圣六年（1028），22岁的欧阳修从随州到汉阳拜会翰林学士胥偃。当时，胥偃以文章和清节闻名一时。欧阳修初次见胥偃，两人一见如故，胥偃很高兴地对欧阳修说："你一定会成为当世名流。"当即把他收在自己门下，并把欧阳修带到京城，向同僚和朋友推荐他。胥偃的眼力不错，欧阳修果然是个人物，第二年参加国子监考试，名列第一。天圣八年（1030），欧阳修参加礼部贡举，以甲科第14名登进士第。这些胥偃都看在眼里，喜在心上，觉得让欧阳修做自己的门生都不够了，干脆把女儿嫁给他，收他为婿。天圣九年（1031）欧阳修娶了胥偃的女儿为妻，称胥夫人。

---

① 欧阳修：《尚书都官员外郎欧阳公墓志铭》。

赋词《南歌子》：

> 凤髻金泥带，龙纹玉掌梳。走来窗下笑相扶。爱道画眉深浅有时无。　　弄笔偎人久，描花试手初。等闲妨了绣功夫。笑问双鸳鸯字、怎生书。

这首词让人们看到了欧阳修与胥夫人新婚宴尔时的温情，两人卿卿我我，相互怜爱，一往情深。胥夫人是在家教严厉的家庭环境中长大的，因为胥偃居家，总是端正地坐在堂上，不苟言笑，四下观望，家里的孩子没有谁敢随便走路，随便说话。家里的饮食衣服，按少长贵贱，都有规矩，不能随便胡来。胥夫人嫁到欧阳家，欧阳家很穷，不再有保姆照顾自己，就放下身段照顾婆婆。胥夫人与欧阳修情投意合，可惜这段姻缘只有两年，明道二年（1033）胥夫人生孩子时染病，不到一个月就病死于洛阳，年方 17。宝元元年（1038），她留下的儿子也不幸死于夷陵。

因胥夫人的死，欧阳修伤心地写了《述梦赋》，诉说绵绵情思。从前与胥夫人共处堂上，现在夫人怎么就弃他而去了呢？他说：

> 呜呼，人羡久生，生不可久，死其奈何！死不可复，惟可以哭。病予喉使不得哭兮，况欲施乎其他？愤既不得与声而俱发兮，独饮恨而悲歌；歌不成兮断绝，泪疾下兮滂沱。行求兮不可过，坐思兮不知处。

这是怎样的哀痛啊！人生一世，生死自然，没有谁不想长寿，想得厉害的是渴望成仙，可成仙终究为虚幻，死亡是必然的。人死不能复生，没有谁可以避免。欧阳修说，胥夫人离世，自己唯一可做的就是哭泣。但他喉咙痛了哭不出声来，内心的忧愤不能与他的声音同时发出。那好吧，饮恨悲歌，但悲歌又不成，所剩就只有无声的泪水，泪水滂沱，无声胜有声，坐立难安。做梦吧，让夫妻在梦中相见，可睡得着的时候少，睡不着的时候多，睡着了，十次能梦见一次，梦见了，又是若有若无、若去若来、若亲若疏，不再是生前的朝朝暮暮。然而聊胜于无的梦中相见毕竟是梦，梦断魂断，胥夫人的影子在哪里呢？眼前只有空荡荡的大厅和明亮的灯光照耀着。欧阳修在苦苦思念中，黑发变白了，人也憔悴消瘦了，最后说“愿日之疾兮，愿月之迟，夜长于昼兮，无有四时。虽音容之远矣，于恍惚以求之”。他希望白天过得快，夜晚过得慢；希望白天短，夜晚长，不分四时，让他可以多做一点梦，在梦中见一见心爱的胥夫人。一往情深的欧阳修还填了一首《少年游》，缅怀年轻的妻子：

去年秋晚此园中。携手玩芳丛。拈花嗅蕊，恼烟撩雾，拚醉倚西风。　　今年重对芳丛处，追往事、又成空。敲遍阑干，向人无语，惆怅满枝红。

去年秋晚同游这座花园，“拈花嗅蕊”的小动作，是爱的甜蜜和观赏的惬意，佳人相伴少不了美酒，秋风中拼得一醉，也是欢乐难抑呀！可今年呢？同样是这座花园，同样是面对花丛，往事成空，向人无语，只因这人不是去年的胥夫人。眼前物是人非，这叶绿花红，也满是惆怅。

景祐元年（1034），28 岁的欧阳修又娶谏议大夫、集贤院学士杨大雅的女儿为妻。杨大雅是杭州人，东汉司徒杨震之后，父亲做过礼部尚书，杨大雅 10 岁能赋，终生好学，昼夜不倦，弥留之际，仍不废学。欧阳修娶杨夫人时，杨大雅已与世长辞，这是有些遗憾的事。杨夫人自幼也受到良好教育，嫁到欧阳修家，对婆婆孝顺尊敬，对丈夫温存厚道，对亲戚礼貌和睦。欧阳修也记述了她的三件小事：见夫君读书著文，她说这是她父亲最快乐而终身奉行的事；见到丈夫吃粗糙的食物，穿破旧的衣服，她说这是她父亲即使显达也不以此为过的事；见丈夫某月的俸禄有节余，就买酒备菜孝敬婆婆，还说婆婆老了，不能不加紧孝敬。这三件小事，让人看到了杨夫人的德行修养。她是这样一位好媳妇、好夫人，可惜刚嫁给欧阳修十个月，即在景祐二年（1035）九月病逝了。欧阳修哀叹道："其居忽兮而逝也遽，其殁久矣而悲如新。"[①] 想到杨夫人的命运，他也是够伤心的了。

欧阳修的第三任妻子是薛夫人。景祐四年（1037），欧阳修娶资政殿学士、户部侍郎薛奎第四个女儿为妻。薛奎"刚毅守节，事不苟随"[②]，后来官至参知政事。薛夫人跟着欧阳修，育有八子三女，其中有四个儿子未及取名就死去了，三个女儿未及嫁就离开了人世。长子欧阳发、次子欧阳奕。

薛夫人和欧阳修相处的时间最长，生育的儿女也多。欧阳修娶她时正处于被贬夷陵县令的人生低谷，后来两人又一起经历了被贬滁州，备尝辛劳；也享受了欧阳修重为京官，官至参知政事的荣耀。欧阳修很少有文字说到她，她死后，苏辙写了《欧阳文忠公夫人薛氏墓志铭》，披露了她的一些情况。

薛夫人出身富贵，却有母亲金城太夫人的贤惠之风，随欧阳修行走于江湖之上、庙堂之中，侍奉婆婆的饮食起居，没有一点

---

① 欧阳修：《杨氏夫人墓志铭》。

② 苏辙：《欧阳文忠公夫人薛氏墓志铭》。

不让婆婆满意，就是贫寒人家的姑娘也不能及。欧阳修为枢密副使，她随夫入朝拜谢，被宋仁宗的曹皇后认出是薛家女儿，从此每入朝就“顾问”。有时待班廊下，有朝廷内臣给她谈时事，想通过她转告欧阳修。薛夫人严词拒绝，说妇人不干预朝政。再说夫君欧阳修也从来不把朝廷的事告诉她。她像欧阳修一样，很有行为操守。相传晚年她见欧阳修反复修改从前写的文章，用脑太苦，于是劝他说：“何必这样自我折磨，害怕先生生气吗？”欧阳修笑着回答：“不怕先生生气，但怕后生耻笑。”欧阳修生前不管家，家务事都取决于薛夫人，薛夫人秉承婆婆的家法，把家治理得井井有条。欧阳修死后，她常常以丈夫的节操鼓励儿子们，而不在意儿子们是否富贵。“平居造次必以礼，辞气容止，虽温而庄，未尝疾言厉色。”① 临死时，见儿子们哭泣，于是说道：“我的年龄已经很大了，死是常态，你们这样忧伤，莫不是要坏我的好事吗？”薛夫人就这样走完了自己的一生，享年 73 岁。她走在欧阳修之后，苏辙说她成就了欧阳修，因为她对家庭的操持，才有了欧阳修的事业。

欧阳修的儿女情怀，比较特殊地表现在他的长女、爱女欧阳师身上，那是庆历五年（1045）的事。这是欧阳修人生很艰难的一年。他支持范仲淹的庆历革新以失败收场，范仲淹的参知政事遭罢免，他为范仲淹等人辩解又遇上外甥女张氏事，自己遭贬也是岌岌可危。就在这当口，爱女欧阳师病死，年方 8 岁。欧阳修非常痛苦，哀伤之际，写了《哭女师》辞和《白发丧女师作》诗，抒发内心难以抑制的悲情。《哭女师》犹如白话一样，无所掩饰地敞开自己的心扉，说欧阳师“暮入门兮迎我笑，朝出门兮牵我

① 苏辙：《欧阳文忠公夫人薛氏墓志铭》。

衣。戏我怀兮走而驰，旦不觉夜兮不知四时”。就这四句，就让爱女鲜活可人地站在人们面前，他与爱女相处不觉得时光流逝，不知昼夜，也不知春秋，父女之间的亲密以及欧阳修对女儿的怜爱都在里面了。然而，这种情形因爱女的突然死去发生了根本变化，以前朝夕相处的女儿现在却阴阳两隔，再不相见。于是，欧阳修的相思之苦、日子难熬表现为“忽然不见兮一日千思。日难度兮何长，夜不寐兮何迟！暮入门兮何望，朝出门兮何之”。以前，早上出门有爱女相送，晚上回来有爱女相迎，可眼下早上出门不知该往哪里走，晚上回家不知该往哪儿寻找。丧女的失落，导致他一日千思，日夜难熬。在睡梦中、酒醉时恍恍惚惚见到爱女的身影，还有秀丽的头发和双眉。但那终究是睡梦中、酒醉时。相对百岁来说，8 年之爱只是顷刻，留给他的却是终身的悲痛。同时他在《白发丧女师作》里写道：

吾年未四十，三断哭子肠。一割痛莫忍，屡痛谁能当？割肠痛连心，心碎骨亦伤。出我心骨血，洒为清泪行。泪多血已竭，毛肤冷无光。自然须与鬓，未老先苍苍。

欧阳修治平四年（1067）说：“盛必有衰而生必有死，物之常理也；生为可乐而死为可哀，人之常情也。而又有不幸于其间者，宜其为恨于无穷也。”[①] 他这话说得很透，事物的盛衰、人的生死都是自然规律，没有谁可以违背这个规律。因为生死，人有生之乐和死之悲，也是人生的自然。但盛衰生死都不会是自然的开始和自然的终结，半道而亡者会让人遗恨无穷。欧阳修这话说的是

① 欧阳修：《祭蔡端明文》。

蔡端明即蔡襄，蔡襄与欧阳修同时，以书法和文学传名后世，曾任龙图阁直学士、翰林学士、端明殿学士等职，55 岁病逝。这话对女儿欧阳师有同样的意义。他自己未满四十竟“三断哭子肠”，就在女师之前，还有一儿一女也夭折了，想想真的是“屡痛谁能当”。他说泪尽泣之以血，血尽人无暖意，未到四十毛发就斑白而有老态了。爱女的死，他悲痛欲绝，朋友梅尧臣还写诗安慰他。

女儿欧阳师死的这一年，他的儿子欧阳奕出生。欧阳奕在熙宁三年（1070）参加科考，不料失意。64 岁的欧阳修给儿子写信安慰他说：“得失常事，命有迟速，汝必会得，应不甚劳心。”[①] 这是一般安慰人的话，倒不奇怪，而信中的慈父情怀让人倍感温暖。当时欧阳修在青州做知州，他在信中说：“你接到我的信后，如果在颍州，就赶紧先回来，你娘急着要见你，忧心你很烦恼，路过亳州，只约黎、曹二君在城外相见，千万不要进城。路上好好休息，不要太劳累。”全然一片爱子之心。

欧阳修处在良好的亲情氛围中，尽管他有过人生的挫折，两遭流贬，但仍然坚持了自己的操守。在《泷冈阡表》的最后，欧阳修说自己一生做了官，有所作为而又保全了大节，没有辱没先人，“其来有自”，这其中的原委包含了他父母的善良、仁厚、正直，也有他叔父、妻子的深刻影响。因为有甘俭薄之心，欧阳修处世也很淡泊。

---

① 欧阳修：《与二寺丞奕》。

第四节　读书非为求取功名

苏轼的父亲苏洵（1009—1066），字明允，眉州眉山人。27岁才改变浪荡的性格，闭门发愤读书写文章，一发而不可收，曾两次参加进士考试，一次参加茂材异等考试，均名落孙山。于是，苏洵把以前写的文章都烧了，闭门读书，探究六经百家之说，考察古今成败之理，分辨圣贤、穷达、仕隐之间的关系，得其精华，积累深厚，才运思重新开始写作。这一发真的了不起，下笔千言，纵横驰骋，“论议精于物理而善识变权，文章不为空言而期于有用”[①]。欧阳修在嘉祐五年（1060）向朝廷推荐他，说他写的《权书》《衡论》和《机策》，辞辩宏伟，博古宜今。苏洵因此名动天下，人称“老苏”，有人说他以一介布衣驰名天下。苏洵做过秘书省校书郎、霸州文安县主簿等官，官职卑微。但以古文和两个儿子齐名，人称“三苏”。苏洵有篇《名二子说》，是写给儿子苏轼和苏辙的，全文如下：

> 轮、辐、盖、轸，皆有职乎车，而轼，独若无所为者。虽然，去轼吾未见其为完车也。轼乎，吾惧汝之不外饰也。天下之车莫不由辙，而言车之功者，辙不与焉。虽然，车仆马毙，而患亦不及辙。是辙者，善处乎祸福之间也。辙乎，吾知免矣。

---

① 欧阳修：《荐布衣苏洵状》。

苏洵给苏轼兄弟的命名都和车有关系，“轼”本是车前的横木，是乘车人扶手的地方，看起来好像没有什么用，但车子没有这根横木就不是完整的车子。“辙”是车行的道路，车子有功劳，车辙也不会得到封赏；车翻马死，车辙也不会有什么危害。苏洵对“轼”和“辙”这样一番解说，是“轼”和“辙”的客观情况。接下去就车轼和车辙说两个儿子的性情和未来可能的情况。他感慨“车轼”外露，想到苏轼的性格是不是也太外露而不知道自我掩饰呢？说“车辙”难有功劳也没有灾祸，那苏辙应该会处在祸福之间吧。没想到苏洵言中了苏轼的性格，苏轼果然是性格外露，有话就说，没有忌讳。苏辙受哥哥命运的影响，则不尽如父亲所说。

苏轼少年时得益于母亲程夫人的教诲。程夫人是眉州眉山大理寺丞程文应的女儿，18 岁嫁给苏洵。当时程家富有而苏家贫寒，她嫁到苏家以后，没有骄矜之色，反倒是勤劳节俭，孝顺恭敬，为族人称许。因为苏家很穷，有人劝她说：“你父母有的是钱财，又十分疼爱你，如果你求父母帮助，有求必应。你何苦这样粗茶淡饭，一声不吭呢？”程夫人说：“我求父母帮助，没有什么不行的。但是，万一有人说我丈夫求人才能养活妻儿，那怎么办呢？”那时，苏家的老太太还健在，年迈而管教严厉，唯程夫人能合老太太的心意，老太太见到这媳妇就十分高兴。

苏洵 27 岁有意向学时，一天对程夫人说：“我现在想用心读书，但家里的生计靠我维持，如果我读书，家里的生活咋办呢？”程夫人说：“我早就想劝你读书，但我不想你是因为我才去读书的。如果你有志读书，家里的生计我来打理。”于是，她把自己的衣服首饰全卖掉，用换来的钱治家。还教育年幼的苏轼、苏辙说：“你们读书不要像同辈人那样只求功名。做人要有名节，如果你们以后能够为正直而死，我是不会悲哀的。”

苏轼 10 岁时，父亲苏洵游学四方，母亲程夫人教苏轼读书。一天程夫人读到《后汉书 · 范滂传》，这范滂字孟博，汝南征羌（今河南漯河）人。年轻时见天下饥荒、盗贼纷起，慨然有澄清天下之志。他做过光禄勋主事等官，在位时打击民害，纠察奸臣，后在东汉末年第二次党锢之祸中遭宦官追杀。诏令逮捕范滂等人，范滂得知，自行投案。县令郭揖大惊说：“天下这么大，你怎么还在这儿？”于是，解下印绶，想陪他一起逃亡。范滂说：“我死了灾祸才能得以平息，怎敢连累你呢？何况我逃走了，还会让老母流离失所。”范滂赴难时，母亲前来诀别，范滂劝母亲不要悲伤。母亲说：“你现在和贤臣李膺、杜密齐名，死而无憾。既有美名，不可再求长寿。”范滂跪拜受教。程夫人读罢，深为范滂慨然赴死的行为感动，喟然长叹，站在身边的苏轼说：“娘，如果我成为范滂那样的人，您愿意吗？”程夫人说：“儿呀，你能像范滂，难道我就不能做范滂母亲那样的人吗？”这使苏轼此后更加奋发，树立了为国建功立业之志。程夫人高兴地说：“我儿会有出息的。”

程夫人治家，家庭渐富，常有余财。她感叹道：“余财不是我们家的福分，长期下去会使子孙愚昧。”于是，她时时拿家中多余的钱粮接济族人和乡邻，深受族人和乡邻的爱戴。程夫人死时 48 岁，苏家居然没有一年的存粮。她死后，苏洵含泪写了《祭亡妻文》，诉说程夫人在世时的辛劳，感伤“与子相好，相期百年。不知中道，弃我而先”；悲叹自己老了，从此孤独一身，而“自子之逝，内失良朋。孤居终日，有过谁箴”。司马光在苏洵去世后，应苏轼兄弟二人哭请，写了《程夫人墓志铭》。其中说程夫人“能开发辅导成就其夫、子，使皆以文学显重于天下，非识虑高绝，能如是乎”。这是程夫人的荣耀。

程夫人生了三个儿子，三个女儿，大儿子景先和女儿们都不幸早死，只剩下苏轼兄弟，而苏轼兄弟一生正直敢言，缘自母亲自幼的教诲。

苏轼一生先后有过两次婚姻，第一任妻子是眉州青神（今四川青神）人，乡贡进士王方的女儿王弗。本来，苏轼早年在家乡受一位不知名隐士的影响，想隐居山林，既不成家，也不做官，但这事由不得他。至和元年（1054），苏轼 18 岁时，还是遵父母之命娶了 16 岁的王弗。

王弗嫁到苏家，侍奉公婆，操持家务，因贤惠勤劳、恭敬周到，很受家人和邻里的称赞，并在嘉祐四年（1059）生下了苏轼的长子苏迈。王弗聪明宁静、知书达理，苏轼读书时，她陪侍终日，如苏轼读书有遗忘的地方，王弗会提醒他，苏轼十分惊讶。嘉祐五年（1060），苏轼任凤翔府推官，王弗随行，一直关注丈夫的言行，担心他有闪失，曾对苏轼说：“你远离父母，做事应特别谨慎才是。”并且常常转述公公苏洵告诫苏轼的话，提醒他别犯错。家里来了客人，王弗会在屏风后注意地听苏轼和客人谈话，看苏轼怎样待人接物。事后她会对苏轼说：“某人说话总是摇摆不定，首鼠两端，你怎么说，他就怎么随顺应对，你怎么能采纳他的意见呢？”有人求助苏轼，巴结奉迎他，王弗就告诫苏轼：“和这种人交往恐怕不能长久，他和人亲近太快，日后抛弃人也会很快的。”那时，苏轼年轻，妻子王弗担心他交友不慎，有心护着他。

宋英宗治平二年（1065）五月二十八日，王弗在京城死去，年仅 27 岁。六月，苏轼把她安葬在东京城西。王弗死了，苏洵也很难过，对哀痛的苏轼说：“你媳妇在艰难时期跟着你，不要忘了她的恩德，以后一定要把她安葬在你娘的坟墓旁边。”第二年，苏轼的不幸再次降临，父亲病逝，苏轼和苏辙扶柩还乡安葬时，也将王弗移葬于眉州东北面彭山县安镇乡可龙里母亲的坟墓旁边，并为她写了《亡妻王氏墓志铭》。王弗死后，因为苏轼，先后被封为魏城君、崇德君、通义郡君。不过，人们记得王弗不是由于她有这些封号，而是因为十年后苏轼思念她而写下的悼亡词《江城子·乙卯正月二十日夜记梦》：

十年生死两茫茫，不思量，自难忘。千里孤坟，无处话凄凉。纵使相逢应不识，尘满面，鬓如霜。　　夜来幽梦忽还乡。小轩窗，正梳妆。相顾无言，惟有泪千行。料得年年肠断处，明月夜，短松冈。

“乙卯”即宋神宗熙宁八年（1075）。当时苏轼任密州知州。阴阳两隔的十年发生了许多事：除了刚提到的父亲苏洵病故，对苏轼父子三人多有奖掖的欧阳修也死了；王安石变法，苏轼因主张不同而以太常博士直史馆的身份通判杭州。这时苏轼人生的真正不得意还没到来，但他远离京城回避与新党变法的纷争，心底还是有些不快。他难忘对王弗的爱恋，“千里孤坟，无处话凄凉”，是内心有话无人倾诉。他梦中见到了王弗，可爱的妻子在小轩窗前梳弄着发髻、轻轻地抹着粉黛，依旧光艳照人。然而此刻的相逢之乐，是梦中的相顾无言、泪洒千行，有难以名状的痛苦。

早在神宗熙宁元年（1068）十月，苏轼又娶了王介的小女儿、王弗的堂妹王闰之，人称“二十七娘”。王介与苏轼曾一起参加过朝廷崇政殿的“贤良方正能直言极谏”策试，结下友情，王介病逝后，苏轼写了《祭王君锡丈人文》，称道王介奉孝的家风，“少相弟长，老相慈诲”，感激王介把小女儿嫁给他，“恩厚义重”。

王闰之，字季章，她嫁到苏家时，苏轼已有儿子苏迈。她后来又生了儿子苏迨和苏过。她待苏迈如同己出。苏轼说她爱出于天性，是自身的自然仁厚。王闰之跟随苏轼25年，陪伴苏轼承受了“乌台诗案”。苏轼遭“乌台诗案”时，御史派人到他住的地方搜查证据，全家老少都受了惊吓，搜查的吏卒走了以后，王闰之又气又急，责怪道：“都是喜欢写书惹的祸，把我吓成这样。”于是，她把苏轼写的东西一把火烧了。“乌台诗案”平息后，再来清理剩下的诗文，苏轼说“十亡其七八矣”①。这也是很遗憾、很痛心的事。

黄州时期苏轼生活艰苦，经济拮据，还在黄州东山坡躬耕求生。在离开黄州之后，苏轼先后做过吏部尚书、兵部尚书、礼部尚书，还曾外放为杭州太守、颍州太守、扬州太守。王闰之跟着苏轼在京城和州府之间奔波，养育孩子，照顾苏轼的饮食起居，贫无忧容，富无骄色。对此，苏辙曾很感慨地说，嫂子王闰之能够这样，是“性固有之，非学而然”②。

宋哲宗元祐八年（1093）八月一日，王闰之在东京病逝，失去第二任妻子的苏轼痛苦地说：我曾经想归隐田园，还没来得及，你就弃我而去了。你死后，谁在门口迎接我？谁给我做饭呢？唉！也许是我恩情太薄才会这样的，看来也只能求死后与你埋在一起了。泪尽目干，呜呼哀哉！王闰之信佛，苏轼把她安葬在东京城西的惠济院，随即去定州做知州。在定州，他设水陆道场，超度王闰之的亡灵；按王闰之的遗嘱，让儿子苏迈、苏迨和苏过画了一张阿弥陀佛的像，供奉在金陵（今江苏南京）的清凉寺。

---

① 苏轼：《黄州上文潞公书》。

② 苏辙：《祭亡嫂王氏文》。

清·王素《东坡朝云图》

苏轼还写了《阿弥陀佛赞》，以示纪念。第二年在王闰之病逝周年忌日，苏过书写、装帧了《金刚经》四卷，送到虔州（今江西赣州）崇庆禅院新经藏中收藏，苏轼则写了《书金光明经后》超度王闰之。

王闰之死后，苏轼没有再娶，身边只有侍妾王朝云。王朝云字子霞，钱塘（今杭州）人，她和苏轼的故事流传最广的是“不合时宜”。据说一天苏轼和三个侍女散步。他摸着自己的肚皮开玩笑问身边的侍女：“你们说我肚皮里是什么？”一位侍女说是“学问”，一位侍女说是“见识”，苏轼都摇摇头。最后王朝云说：“学士一肚皮不合时宜。”[①] 苏轼听了哈哈大笑。王朝云和苏轼有一个儿子，名叫苏遁，元丰六年（1083）九月生于黄州。在儿子满月沐浴时，苏轼想到自己的经历，调侃地写了一首小诗《洗儿戏作》：

人皆养子望聪明，我被聪明误一生。
惟愿孩儿愚且鲁，无灾无难到公卿。

这首诗的喜悦和嘲讽同在，苏轼暗示自己不该这样“聪明”，

① 费衮：《梁溪漫志》。

反遭了流贬黄州的命运。那遁儿愚笨就好，也许这样可以平平安安享有高官厚禄。遗憾的是，这个孩子未满周岁就夭折了。苏轼写了两首诗哭这“颀然颖异”的小儿，说王朝云“母哭不可闻，欲与汝俱亡”[①]，悲痛欲绝；他自己则是“吾老常鲜欢，赖此一笑喜。忽然遭夺去，恶业我累尔”[②]。所谓“恶业”，是指他所遭遇的“乌台诗案”。

王朝云受王闰之的影响，渐成虔诚的佛教徒。绍圣元年（1094）十月，苏轼携王朝云刚到惠州时，他给王朝云写诗说，昔日的歌舞成了旧事，身处瘴疫弥漫的惠州，生活环境变了，人的心情也变了，如今的生活是读佛教经卷、伴炼丹药炉。苏轼说，丹炼好了，你朝云就随我去蓬莱、方丈、瀛洲仙山做仙人，不要做巫山的仙女，朝云暮雨了。第二年五月，苏轼又填了一首《殢人娇》送给王朝云，说自己白发苍颜，正处在佛教的无欲境界，有“好事心肠，著人情态”的朝云格外娇美撩人，不妨编织兰草作为佩带，然后再找一首好诗，写在裙带上。第三年的端午节，王朝云要苏轼给她写一首好词，于是，苏轼又填了《浣溪沙·端午》，调侃她浴后之美，以“流香涨腻满晴川”给人无穷的想象，让人感受到了他们相守的深厚情感。这年十月，王朝云病了，苏轼写了一首《三部乐》描写当时的心绪：

美人如月，乍见掩暮云，更增妍绝。算应无恨，安用阴晴圆缺。娇甚空只成愁，待下床又懒，未语先咽。数日不来，

① 苏轼：《张作诗送砚反剑，乃和其诗，卒以剑归之》。

② 苏轼：《去岁九月二十七日，在黄州，生子遁，小名干儿，颀然颖异。至今年七月二十八日，病亡于金陵，作二诗哭之》。

落尽一庭红叶。　　今朝置酒强起，问为谁减动，一分香雪。何事散花却病，维摩无疾。却低眉、惨然不答。唱金缕、一声怨切。堪折便折。且惜取、少年花发。

这首词因朝云的病写得很幽怨，以暮云掩月说朝云的美，这美虽说“更增妍绝”，总还是病态。他这时与朝云朝夕相伴，不用说月圆月缺的话了，但人已少了活力，这“下床又懒”“未语先咽”“置酒强起”“惨然不答”，都让人生愁。于是劝人花开堪折径折取，不要错过少年时，也不要待无花时节空折枝。当他说出这样的话时，无奈朝云病入膏肓，已经救不了她的性命。绍圣三年（1096）七月五日，王朝云在惠州诵《金刚经》四句偈而绝，享年34岁。苏轼顺从她的心意，把她安葬在西湖之上的栖禅寺东南。栖禅寺僧在朝云的坟墓上盖了一座小亭子，题名为“六如亭”。苏轼为她写了《悼朝云》诗，哀悼朝云早逝，寄托难以尽言的哀思。这时苏轼已经60岁了，从此多了人生的孤独。

谈论苏轼的亲情，不得不说说他的弟弟苏辙。苏辙（1039—1112），字子由。他和苏轼同时出川，又是同榜进士，两人少时须臾不离，成名后仍然彼此相依。苏轼曾感慨自己少兄弟，四海之内就只有弟弟苏子由，苏辙也有类似的情怀。苏辙中进士后，和哥哥都在朝廷做官，他先后担任过商州军事推官、大名府推官、制置三司条例司检校文字、陈州教授、齐州掌书记等职，和哥哥在王安石变法上持相同的政见，但不像哥哥那样有锋芒，不吐不快，也不像哥哥把不同政见写进诗里，冷嘲热讽。

苏轼为人的刚烈主要表现在仕途上，离开政坛，苏轼总是充满了温情，对弟弟也是如此。他做密州太守时，一年逢中秋节，填了一首《水调歌头·明月几时有》，词序里说酒后思念在齐州的弟弟子由，相思难相见的愁怀，最终化为“但愿人长久，千里共婵娟”的衷心祝愿，成为千古名词。还有在密州时，苏轼把所居园子里的一座旧台稍稍修整了一下，让苏辙命名，苏辙取名为“超然台”，寄寓了让苏轼超然于世俗之外的意思。苏轼却没有能够超然，因以诗讽新法，蒙受“乌台诗案”冤屈。当时，苏辙任南京签判。

苏辙知道哥哥犯事，连忙给神宗皇帝写了《为兄轼下狱上书》，苦苦求情：“我听说，人困急了会呼叫苍天，病痛得厉害了就会喊叫父母。我虽然像小草那样微不足道，但有危急的事情，只有苍天大地和父母哀怜我。可父母早死，只有哥哥和我相依为命。现在听说我哥哥犯了罪被捕入狱，全家惊恐，害怕他会丧失性命。”然后苏辙把话题转向为哥哥辩护，说苏轼没有大的过错，就是秉性愚笨直率，喜欢谈论古今得失，先后进言，难免言论不一。由于他开始进言时没有受到陛下批评，因此仗恃陛下的包容，狂放失控。在杭州和密州时，感物赋诗，抒怀比兴，随口放言，不懂得写诗也会冒犯陛下。现在他想改过自新，洗心革面，以侍奉陛下，但旧诗已触犯刑罚，怎么办呢？陛下左右的人很难为他说话，自己这个弟弟替他求情。我想交还陛下授我的所有官职，赎我哥哥的罪过。从此后，我们兄弟两人甘为陛下驱使，粉身碎骨也在所不惜。

苏轼也感到自己的人生快走到尽头，在乌台监狱给苏辙写了两首诀别诗，托狱卒梁成带出监狱交给苏辙，广为流传的是《狱中寄子由二首》（其一）：

圣主如天万物春，小臣愚暗自亡身。
百年未满先偿债，十口无归更累人。
是处青山可埋骨，他时夜雨独伤神。
与君今世为兄弟，更结来生未了因。

苏轼面临死亡，在诗中并不敢责怪神宗皇帝，仍然说陛下圣明，是自己愚蠢自寻死路。他笑言百年未满，以死还债，并对苏辙说，自己死后记得“是处青山可埋骨”，随便找个地方埋了就行，只是忧心把家庭的拖累留给弟弟。再说，“与君今世为兄弟，更结来生未了因”，这话说得很动情，今世是兄弟，来世还做兄弟吧。苏轼写了绝命诗，终究还是命不当绝，他的卓越才华促成当朝的许多人为他说话，宋神宗也怜惜他，给了他一条活路，贬为黄州团练副使。

流贬黄州，开启了苏轼和苏辙新的人生。苏轼在黄州虽然过的是穷日子，但还悠然自得。苏辙因哥哥的案子，受牵连被贬到筠州监盐酒税。从此，两人的命运系得更紧了。看看两人的经历：苏轼在黄州时，苏辙在筠州；苏轼回京城做翰林学士、知制诰，苏辙也回到京城做了右司谏。元祐二年（1087），苏轼、苏辙、黄庭坚、张耒、晁补之、秦观、米芾等16人在京城有“西园雅集”。两年后，苏轼去了杭州，知杭州军事。苏辙则在京城做翰林学士、知制诰。元祐六年（1091）苏轼回京做翰林学士承旨，随后在知定州任上贬惠州，苏辙知袁州，未及赴任又改知筠州；当苏轼从惠州贬儋州时，苏辙从筠州贬雷州，苏轼北归廉州时，苏辙内移永州，最后回到颍昌，而苏轼回到常州，两人分别在颍昌和常州终老。两人少年时朝夕相处，成人后各自有不同的生活道路，自然是聚少离多。除同在京城时有相聚外，苏轼在黄州时，苏辙绕道去看过他，同游赤壁，苏辙有《赤壁怀古》等诗。后来苏轼要去儋州，刚巧苏辙新贬雷州，两人相约在藤州（今广西藤县）相见，然后一起到了徐闻的递角场，苏辙在那里为哥哥送行。只是没有想到，这次离别竟是永诀。

聚少离多是苏氏兄弟生活的常态，兄弟二人的诗歌唱和是彼

宋·李公麟《西园雅集图》(局部)

此生活的桥梁、情感的纽带。苏轼遭“乌台诗案”，苏辙曾在《答徐州陈师仲书》里说：“辙少好为诗，与家兄子瞻所为，多少略相若也。子瞻既已得罪，辙亦不复作诗。”苏轼出了监狱，满脑子的诗就又活跃起来，只是流贬惠州、儋州后，尤其是在儋州，担心自己的过失连累朋友，较少跟外界交往，唯独与苏辙的诗歌唱和没有断线。苏轼渡海到儋州时，坐在轿子里因梦中偶得诗句“千山动鳞甲，万谷酣笙钟”，动了诗兴，写了一首诗。接着用这首诗的韵写了《次前韵寄子由》，回顾人生旧事，感慨“老矣复何言，荣辱今两空。泥洹尚一路，所向余皆穷。”曾怀无限荣光的他，因为老来被流放儋州已无荣光可言。流贬的羞辱，也因年迈而变得淡泊了。他告诉苏辙，自己只有一条“泥洹”之路可走，其他的路是走不通的。这“泥洹”是佛教的“涅槃”。苏轼好像要皈依佛门，潜心向佛了。但他又在诗里说，道教徒修行成仙的崆峒山、仇池也欢迎我，在想象中自己变成了仙人，说是飞到南海，

“下视九万里，浩浩皆积风。回望古合州，属此琉璃钟”。这“古合州”是苏辙所处的雷州，相逢将用琉璃杯邀他痛饮一场。说到这里，苏轼回到现实：“离别何足道，我生岂有终。渡海十年归，方镜照两童。”他曾在赴海南前夕与苏辙告别写下的《和陶止酒》里说过“时来与物逝，路穷非我止。与子各意行，同落百蛮里”，话尽人生凄凉。况且那时候他觉得自己到海南是进入了死亡之地，别的不要紧，为自己做好棺椁安排好后事是最重要的。而现在人生的凄凉不复存在，他对弟弟说，自己哪里会死在海南，十年后回来，两人相见的时候，也许都是鹤发童颜。这让人又一次看到了苏轼身处逆境的豁达。

苏轼身居海南，虽想到修行成佛或成仙，但对人生和前途还是有一些现实的期待。苏辙读到哥哥的诗，显得很淡然。他和了一首《次韵子瞻过海》。诗中说：“笑揖彼岸人，回首平生空。平生定何有？此去未可穷。”当苏轼说荣辱两空的时候，苏辙笑着回答，所空的何止荣耀和羞辱，人生何事不空呢？你不是要学佛吗？那就“晨朝饱粥饭，洗钵随僧钟”好了，跟着僧人吃斋念佛，做一个居家的出家人，不能返老还童也无所谓；你不是要成仙吗？那老子真是你的老师，只是成仙有规矩，“笼樊顾甚密”，不是可以随便成功的。这当然是调侃的话。

苏辙曾劝苏轼少读书，多养身，苏轼写了一首说子由劝他别读书的诗，诗题很长：“客俎经旬无肉，又子由劝不读书，萧然清坐，乃无一事”。所谓“客俎”是祭祀用的礼器，他说十多天无肉可作供品，变相地说自己无肉可吃，有感于子由劝他不要读书，抚今追昔，于是说：“老去独收人所弃，悠哉时到物之初。从今免被孙郎笑，绛帕蒙头读道书。”虽然老来要去捡一些别人扔掉的东西，但是想一想优哉游哉地到了万物萌生的蛮荒时代，不也是一件快乐的事情吗？接着他讲了张津任交州刺史时，把前代圣贤的教训和汉朝的法纪法规都丢在一边，常常戴着绛帕头巾，弹琴烧香，读那些邪俗道书，以求成仙，结果被南夷人杀死了，成为孙策的笑柄。苏轼用这个故事自我解嘲，说自己读书也是遭人笑话，那么不读了吧。话是这么说，苏轼哪能戒书不读呢？

苏辙在雷州，曾有《寓居二首》即《东亭》《东楼》寄儋州的苏轼，他在《东亭》里说自己在雷州初不为市人所识，相识后和大家和睦相处。而一家十口住在雷州城外的小茅棚里，读书则读的是佛教的华严经。苏轼收到苏辙的两首诗以后，在次韵的《东亭》里从苏辙读佛经说开去，把道教的成仙和佛教的修行联系在一起，认为二者与世俗背道而驰，不过是老生常谈。但他扭转话头，说所到之处尽可以随缘而居，只要会修养，都是可以安享百年的。即使是住在靠近集市的狭小茅棚里，也可以潇洒地看海天风雨的自然变化，调适自己的心情。苏辙的《东楼》说自己患病在身，在“三农喜”“百物新”的气氛中，要“漫随俚俗共欣欣”。而苏轼《东楼》诗用“董生”即西汉武帝时的儒学大师董仲舒专注读经三年不窥园的故事，说他和苏辙都有新书要写。当时苏辙在写《春秋传》，苏轼在写《书传》《论语传》《易传》。在这样的日子里，他说“小醉易醒风力软，安眠无梦雨声新。长歌自誷真堪笑，底处人间是所欣”。这里用了柳宗元“高歌返故室，自誷非所欣”的诗意，说高歌自欺真是可笑，人间何处不快乐呢？

苏轼的兄弟情难以尽说，他还有浓浓的儿女情。他有四个儿子，除了夭折的苏遁外，还有苏迈、苏迨和苏过。其中苏过把家小托付哥哥苏迈照顾，独自陪侍父亲南迁惠州、儋州，料理父亲的饮食起居，因至孝能文而被人称为“小坡”。在惠州和儋州，他和父亲也有许多诗歌唱和，每年还写诗为父亲庆生。特别是儋州三年，苏轼从最初的心畏儋州，到离开之前的依依不舍，与儋州的可爱、百姓的可亲以及苏过的侍父都有关系，苏轼对小儿子一直的陪伴心怀不安，觉得苏过毕竟应该有自己的生活，但苏过很安心，他在儋州写了一篇《志隐》，晚年重读《志隐》又写了一篇跋文，说当年是为了自我安慰并安慰父亲，使父亲心里高兴。他在《志隐》里说自己不想有什么功名，就在儋州这遐荒之地养生好了。苏轼看到《志隐》后，得到很大的宽慰，说：“吾可以安于岛夷矣。”[①]

苏轼在儋州常借书来读，并让苏过用抄书的方法读书。他还教儿子写作，从前面提到的《诲葛延之作文法》可以感受到。苏轼把读和写结合起来，先读后写，先意后辞；苏过的诗文好用典故，和这一读书写作法是分不开的。苏轼曾在《答刘沔都曹书》

① 脱脱等:《宋史・苏轼传》。

里说："轼穷困，本坐文字，盖愿刳形去智而不可得者，然幼子过，文益奇。在海外孤寂无聊，过时出一篇见娱，则为数日喜，寝食有味。以此知文章如金玉珠贝，未易鄙弃也。"这"刳形去智"用的是庄子"离形去智"的典故，说自己有时苦思冥想文章也写不好，但苏过的诗文写得很奇妙，在儋州孤独无聊的时候，苏过常常过几天就会拿一篇自己写的诗文给他看，每次他都会高兴好几天，吃得香，睡得着。而苏过正是在这样的教育和熏陶中，成为一个文学家。

苏轼又是一个很有情趣的父亲，他在儋州烤食牡蛎肉，味道鲜美，然后诙谐地对苏过说，千万不要对人谈起这些海鲜的吃法，如果朝廷的那些官员知道了海南的这些美味，他们会争着像自己这样做，请求流贬海南，分享美食。他在吃了苏过用切碎的山芋煨熬成的"玉糁羹"后，情不自禁地写了七绝《过子忽出新意，以山芋作玉糁羹，色香味皆奇绝。天上酥陀则不可知，人间决无此味也》，充满人生的快乐。

浓浓的亲情让苏轼在人生道路上得到许多安慰和支撑，他走过辉煌，也走过艰难，人生格局的形成根本上还是得益于母亲程夫人，程夫人不在意做人的名利富贵，而在意做人的良善和正直，后者正是做人的根本。苏轼一生都没有偏离这条道路。他虽然因读书有了功名，但在遭流贬之后，也可以过得很坦然。人们说他旷达，根子在于他不执着功名，有也可，没有也无妨。

第六章

怎么少得了诗朋文侣

人在社会生活中，除了亲人之外，总会有朋友相伴而行。韩柳欧苏都是各自时代的著名文人，在各自的生活圈都有一些情意相投的诗朋文侣。虽说朋侣之间少不了相聚的推杯换盏，离别的泪眼愁眉，但更少不了的是出自心灵深处的诗文。诗歌唱和、文章往来，是他们之间最便捷的友情桥梁。尽管韩柳欧苏与朋侣之间的心灵呼应，不乏唠叨琐碎的生活，也有彼此的赞誉与批评，但他们没有“文人相轻”的陋习，没有谁因赞誉而飘飘然，没有谁因批评而沮丧。朋侣之间的友善与真诚、怜惜与珍重几十年不渝。在起起落落如同潮水般的生活历程中，他们不论与朋侣朝夕相处，还是天各一方，往往悲喜与共，难怪彼此之间总有说不完的念想，道不尽的忧思。

第一节　引为知己终生友谊

韩愈虽在官场屡遭贬斥，但他对朋友十分真诚，对许多人都很友善，也有许多人愿意跟随他。像他在《答李翊书》《送董邵南序》里，跟李翊和董邵南说的都是掏心窝子的话，让人听起来总是暖融融的。他对朋友又很仗义，如在孟郊、张籍未得名位时，他曾极力推荐。又作《讳辩》，倾尽全力为李贺辩解，希望他能参加进士考试。现在还流传的"推敲"故事，说的是贾岛为"鸟宿池边树，僧敲月下门"里的"敲"是用"推"好还是用"敲"好，不觉忘形，冲撞了时为京兆尹的韩愈车骑，韩愈毫不气恼，反替贾岛琢磨，说这诗还是用"敲"好。韩愈最好的朋友有孟郊、张籍，这两人也是当时诗坛的名流。

孟郊（751—814），字东野，湖州武康（今浙江德清）人。早年隐于嵩山，家境贫寒。贞元八年（792）与韩愈、李观等人同举进士，不第；贞元九年（793），与柳宗元、刘禹锡等人同举进士，仍金榜无名，自尊倍受挫伤，但他仍在坚持，贞元十二年（796）46岁时终于中了进士，梦想成真，顿扫以前两次落榜

孟郊像

的郁闷，激动地写了《登科后》，吟唱着："昔日龌龊不足夸，今朝放荡思无涯。春风得意马蹄疾，一日看尽长安花。"这时，他没有了过去的羞辱，感到世事可爱，精神振奋。50岁时被任命为溧阳县尉，不久辞官还乡。后来做过河南水陆运从事、试协律郎。元和九年（814）孟郊被召为兴元军节度使参谋、试大理评事，赴任途中病逝，享年64岁。私谥贞曜。

孟郊年长韩愈17岁，《旧唐书》本传说："韩愈一见以为忘形之契，常称其字曰东野，与之唱和于文酒之间。""忘形之契"就是一般说的忘形交，孟郊赠韩愈诗也表达了同样的意思，说是"何以定交契，赠君高山石。何以保贞坚，赠君青松色"[①]。他打的两个比方，说自己和韩愈的交情如高山之石，如青松之色，是不可动摇的。人们说孟郊的诗好，韩愈的文好，所以有"孟诗韩笔"说。又把他们都归于"苦吟诗派"，人称"韩孟"。不过，孟郊因人生不得志，生活贫寒，诗写得奇涩，这与韩愈诗的奇壮有所不同。在诗歌的开新上，孟郊少了韩愈的胸襟和气势。

朋友刘叉曾说孟郊："寒衣草木皮，饥食葵藿根。"[②]实在是穷得可怜。孟郊写诗自然要说自己的生活与苦楚，这苦楚就渗入了诗，让他的一些诗苦涩得难以卒读。但他写了人间最具温情的《游子吟》：

慈母手中线，游子身上衣。
临行密密缝，意恐迟迟归。
谁言寸草心，报得三春晖。

① 孟郊：《赠韩郎中愈二首》（其一）。

② 刘叉：《与孟东野》。

这诗千百年来都让读者感动不已。贞元九年（793），韩愈以《孟生诗》感慨孟郊的坎坷不幸，到京城本想有所得，但报国无门，反倒因自己不合时俗的孤芳自守容易为人忌恨，劝他去徐州好士的张建封那儿谋职，并以楚人卞和三次献和氏璧方得成功的故事激励孟郊参加秋试。贞元十四年（798），孟郊中进士后两年，因未得官而愁郁，同样不得志身在汴州的韩愈为孟郊送别，又写了《醉留东野》，感叹不能和孟郊一道紧随前辈诗人李白和杜甫，并说“吾愿身为云，东野变为龙。四方上下逐东野，虽有离别无由逢”，表明自己对孟郊的崇拜，愿伴孟郊而行。这样说让人感到韩愈的谦和及对孟郊的深情，韩愈还给孟郊写过两封信：

一是贞元十六年（800），韩愈在徐州思念孟郊，写了《与东野书》。韩愈一开始就说离别久了，他思念孟郊，料想得到孟郊也思念他；没有孟郊，他说话谁听，他唱歌谁应和呢？他以孟郊为知己，称道孟郊才高气清，说孟郊行古道处于今世，这话很含蓄，韩愈自己不也是行古道于今世吗？就是因不合时俗而迟迟不能得志，孟郊也是不得志的，同样穷苦得很，因为自己的遭遇，韩愈对孟郊格外同情、怜惜，虽说他自己当时也默默无闻。

二是贞元十七年（801），孟郊被授溧阳尉，临行时，韩愈写了《送孟东野序》，为孟郊只得了这样一个卑微的官职鸣不平，但为他送行说的话满是安慰。他说物不得其平则鸣，风吹草木而鸣，风荡水波而鸣，金石敲击而鸣，人往往是不得已而发声，歌有思，哭有哀，“凡出乎口而为声者，其皆有弗平者乎”。无论是人也好，物也好，不平则鸣是常态，但面临选择的时候，韩愈提出应该择其善鸣者而假之鸣。他把话说得很开，从唐尧、虞舜说起，说到他和孟郊所处的中唐，无数人都因不平而鸣，或以辞鸣，或以道鸣，或以术鸣。他说孟郊的时候，特别提到他在初唐陈子昂、盛唐李白、杜甫等人之后以诗鸣。韩愈说，孟郊的诗写得很好，超过了魏晋诗人，慢慢就会达到古人的水平了。韩愈只读三代两汉的书，一心想把文章写得像古人的文章一样，以古人为标准，那这就是对孟郊非常高的评价。对于心情不太好的孟郊，韩愈说道："抑不知天将和其声，而使鸣国家之盛邪？抑将穷饿其身，思愁其心肠，而使自鸣其不幸邪？"这是以疑问的口气告诉孟郊，以诗鸣有两种：一是鸣国家之盛，二是鸣自己的不幸。他开导孟郊，说人生命运是天定的，居高官不必喜，处下僚不用悲。既然是这样，最好是不以诗鸣自己的穷愁，要鸣，就以诗鸣国家之盛吧。不知孟郊怎么想，但韩愈这样想、这样说，是出于他的社会情怀和对国家的忠诚，是将国家的利益置于个人的利益之上。

韩愈对孟郊有许多鼓励，那时的他正在京城候选，境况和心情比孟郊稍好一点。孟郊在溧阳做县尉的表现并不好，他对这个职位很不满意，在溧阳时不做实务，好游山玩水，咏物赋诗，该县尉做的事没好好做，县令无奈，只好请人代理。三年后孟郊辞官。这是后话。在这一点上，孟郊不及韩愈，韩愈无论在哪里，总在实实在在、勤勤恳恳地工作，他两次遭遇流贬，两次都东山再起，这和他做事做人的态度很有关系，孟郊仕途不畅，终身贫寒，也有自己的责任。

元和元年（806）初，韩愈写了长诗《荐士》，向时为宰相的郑余庆推荐孟郊。在这篇以诗写成的推荐信里，他从秦王朝以前说起，历数诗歌的发展历程：诗三百、汉五言诗、汉末建安诗、齐梁陈隋诗，然后说到大唐诗，"子昂始高蹈，勃兴得李杜"，然后是不得志而贫寒的孟郊，天性雄骜，洞察古今，诗写得既柔婉又强硬有力。他有两句评价，几乎成为孟郊诗的定评，后人引用最多。这就是"横空盘硬语，妥帖力排奡"，欣赏其诗歌的刚劲奇特，妥帖矫健。韩愈希望孟郊能为郑余庆所用，不意郑庆余很快就罢相了，韩愈对孟郊的推荐也落空了。不过，孟郊最后还是应邀到郑余庆麾下做参谋，可惜赴任途中得暴病去世。

韩愈和孟郊在诗歌上还有联句的游戏，你一句我一句，合成为一首完整的诗。如韩愈做国子博士后，请孟郊到京城相聚，同时还请了张籍、张彻等人，于是有了《会合联句》《同宿联句》诗，后来还有《城南联句》《遣兴联句》等诗。这些诗虽然意在抒情言志，但更像是聚会的娱乐游戏，从中可以看出他们的情谊和相投的趣味。可以看看《遣兴联句》的前八句：

我心随月光，写君庭中央。（孟郊）
月光有时晦，我心安所忘。（韩愈）
常恐金石契，断为相思肠。（孟郊）
平生无百岁，歧路有四方。（韩愈）

诗一唱一和，起于孟郊，收于韩愈，往往是前者大体在情与意上引导着全诗的基本走向，前者抒情后者也抒情，前者叙事后者也叙事。无论是抒情还是叙事，即使说忧伤给人的感觉仍然是游戏的味道很浓，在写作或吟咏上也需要比较高超的技巧。

孟郊死后，韩愈和张籍一起为孟郊哭丧，张籍给孟郊取了“贞曜”的谥号，寓有孟郊虽死但光焰四射，死也不朽。韩愈和朋友出资为孟郊办了丧事，并含泪写了《贞曜先生墓志铭》，并说：“唉，我怎么忍心为我的朋友写墓志铭呢？”十分哀痛。

韩愈与张籍也有终生的友情。张籍（约766—约830），字文昌，排行第十八，有“张十八”之称。祖籍吴郡（今江苏苏州），后迁到和州乌江（今安徽和县乌江镇）。因做过水部员外郎、国

张籍像

子司业，人称张水部、张司业。他家境贫寒，性情耿直，好诗能文，在中唐文坛上以乐府诗和同样贫寒能诗的王建齐名，人称“张王”。后人说那时的白居易、元稹喜欢创作新题乐府，就是用汉乐府体，即事名篇，形成了诗歌反映现实、批判现实的“新乐府运动”，其中的主将就有张籍、王建。张籍得官后与韩愈交往一如平时，他也好古文，曾说韩愈是古文主帅，由于他随之发声，因此当时也和韩愈并称“韩张”。

贞元十三年（797）十月，张籍和韩愈在汴州偶然相遇，一见如故。他说韩愈“观我性朴直，乃言及平生。由兹类朋党，骨肉无以当”[①]。两人性情相合，一见就亲胜兄弟。韩愈安排他在汴州城西馆和李翱一起学习古文。后来韩愈与冯宿论文还提到那时张籍和李翱的古文水平相当，说两人再学习一两年，差不多可以达到古人文章的水平了。张籍不求名利，学寂寞的古文，韩愈引为同道，他很感动张籍和一般人实在是不太一样。后来张籍搬到乡村旅舍，在那里安心读书，有诗说自己的读书生活：“野馆非我室，新居未能安。读书避尘杂，方觉此地闲。”[②] 因为这乡村旅舍犹如农庄，桑果相接，又与密林、清溪相邻，幽静却也冷清。张籍在这里读书，有时思念城里的韩愈，于是在诗中说：“出林望曾城，君子在其间。戎府草书记，阻我此游盘。”“游盘”意为游逸娱乐。当时韩愈在汴州宣武军节度使董晋的幕府中负责起草文书，

① 张籍：《祭退之》。

② 张籍：《寄韩愈》。

为事务纠缠，不能时时和张籍一起读书、问学、游玩，所以张籍有“阻我此游盘”的遗憾。张籍诗里还回顾了两人在汴州城西馆一起垂钓、烹鱼共食的日子，那时的快乐在这寂寞的乡舍是没有的。

贞元十四年（798）秋后，张籍与韩愈各有两封重要的书信往来。就因为韩愈写了《毛颖传》，张籍读了这篇文章后，给韩愈写了第一封信，即《与韩愈书》。张籍在信的开头说，古代人们的相互教诲、行为言语都重道义，而不是彼此说些好话献媚讨好于人。你韩愈教诲我也是这样，施诚取义而近于古道，既然如此，我得以道义作回复。按你的想法，当今世俗风气败坏，是圣人之道废弛造成的。从战国孟子到西汉扬雄，都在批邪说以正圣人之道。现在情况不好，人们在日常生计中用圣人的器物，但在人情上沉溺异说，导致邦家混乱，让仁义之人痛心不已。千年来，没有人说圣人之道，就是你在说，你文章的水平和孟子、扬雄一样，应该著书排斥佛老、弘扬圣人之道以绝异学，怎么能够去写一些驳杂的游戏文章，不守圣人之道而玷污你的美德呢？张籍严厉批评韩愈，希望韩愈继承孟子和扬雄的事业，使圣人之道在中唐得到复兴，而不要写作游戏文章。

张籍的批评很尖锐，并不顾虑韩愈能不能接受而绕圈子。而韩愈坚执儒学、坚执圣人之道，在这样的大是大非面前，能言善辩的韩愈有话要说，于是写了《答张籍书》。韩愈说，我当初看你不同于常人，所以愿意与你交往。近来我一直在想，你如果对我有什么想法而不说出来，那就是我和你交友还没有达到一定的境界。现在你有话直说了，让我大有收获，就像重病顿除，就像遇暑热而沐清风。但我的意见和你不一样，我排佛老多年了，不知道的人认为我好辩，一些人受我的感染，一些人对我更加质疑。说实在的，听不进我话的人，看我的书也不会有收获。我没有急于去写书，就是因为这一点。有一种说法：“化当世莫若口，传来世莫若书。”我学圣人之道还有不足的地方，等我五六十岁时再著书，以圣人之道传来世吧。至于你批评我写了一些驳杂的文字，我不过是写着好玩罢了。这样的文章和酒色比起来还是有所不同。你批评我，就好像大家一起洗澡，你光着身子却笑我是裸体。如果说我意气太盛，那我还是接受的。如果说我取论太高难以论服人，我会再好好想想你的意见。韩愈说五六十岁再著书，是孔子、孟子、荀子的做法，在人生中先谋求立德、立功，为现实社会效力，等自己治理社会的主张完全不能施行了，再著书立说，传播自己的思想。

张籍收到韩愈的来信后，回了封信，这就是《重与韩退之书》。张籍说你韩愈说以口化人，但天下这么大，百姓这么多，凭你一人之口可以教明白天下人吗？你可以到每一家去讲道理让人心服口服吗？所以我说用口去说，不如著书传播圣人之道；著书既可以教化当前的天下人，又能够传播后世。如果你认为有些人听不进圣人之道而懒得著书，那圣人之道怎么能传于后世呢？人在年轻的时候，如果有更重要的事情做，或者是生活漂泊，或者是偶遇社会动乱，或者有疾病吉凶的事，没有著书的可能也就算了；如果能够著书，就应该像君子汲汲有为。你说要等到五六十岁再写书，我怕你会留下遗憾啊。而你以驳杂无实之说为游戏，伤害性情而失于中正，以此取悦读者，是戏弄人、玩耍人，而不是以道义示人。

张籍对韩愈的辩白毫不相让，促成韩愈又写了《重答张籍书》。韩愈说，你张籍把我放在圣人圈子里，让我没有邪心，把我抬到还没有的高度。你觉得我有这样的素养，能够达到圣人之道的境界，这对怀有大德的人来说，都不敢接受，何况是我韩愈呢？圣人孔子作《春秋》，借文辞传思想，他不敢公开传道，而是口授弟子，让弟子们把他的思想传于后世，然后才有了著作。现在以佛、老为宗的有公卿辅相，我怎么敢公然批评呢？不过是选择可以说的说一说，就是这样都背离了世俗，如果写成了书，看到书的人更多，一定会认为我这个人狂妄、糊涂。孔子是圣人，他说有了弟子子路后，就没听到批评声了。很多弟子跟随他周游列国，四处碰壁，道尊命穷，但他的思想依靠弟子传播，最终才立于天下的。如果他老人家独言独书，还能指望保留到现在吗？佛、老传于中原已经六百年了，流波所及，不是朝令可以夕改的。从孔子到孟子再到扬雄，礼乐始终都在，但传播还是那样困难，好不容易才有所成。如果我这样轻易就做到了，那我传播的思想就一定流传不远，所以我眼下不敢写书。再说，我自己的前途还未可知，是得志还是失志，等我五六十岁了再写书也不为错。说到这里，韩愈说了一句很有雄心的话：如果苍天让人有知，除了我还有谁呢？行道著书、化今传后，会有那一天的。你不必这样急促地催我在著书上有所作为。至于你说我意气好胜，那我告诉你，好胜的不是我自己的“道”，而是孟子、扬雄传下来的圣人之道，不好胜就不足以为圣人之道。你这样说我，我是乐于接受的。孔老夫子也开玩笑，说过“杀鸡焉用牛刀”，写文章一张一弛，对圣人之道有什么妨害呢？

这真是一段佳话。韩愈写《毛颖传》，用为毛笔立传的方式，含蓄地说人生的得意与失意。但这篇文章游戏味很重，除了张籍的批评外，还有人对韩愈有同样的批评，说他不该以文为戏。而在张籍和韩愈的书信往来中，张籍说韩愈“若皆待五六十而后有所为，则或有遗恨矣”，没想到一语成谶，韩愈 57 岁时死去，除了《五原》之外，没有留下系统的儒学论著，也真是遗憾。

次年，韩愈有《病中赠张十八》诗，鼓励张籍应考，其中还说了“文章自娱戏”的话。元和六年（811），韩愈做河南令，张籍来看望他，他写了《赠张籍》诗，这首主要夸自己宝贝儿子的诗，开篇说“吾老著读书，余事不挂眼”，还记着张籍说要他著书弘扬圣人之道的事呢。

元和元年（806）六月，韩愈在京城聚会时，张籍也参与了“会合联句”的诗歌游戏，张籍起句为“离别言无期，会合意弥重”，有重聚难抑的欢乐。元和十一年（816），张籍在京城任国子助教，韩愈做知制诰、中书舍人，他们同游城南，韩愈写了《游城南十六首》，其中《赠张十八助教》写道：

喜君眸子重清朗，携手城南历旧游。
忽见孟生题竹处，相看泪落不能收。

在此之前，张籍的眼睛患病三年，几至于盲，此时痊愈了，大家都很高兴。但看到老友孟郊题竹的地方，想到曾经的城南之游以及所作的诗歌联句游戏，可现在孟郊已经辞世，不觉感伤。

韩愈还为张籍写了《题张十八所居》，说他的居所蛙欢蝉鸣实在是冷清得很，虽然官做得不大，但“诗文齐六经”，这可是了不得的事。接着韩愈还在《调张籍》里，盛赞李白和杜甫，说“李杜文章在，光焰万丈长。不知群儿愚，那用故谤伤。蚍蜉撼大树，可笑不自量”。他说自己愿生双翅，随他们捕捉八荒，希望张籍能与他颉颃同行。于是有人认为韩愈这样说是想传衣钵给张籍，是很看重张籍的。张籍回复韩愈的《题张十八所居》，写了《酬韩庶子》：

西街幽僻处，正与懒相宜。
寻寺独行远，借书常送迟。
家贫无易事，身病是闲时。
寂寞谁相问，只应君自知。

张籍说自己的居所冷清幽静，正适合我这懒散的人，家贫患病、借书读书就是生活。而我在这里承受的寂寞孤独只有韩愈知道，可见他在患病闲居的日子里，唯有韩愈和他往来，两人的友情很深。韩愈后来还举荐张籍担任国子监博士，说他“学有师法，文多古风；沉默静退，介然自守；声华行实，光映儒林”[①]。并写了《早春呈水部张十八员外二首》给张籍，“其一”“天街小雨润如酥”说初春长安的美，“其二”劝张籍一同赏春：

莫道官忙身老大，即无年少逐春心。
凭君先到江头看，柳色如今深未深。

这首诗虽然不像“其一”享有盛誉，但比“其一”更能表现韩愈和张籍的频繁交往和深厚友情。韩愈人生的最后一年，张籍水部员外郎任满后，在韩愈的长安城南居所住了两个月，与韩愈畅谈、酬唱，同游南溪，并在长安靖安里陪韩愈度过了他临终的时光。韩愈死后，张籍在《祭退之》中回忆和韩愈在一起的日子，说是：

出则连辔驰，寝则对榻床。搜穷古今书，事事相酌量。

① 韩愈：《举荐张籍状》。

有花必同寻，有月必同望。为文先见草，酿熟偕共觞。新果及异鲑，无不相待尝。到今三十年，曾不少异更。

三十年间，他们曾同出、同宿、同寻花、同望月，同读书、同饮酒，亲密无间。当他脑海里浮现出这些往事的时候，韩愈已经不在人世了。张籍帮助料理了韩愈的后事，所有的事情办妥之后，忽感“肠情多摧伤”。他最后有些寒酸的是，因生活贫困只能以薄酒粗食祭奠韩愈了。

韩愈与孟郊、张籍一旦引为知己，友情几十年不渝，也是诗林文坛的佳话。

第二节　士穷乃见节义

柳宗元是一个好交友的人。在朋友中，他和王叔文很好，政见相同，王叔文很器重他，也把他带入政治的旋涡，陷于流贬的命运中。柳宗元和刘禹锡也是很好的朋友，他们当时都有文名，进入仕途的路径一样，又同为王叔文政治革新团队里的成员。随后一起遭贬，更加深了彼此之间的友情。柳宗元的朋友还有韩愈，韩愈和他的人生道路不同，因各自的经历在生活上的交往很少，但两人是亲密的文史之友，又同好儒学之道，都主张以文明道，辅时及物。还有一点很特殊的是，柳宗元的父亲柳镇和韩愈的哥哥韩会是朋友，他们是知道的，只是不清楚这一点对他俩的关系产生过怎样的影响。这里先说刘禹锡，再说韩愈。

刘禹锡像

刘禹锡（772—842），字梦得，在家族同辈中排行第二十八，人称“刘二十八”，洛阳人。晚年自著《子刘子自传》，自称是汉中山靖王刘胜的后代，所以又说自己是中山（今河北保定一带）人。他与柳宗元是同榜进士，也中了博学宏词科；又同在唐德宗贞元至唐文宗大和年间，因文辞纵横，巧丽渊博，被人称为一代宏才。当时，刘、柳齐名，轰动朝野。《宋史》说，以二人之才，如果是歌颂帝王，润色宏业，一定可以达到古代贤人的水平，为时贤所不及。但刘禹锡和柳宗元没有走这条路，而是一道参与了王叔文的“永贞革新”，当时他和柳宗元共同助王叔文图议国事，“京师人士不敢指名，道路以目，时号‘二王’、刘、柳”①。王叔文主政失败后，刘、柳同样遭贬，刘禹锡当了朗州司马，柳宗元做永州司马。

元和三年（808）柳宗元曾写信给刘禹锡，柳的信今不传，刘禹锡有《答柳子厚书》，说柳宗元的文字很好，以气为干，以词为枝，纵横捭阖，融汇古今，气势博大，词约味长。虽不知刘禹锡具体评说的是柳宗元的什么文章，但说明他俩在被贬期间有书信往来。元和六年（811），衡州刺史吕温病逝，享年41岁，柳宗元和刘禹锡都很伤心。吕温字化光，唐顺宗为太子时，吕温游于东宫，也受王叔文器重，史称吕温“天才俊拔，文彩赡逸，为时流柳宗元、刘禹锡所称”②。王叔文革新时，吕温出使吐蕃，未能参与而幸免流贬。柳、刘两人得知吕温的死讯，都写了悼念吕温的诗。柳宗元在《同刘二十八哭吕衡州，兼寄江陵李元二侍御》中说：“衡岳新摧天柱峰，士林憔悴泣相逢。只令文字传青简，不使功名上景钟。”感伤吕温的死给衡州士林带来的损失，可惜他功名未立，只有文章传世。刘禹锡在《哭吕衡州，时予方谪居》里说吕温的死，“苍生望绝士林悲”，也为他“空怀济世安人略”，壮志未酬感到遗憾。

---

① 刘昫等：《旧唐书·刘禹锡传》。

② 刘昫等：《旧唐书·吕温传》。

在永州，柳宗元和刘禹锡有学问上的交往，刘禹锡论《易》，有《与董生言易》和《辨易九六论》，说乾坤阴阳卦爻之义，对世人之说有些批评。柳宗元则有《与刘禹锡论周易六书》为刘禹锡辩，称赞他“出入筮数，考校《左氏》，今之世罕有如足下求《易》之悉者也。然务先穷昔人书，有不可者而后革之，则大善”。这话看得出柳宗元和刘禹锡做学问都有境界。对问题的探讨，会先穷尽前人的著述，然后考量是非正误，提出自己的新观点，这当然是要实实在在地下功夫。还有，就韩愈说天，柳宗元作了《天说》，刘禹锡作了《天论》上、中、下三篇，这一点下面谈柳宗元和韩愈时再说。

柳宗元从永州奉诏回到长安时，刘禹锡也从朗州奉诏回到长安。刘禹锡回长安后曾写了七绝《戏赠看花诸君子》：“紫陌红尘拂面来，无人不道看花回。玄都观里桃千树，尽是刘郎去后栽。”诗含蓄地讽刺当朝新贵，暗笑他们和他刘禹锡比起来，实在没有什么好得意的，一仍是性情倔傲，经历十多年的流贬生活，他锐气不减。当柳宗元回到长安再被贬柳州刺史时，刘禹锡因为这首《戏赠看花诸君子》惹得权臣很不高兴，被贬到更偏远的播州当刺史。

柳宗元得知刘禹锡被贬为播州刺史后，不觉流下泪来。他说：“播州太苦，不是人住的地方，而梦得的老母在堂，我实在不忍心梦得在人生失意的时候，没有办法把实情告诉自己的母亲。再说也没有母子同赴播州、共度艰难的道理。如果母子异处，便是永诀。我作为刘禹锡的知心朋友，怎么忍心呢？”他要上疏，想用他再次被贬的柳州换刘禹锡要去的播州，让刘禹锡去做柳州刺史，他去做播州刺史。他说即使这样做让他重新获罪，也在所不辞。这时，宰相裴度对唐宪宗说：“刘禹锡有老母在堂，已经八十多岁了。播州位于偏远的西南，那地方野兽群居，人迹罕至。刘禹锡有罪，活该如此。但他的老母亲去不得，必定会与刘禹锡作生死诀别。这样一来恐怕会伤害陛下的孝义之风。我冒昧地请求把刘禹锡贬得稍近一点。”唐宪宗说：“做儿子的应该处事谨慎，以免父母担忧。他犯的罪比别人要重，你怎么这样说呢？”不过唐宪宗最终还是听取了裴度的建议，将刘禹锡派到生活环境稍好些的连州（今广东连州）当刺史。柳宗元的做法让韩愈很有感慨。他说：

> 呜呼！士穷乃见节义。今夫平居里巷相慕悦，酒食游戏相征逐，诩诩强笑语以相取下，握手出肺肝相示，指天日涕泣，誓生死不相背负，真若可信；一旦临小利害，仅如毛发比，反眼若不相识。落陷阱，不一引手救，反挤之，又下石焉者，皆是也。此宜禽兽夷狄所不忍为，而其人自视以为得计。闻子厚之风，亦可以少愧矣。

韩愈说的“士穷乃见节义”是至理名言，人往往在失意落难的时候，更容易看出人间真情和操守。得势时车水马龙，失势时门可罗雀，是人世间的常事。柳宗元对待刘禹锡的这件事，让人看到“士穷乃见节义”，是柳宗元的人生格局，何况他在永州时患有痞疾，胸腹常有气阻隔而不通畅。韩愈因为柳宗元的这一举动，想到平日里的一些人看起来相互仰慕亲近，以酒食、游戏相取悦；故作笑颜，好像肝胆相照，死不相负。但这是在彼此没有利害之争的时候，如果有利害之争，那时的情况就截然相反了。即使这利害仅像毛发那样细微，这些人都会互不相让，翻脸不认人，甚至见死不救，落井下石。韩愈很看不起这样的人和事，说是禽兽都不忍心这样做，这些人怎么就做得出来呢？在这一点上，韩愈和柳宗元有相近的性格，韩愈敢于违逆世俗，公然给人做老师；敢于一反世俗的避讳风习，为李贺因避讳不能参加进士考试辩解。所以，他说世俗那些为一己的利害背信弃义的人，听说了柳宗元这样做人的故事，应该感到有些羞愧。

柳宗元和刘禹锡两人同行至衡阳，分手时有很多不舍，以诗赠别作为纪念。他熬过永州十年有余，好不容易回到京城，怎知又被流贬到岭外的柳州呢？柳宗元在《衡阳与梦得分路赠别》里说："直以慵疏招物议，休将文字占时名。今朝不用临河别，垂泪千行便濯缨。"他对再贬仍然是有些牢骚，自我劝诫不要以文章获取时名，容易招祸的文章也是可以少写的。而"濯缨"用屈原《渔父》里渔父劝屈原随波逐流时唱的歌谣："沧浪之水清兮，可以濯吾缨；沧浪之水浊兮，可以濯吾足。"柳宗元的意思是，从此我们还是随波逐流、顺应自然吧。刘禹锡读了他的诗以后，回应了一首《再授连州至衡州酬柳柳州赠别》，他比柳宗元还要感伤，说是"归目并随回雁尽，愁肠正遇断猿时"，情绪低沉。随后，柳宗元又有《重别梦得》诗道：

二十年来万事同，今朝岐路忽西东。
皇恩若许归田去，晚岁当为邻舍翁。

刘禹锡酬答：

弱冠同怀长者忧，临岐（歧）回想尽悠悠。
耦耕若便遗身世[①]，黄发相看万事休。

① 世，一作老。

两人赴任刺史都相当凄恻，本欲进取，兼济天下，显然已经不可能了；既然如此，那就归田吧，可想归田又不能归田。这时他们倒不是在仕与隐之间徘徊，而是只能老老实实地做自己的贬官，为朝廷管制，人生无奈得很。随后他们又有三别诗。柳宗元在五绝《三赠刘员外》里说："信书成自误，经事渐知非。今日临岐（歧）别，何年待汝归？"这是怎样的悲痛呢？原本读书而信书的，经历人生的坎坷后，方知信书也是有错的。分别的歧路，既是他们临别的岔道，又暗喻自我的人生还在歧路上，人生应该怎么办呢？也不知道哪一年等得到刘禹锡回来，两人再度重逢。

这以后，他和刘禹锡的交往还在继续，元和十二年（817），柳宗元写了《筝郭师墓志》，郭师无名，善音乐，能弹十三弦，弹指运掌之间，发出的木声、丝声如同自然流出，起伏回荡，欣赏的人无不欣欣然。但他父母双亡之后，身怀弹筝绝技却心向佛道，不求为世所用，五十岁时得骨髓病死去了。柳宗元伤心地说，郭师死了，老天爷赋予他的音乐才华就这样完结了。刘禹锡有感于柳宗元的郭师墓志，说郭师死了，他的音乐不传，仅能记载在书本上，还是令人有点不快。说到这里，刘禹锡停顿了一下，又对柳宗元说，从郭师我想到了你我，我俩也会像郭师一样，才无所用，人亡器存，真让人为之感慨。

柳宗元期待刘禹锡回还，但他终于没能等到刘禹锡从连州回来，自己就长逝于柳州了，柳州城楼空有"江流曲似九回肠"的余声。刘禹锡没有辜负柳宗元的托付，把他的诗文收集起来，编成《柳河东集》。

再说柳宗元和韩愈的友情。

柳宗元曾说“儒者韩退之与余善”[①]，是与韩愈早有交情；又在《与史官韩愈致段秀实太尉逸事书》里说“昔与退之期为史，志甚壮”，说明他和韩愈意趣相投。他很佩服韩愈的才华，在回复友人韦珩的信中夸奖韩愈，说“退之之才，过仆数等”。而韩愈有“吾友柳子厚，其人艺且贤”[②]的诗句。但两人一生只在贞元十九年（803）韩愈做监察御史、柳宗元做监察御史里行时有过短暂的交集，韩愈说过“同官尽才俊，偏善柳与刘”[③]，而且在这一年，韩愈还应柳宗元的请求，为周游天下将作东南行的文畅和尚写了《送浮屠文畅师序》，赞赏文畅喜欢文辞。除此，他们之间主要是文字上的交往了。虽说他们在永贞革新上持有不同政见，但并不影响彼此间的友谊。

韩愈对王叔文的永贞革新很不满，如果他在长安，与王叔文的“永贞革新”正面遭遇，依他的地位、性情和思想取向，一定会和柳宗元走不同的道路。对于这段历史，韩愈在《永贞行》中有叙说。《永贞行》写于韩愈在江陵与刘禹锡相遇的时候。诗中说“太皇”即顺宗皇帝患风症，口不能言，被他身边的右散骑常侍王叔文和户部侍郎王伾篡权，以致一时朝廷失序，老臣泪流。有幸嗣皇即宪宗皇帝正本清源，加以整治。他的《顺宗实录》里有类似的态度，说王叔文、王伾主政是近习弄权。不过，他对刘禹锡、柳宗元被流贬还是充满了同情，在《顺宗实录》里说柳宗元时用笔较少，只说王叔文和柳宗元、刘禹锡等人“定为死交”，

---

① 柳宗元:《送僧浩初序》。

② 韩愈:《赠别元十八协律六首》(其三)。

③ 韩愈:《赴江陵途中寄赠王二十补阙李十一拾遗李二十六员外翰林三学士》。

并与王叔文相“唱和”。这“唱和”是诗人之间的诗歌酬答，借此说他们在政治革新上相互呼应，彼此支撑。

韩愈当时兴古文，要重振儒学的道统和三代两汉的古文传统，文以载道，文以明道，在这一点上两人有相同的趣味和想法，包括读三代两汉之书。所以后人说起中唐的古文，往往把韩愈和柳宗元连在一起，称为“韩柳”，甚至说两人是当时古文运动的领袖。这一点在前面谈文学的时候也提到过。

柳宗元与韩愈的友情更多地在文字之交上，文字上的呼应是彼此关注的结果，想法相向或者意见相左，都是正常的。

韩愈曾主动跟柳宗元谈天，说天地之间，物坏而虫生，人血气败坏、壅塞则疾病生，人们不知道疾痛、饥寒等危难从哪儿来的，当遇到这些危难的时候会呼天怨天，我想苍天听到人们的呼怨，有功的一定会赏，有过的一定会罚。你觉得我这想法怎样呢？韩愈这番话保留在柳宗元的《天说》里。

韩愈的这一想法让柳宗元有话要说，他的《天说》就是对韩愈想法的评述。《天说》在引述了韩愈的话之后，说韩愈的话说得中听，但不是这个理。天地元气、阴阳万物都是自然的存在，哪里有怨怒、有报应呢？在社会生活中，“功者自功，祸者自祸，欲望其赏罚者大谬。呼而怨，欲望其哀且仁者，愈大谬矣”。他和韩愈的想法完全不一样，韩愈说的天人感应，他说的天行有常，先秦时期就有了这样的思想。两人旧话重提，本可以有一场论战，但不知为什么韩、柳都没有继续往下说，倒是激发朋友刘禹锡写了《天论》上、中、下三篇。刘禹锡说柳宗元的文章写得很好，但没有说清楚天与人之间的关系，因此他写了《天论》。他说天与人各有所能，也各有所不能，“天之所能者，生万物也；人之所能者，治万物也”。这是天与人各自的功能，他说得很清楚。那么天与人之间是什么关系呢？他说“天与人交相胜”，人能胜天，是法的作用，法得到运用则“是为公是，非为公非”，天下的人行道必赏，违道必罚。天尽其所能，并不能干预社会的治乱；人尽其所能，也不能干预天的严寒暑热。那么社会的治乱取决于人，人的德怨也与天没有什么关系。刘禹锡就天与人的关系的确说得更清楚，这是韩愈和柳宗元所不及的。

韩愈找柳宗元谈“天”，柳宗元则找韩愈谈“史”。元和八年（813）白居易拟的任命史官诏书说：“太学博士韩愈，学术精博，文力雄健，立词措意，有班、马之风。求之一时，甚不易得。加以性方道直，介然有守，不交势利，自致名望。可使执简，列为史官。”[①] 但韩愈做了史馆修撰，对撰史很迟疑。刘轲秀才劝他撰唐史，韩愈说撰史的下场都不好，作《春秋》的孔子，游说诸侯时一再受辱，齐太史兄弟记录崔杼弑君先后被杀，作《史记》的司马迁遭遇宫刑，作《汉书》的班固饿死在监狱里。他所举的例子还有作《后汉书》的范晔、作《三国志》的陈寿等人，归结为“为史者，不有人祸，则有天刑，岂可不畏惧而轻为之哉？”。做史官写历史真是很危险的事。还有，自己年纪大了，意志衰退，努力也难以完成。况且“传闻不同，善恶随人所见，甚者附党，憎爱不同，巧造语言，凿空构立，善恶事迹，于今何所承受取信，而可草草作传记，令传万世乎？”[②] 再说唐立国以来，圣君贤相、文武之士一个接一个，哪是自己一个人能为他们作传的呢？韩愈还对刘轲秀才说，撰写历史的应该不是我，而是你这样的年轻后生。

---

① 白居易：《韩愈比部郎中史馆修撰制》。

② 韩愈：《答刘秀才论史书》。

韩愈的信写在当年的六月。第二年正月，柳宗元在永州看到了这封信。之后他在《与韩愈论史官书》里说："看了你给刘秀才的信，我是不高兴的。按你的说法，你不应该在史馆里待一天，怎么可以食朝廷俸禄，用公家的纸笔来写自己的私信呢？你说撰史因人物的褒贬有刑祸，那你做御史中丞大夫，褒贬成败的人更多，更明显，应该更恐惧才是。如果要你当宰相掌管生杀予夺的大权呢？你那时候会安然地享受美食，与你做史官怎么就这样不同呢？而你说的那些遭人祸天刑的史官，哪里是因为记录了历史呢？你说唐二百多年来文武之士多，是真多，你说自己一个人写不了，但如果人人都像你这样说，那谁来为他们作传呢？唐史谁可以来写呢？""退之宜更思，可为速为；果卒以为恐惧不敢，则一日可引去，又何以云'行且谋'也？……不勉己而欲勉人，难矣哉！"柳宗元的话说得一针见血，步步紧逼，说你韩愈作为一个有志者怎么可以这样？后来，柳宗元为自己写的《段太尉逸事状》给韩愈写了《与史官韩愈致段秀实太尉逸事书》。信中除了说段秀实太尉之事外，还说："我当年和你韩愈约定写史书，但我现在被贬永州，如同囚徒一样，又受瘴疠之气的侵害，身体瘦弱，早晚会死的，已经没有能力和你一起写史书了，你努力啊，不要做了史馆修撰却苟且度日。"柳宗元这样激励韩愈，希望他做一个好史官。不过，韩愈终究没有做成柳宗元期待的好史官，他随后离开史馆，改任知制诰、刑部侍郎。后来韩愈编写了《顺宗实录》，但只是唐史中很小的一部分，他最终没有写成唐史。

元和二年（807），韩愈作游戏文字《毛颖传》，遭到张籍、裴度等人的批评。那时，柳宗元在永州，有人告诉他《毛颖传》的事，他哈哈大笑，觉得是一篇怪文章。后来杨诲之把这篇文章带给他，柳宗元读后，担心世人非议而写了《读韩愈所著毛颖传题后》，为韩愈辩解。他说韩愈此文奇妙，读起来像捕捉龙蛇、搏击虎豹，急着和它们角斗不敢有半点松懈，这才相信韩愈的文章善于搞怪。社会上模拟窜窃者以为怪也是自然的。但这不是韩愈的发明，《诗经》《史记》里都有这样的文字。物之味不同，文之味也会不同。韩愈不这样写，那说起话来锋芒就太锐利了。接着柳宗元说，大家笑它无非是韩愈的文字滑稽搞笑，却没有想到它所抒发的郁愤，会使学者受到激励而有益于世。这种游戏之文不是无用，而是有用的。当别人只以《毛颖传》为游戏文字的时候，他看到了这篇文章的讽喻作用，与其他批评者的看法很不一致。

虽然柳宗元被贬永州之后和韩愈就没有见过面，但文字上的交往仍然是浓情厚谊。柳宗元很推崇韩愈，说他的文才和司马迁相当，他除了没写扬雄《法言》《太玄》那样的文章，所写的其他文章比扬雄强多了。柳宗元到柳州之后，还与韩愈有诗歌上的唱酬，柳宗元有首食虾蟆诗赠韩愈，韩愈则有《答柳柳州食虾蟆》，说虾蟆“鸣声相呼和，无理只取闹”，很有调侃、游戏的味道。韩愈在柳宗元死后，为他写了著名的《柳子厚墓志铭》等祭文，钦佩柳宗元的才华，同情柳宗元的遭遇，说柳宗元的诗文成就，远胜于他在仕途上的发展。

“士穷而见节义”，这是柳宗元欲以柳州换刘禹锡的播州时，韩愈做的评价。其实，这话也可用来评价韩愈对柳宗元的态度，不论柳宗元在永州还是在柳州，两人友情一如既往。而柳宗元在流贬中对韩愈的批评，依然是堂堂正正的大丈夫气概，并无丝毫的卑微猥琐气息。

柳宗元临死前，托付韩愈为他写墓志铭，于是有了韩愈的《柳子厚墓志铭》。在这前后，韩愈还写了《祭柳子厚文》和《柳州罗池庙碑》，悼念柳宗元，深沉地寄托自己的哀思。仅此，就足以使柳宗元死而不朽了，何况还有刘禹锡编的《柳河东集》流传于后世呢？

第三节　送子有泪流如沟

欧阳修的朋友中，韩琦、尹洙、梅尧臣、曾巩、苏轼都是一时俊杰。欧阳修和苏轼亦师亦友，这里不多说。前面略略提到韩琦（1008—1075），字稚圭，相州安阳（今河南安阳）人，早有盛名，人称“韩公”。曾官陕西安抚使、枢密使、同中书门下平章事，是当时的文武全才。韩琦为官刚直，为国竭忠；知无不言，知无不为，以明得失而正纲纪。当时天下多事，有人劝他“你所为的确是好事，但万一失手，不仅自己的性命难保，而且家也无处安顿了”。韩琦回答：“为人臣应当尽力事君，不计生死，至于成败就看天意了。怎么能够先忧虑事不能成，就停下来不做呢？”天下人无不佩服。他曾请欧阳修为家乡的“昼锦堂”作记，欧阳修为他写了《相州昼锦堂记》。欧阳修临死前委托韩琦写墓志铭，于是有了韩琦的《太子少师欧阳公墓志铭》，他还写了《祭少师欧阳公永叔文》，伤悼老友。尹洙（1001—1047），字师鲁，河南洛阳人，做过馆阁校勘、太子中允、太常丞、右司谏等官。他和欧阳修共倡古文，一起探讨《新五代史》的撰写，为范仲淹辩解，同样遭贬。尹洙 47 岁病逝于南阳（今河南南阳），欧阳修为他写了墓志铭，称他的文章写得“简而有法”。这里说说梅尧臣和曾巩。

梅尧臣（1002—1060），字圣俞，宣城（今安徽宣州）人，因宣城古有宛陵之称，人或称他为“梅宛陵”。叔父梅询做过侍读学士，他自己曾任国子监直讲、尚书都官员外郎、太常博士等

梅尧臣像

职。他诗歌写得很好，有人说欧阳修自认为诗歌写得不如梅尧臣，这激发梅尧臣更加勤奋刻苦，精思苦学，知名于时。梅尧臣在创作上很有自己的见地。他曾说："凡诗，意新语工，得前人所未道者，斯为善矣。必能状难写之景如在目前，含不尽之意见于言外，然后为至也。"[①]一语道出了诗歌创作的真谛，也很为人称道。梅尧臣因为诗歌创作的成就，进了《宋史·文苑传》，史家给了他很高的评价，说是："宋兴，以诗名家为世所传如尧臣者，盖少也。"梅尧臣家境贫寒，在个人兴趣上，好诗、好酒，还喜欢谈兵法，别看他是个诗人，居然注了《孙子兵法》十三篇，仅此，他就不是一般的诗人了。

天圣九年（1031），25 岁的欧阳修与梅尧臣在西京洛阳重逢，他忍不住诉说："相别始一岁，幽忧有百端。乃知一世中，少乐多悲患。"[②]现在毕竟是重逢了，忧思成为往事，"逢君伊水畔，一见已开颜"。欧阳修当时本想去拜访洛阳令的，因见了梅尧臣，两人携手游览了伊水旁的香山，享受一时交游之欢。那时欧阳修因受西京留守钱惟演的器重，做留守推官，事务性的工作很少，他得以专心于学，和尹师鲁倡导韩愈古文，而把参加科考的时文扔在一边，与梅尧臣游处，咏杏花，游嵩山，乐而不厌。难得的是，

① 脱脱等：《宋史梅尧臣传》。

② 欧阳修：《书怀感事寄梅圣俞》。

顶头上司、时文名家钱惟演并没在意。

明道元年（1032），梅尧臣调任河阳县（今河南孟州）主簿，欧阳修写了《送梅圣俞归河阳序》，想到梅尧臣志行高洁，气秀色和且文章优美，辉然卓异，却不为朝廷所重用而沉于下僚，混迹在平庸的人群中难有作为，十分痛心。他能够做什么呢？想到梅尧臣的诗出于性情、描摹风物，风华雅正，千姿百态，觉得应该把它们编在一起传世，他果真这样做，编成后还写了《书梅圣俞稿后》，说梅尧臣的诗好比是伯牙鼓琴，他观诗则犹如听琴的钟子期，“不相语而意相知”。这年，东京内廷的八殿遇火，洛阳的竹林被伐运往东京，欧阳修在洛阳为内廷置办建筑用材，难得休息。他想念朋友，给梅尧臣写信说人生百年，生死浮沉，离合异同，不知道有几人日后还能相见。他的信写得很沉重，只因“聚散苦匆匆，此恨无穷”[①]，聚少离多；只因“坐觉山陂阻，空嗟音信遥”[②]，地域阻隔，有思念而不得一见的痛苦。他那时阅世不深，说愁也不过是“少年不识愁滋味”。这年梅尧臣赴京参加科考，自信满满，欧阳修也很希望他榜上有名，却不意落选，梅尧臣不快活，欧阳修为他抱不平，对朋友谢绛说，为什么这次省榜就漏了梅圣俞呢？为什么平日游处，那些不如圣俞的人却高中了呢？就此来说，科考选拔的人才是真人才吗？考上进士的人真的可贵吗？欧阳修牢骚不小，但转身面对梅圣俞，他还是以诗劝慰，说梅圣俞一时落败，终究无碍，“徘徊且垂翼，会有秋风时”[③]。

---

① 欧阳修：《浪淘沙·把酒祝东风》。

② 欧阳修：《寄圣俞》。

③ 欧阳修：《赠梅圣俞》。

景祐元年（1034），欧阳修入京任大理评事兼监察御史，这是他仕途腾达的新起点，他却因站在范仲淹一边，奋力抨击司谏高若讷而被贬为夷陵县令。梅尧臣得知欧阳修被贬的消息，写诗安慰他，这就是五律《闻欧阳永叔谪夷陵》：

共在西都日，居常慷慨言。
今婴明主怒，直雪谏臣冤。
谪向蛮荆去，行当雾雨繁。
黄牛三峡近，切莫听愁猿。

他回忆两人在西都洛阳相处的往事，说从前欧阳修慷慨陈词的景象仿佛还在眼前，可现在却因为范仲淹鸣不平惹火了仁宗皇帝，被贬到楚地夷陵。此去夷陵雾重雨多，黄牛三峡即长江三峡的瞿塘峡、巫峡、西陵峡（一说黄牛三峡指西陵峡、明月峡和黄牛峡）的猿多，别听愁猿的鸣叫增添自己的愁思。梅尧臣很同情欧阳修，可那时的欧阳修在想什么呢？他在夷陵有《寄梅圣俞》诗，说到夷陵的风土人情和山水之美，说是“惟有山川为胜绝，寄人堪作画图夸”，对夷陵的山光水色十分喜爱。宝元元年（1038），梅尧臣卸任建德知县后到东京，正逢下雪，有诗说“旁徨怀故人，憔悴为迁客”[①]，想到欧阳修流贬夷陵心情不太好，心里有点难过。而欧阳修那时虽是夷陵县令，状态也欠佳，说是“官闲憔悴一病叟，县古潇洒如山家”[②]，并有“材非世用自当去”的哀怨。但他还是安下心来，只是不可能像在洛

① 梅尧臣：《九月都下对雪寄永叔、师鲁》。

② 欧阳修：《寄圣俞》。下同。

阳时那样放纵。

康定元年（1040）八月，欧阳修回到京城仍任馆阁校勘，修《崇文书目》，梅尧臣写诗祝贺他，说你重进朝廷，可别忘了曾流贬夷陵，告诫欧阳修要记住被流贬的教训。那时梅尧臣的失意与贫寒没有改变，欧阳修开玩笑说，自古以来，诗人大多饥寒困顿，屈原行吟泽畔、苏武啖雪海上、杜甫冻馁耒阳、李白穷困宣城，凡此等等，难以尽言。你梅圣俞的才华和他们相似，命运也就会差不多，不必为人生失意悲伤。这对梅尧臣也是别样的安慰。庆历四年（1044），梅尧臣到京城，请欧阳修为他死去的妻子谢氏写墓志铭，此后一年中又给他写了七八封信，都提到这事，只因谢氏出身望族又极贤惠，想借欧阳修的笔让她不朽。于是欧阳修写了《南阳县君谢氏墓志铭》。又有《病中代书奉寄圣俞二十五兄》诉说自己的生活。

欧阳修流贬滁州后，与梅尧臣有频繁的书信往来。他在庆历六年（1046）告诉梅尧臣，在静如僧舍的郡斋里，读书疲倦了就喝酒、射猎，同僚又很优雅，原来多病的亲老康健安乐。自从洛阳一别之后，才有今日滁州的快乐。第二年又对梅尧臣说："某此愈久愈乐，不独为学之外有山水琴酒之适而已。小邦为政期年，粗有所成，固知古人不忽小官，有以也。"[①] 欧阳修在滁州心情很放松，滁州之治的与民同乐让他充满了愉悦。

庆历八年（1048），欧阳修离开滁州到扬州做知州，梅尧臣被任命为国子博士，曾路过扬州与欧阳修通宵夜话，讨论《易经》的奥妙；后到宣城（今安徽宣城），晏殊请他担任陈州镇安军节度判官，梅尧臣再经扬州，与欧阳修有宴饮之欢，还欣赏了欧阳修

---

① 欧阳修：《与梅圣俞》（其二十）。

的《集古录》。皇祐元年（1049）欧阳修知颍州，因对颍州的爱恋以及对梅尧臣的情谊，他劝圣俞到颍州置业，以备晚年生活。他还特别说了，“及身强健始为乐，莫待衰病须扶携”[①]，他对人生真有很实在的想法，强健时为乐是真乐，而衰病时哪能真乐呢？也是，衰病有自然的身体痛苦，又怎么乐得起来呢？欧阳修这样想，也很会生活，不过他终身都勤奋工作、勤奋读书和写作，并没有沉浸在及时行乐中。

皇祐四年（1052）三月，欧阳修的母亲郑夫人病逝，梅尧臣写了《欧阳郡太君挽歌》以示悼念。第二年，居丧的欧阳修一再给梅尧臣写信，说卜葬和居丧的孤独，他的话很伤感：“某孤苦中，中外多事，偷闲便思一得故人为会，某不可往，圣俞不可来，奈何奈何！惟当一读新篇若会面，而圣俞惜不寄，又将奈何奈何！”[②]欧阳修流露了真挚苦思的情感，想与圣俞相会，既然我不能去，你不能来，那你就寄新诗来权作见诗如相会吧，但你的新诗又不寄来，我这日子如何过得？梅尧臣其实也在苦苦地思念欧阳修，他在八月写了《中秋月下怀永叔》，说：“有月无乐朋，独酌颜易醉……今宵皓如昼，千里嗟离异。固知理难并，把酒遥相寄。”

至和元年（1054），欧阳修为母守孝期满后，为人中伤出知同州（今陕西大荔），梅尧臣有《闻永叔出知同州寄之》，批评仁宗皇帝身边都是唯唯诺诺的大臣，唯有欧阳修“独以至公持国法，岂将孤直犯龙鳞”。他熟知欧阳修敢于为国为君仗义执言，犯了龙威也是正常的事。不过这次有知谏院的范镇、宰相刘沆等人为

---

① 欧阳修：《寄圣俞》。

② 欧阳修：《与梅圣俞》（其二十二）。

欧阳修说话，欧阳修留下来修《新唐书》了。此后，他与梅尧臣仍然有频繁的诗歌唱和。欧阳修太爱梅尧臣的诗，还对人说，自己身体不适的时候，就读梅尧臣的《范饶州坐中客语食河豚鱼》，一读就好了。嘉祐三年（1058），欧阳修推荐梅尧臣担任国子监直讲，上书说梅尧臣的品性、学问、资历、名望适中，如果我说的话不实，甘愿与梅尧臣同罪受罚。他的意见被采纳，使梅尧臣一时没有生活之忧。后来，他还给韩琦写信，请他推荐梅尧臣入馆阁，这事没能成。好在他是《新唐书》编撰的主持者，邀梅尧臣进了唐书局，同修《新唐书》。

嘉祐四年（1059）欧阳修作《夜坐弹琴有感二首呈圣俞》。"其一"说："吾爱陶靖节，有琴常自随。无弦人莫听，此乐有谁知。"诉说自我的孤独和相思，梅尧臣也有诗相和。他们当时都没有想到，梅尧臣进入了人生的最后时刻。第二年，东京疫病流行，梅尧臣染病，不足十天就撒手人寰。欧阳修悲痛地回想当年"一饮百盏不言休，酒酣诗逸语更遒"[①]，如今却是"送子有泪流如沟"。欧阳修还在《祭圣俞文》里说，黄河以南的同辈故旧，多年来零落得只剩你我，可现在你也走了，只剩我形影相吊。欧阳修一生的许多诗都是写给梅尧臣或与他相唱和的，这也提高了梅尧臣和他的诗歌在诗坛的影响。南宋诗评家葛立方就说："圣俞诗佳处固多，然非欧公标榜之重，诗名亦安能至如此之重哉？"[②]

再说欧阳修和朋友曾巩。

曾巩（1019—1083），字子固，建昌军南丰（今江西南丰）人。曾巩善读书，过目不忘。12岁时，日试六论，提笔即成，文辞

---

① 欧阳修：《哭圣俞》。

② 葛立方：《韵语阳秋》卷一。

曾巩像

可观。嘉祐二年（1057）与苏轼同榜中进士，只是这一年他39岁，苏轼只有22岁。曾巩做过太平州司马参军、史馆编校、《英宗实录》检讨官、越州通判等，后官曾至中书舍人、尚书度支员外郎、朝散郎。他做史馆编校时，一些典籍的编校出自他的手，为此他写了《新序目录序》《战国策目录序》等篇章；做州官时，澄清风俗，惩奸济民，理财节用，不与民争利，很有政声。他兴古文力求明圣人之心，追寻文以载道的传统，因而名列“唐宋八大家”；诗歌创作抒情寄怀，忧时愤世，不及古文的影响。65岁时卒于江宁（今江苏南京）。

庆历元年（1041），23岁的曾巩在太学读书，给欧阳修写信说自己小时候就听说了欧学士的名声，成年后读了欧学士的文章，口诵心记，深感欧学士的文章写得好，深纯温厚，拨正邪僻，与孟子、韩愈的文章相唱和，是六经羽翼，道义师祖。又说欧学士行事，不顾流俗，以体道为己任，开诚布公，正道者有所取法，疑惑者有所探寻。因此，天下有志学习圣人之道的人，莫不挽起袖子、伸长脖子，想到您门下受教。说了欧阳修，他再说自己。曾巩说，我家世为儒，从小至今专意儒学，心无旁骛，对圣人之道略有心得，与世俗之人见解不同。但我很少和公卿大夫交往，也没有达官贵人愿意看看我，我心有怨愤难以表达。今天冒昧向您敞开我的心扉，很想在您门下求学。我不信您无意提携我，相信您不会以己之长拒绝我。请您看看我的信，便会觉得我不是轻率地钦佩您。如果您像拒绝一般人那样拒绝我，把我视为一个很平庸的人，那我对社会的期待就更少了，而人们说您循循善诱也是很狭隘的。您有心于圣人和圣人之道，应该不会这样。

这是曾巩第一次给欧阳修写信，他求教于欧阳修，开始还是很俗套地把欧阳修夸赞了一番。夸赞的话固然好听，但他后面说自己的话很自许，请欧阳修接受他的想法却又很有点辣味，不像是和师长对话。让人感觉欧阳修不收他为弟子，就对不起圣人或者是圣人之道，那就是欧阳修的大不是了。他随信向欧阳修呈上自己的杂文时务策两部，还说因为家里穷，用的纸大小不一，学士看内容，不要在意形式就好了。欧阳修读了曾巩的信和文章，对人称奇，说他是“百鸟而一鹗”[①]，在太学生中独占鳌头；又说他的文字令人惊讶，世所无有，说明曾巩的文章有独到的风格。他不在意曾巩的求教信写得有几分火辣，反而说，“过吾门者千百人，独于得生为喜”[②]。

庆历二年（1042）曾巩参加进士考试，榜上无名，他的同学、好友王安石中了进士。曾巩闷闷不乐地回抚州（今江西抚州）时，王安石写了《同学一首别子固》，说他是江南贤人，慕而友之，但曾巩终究是落第了。他还乡时，欧阳修把自己要说的话都写在《送曾巩秀才序》里。欧阳修说进士考试、录用有统一的尺度，即使有大才华，考试不合尺度仍然弃而不取。只怕万一主考官失手，使当中者不中，也就很难说主考官用的方法是最好的方

① 欧阳修：《送杨辟秀才》。

② 曾巩：《上欧阳学士第二书》。

法。想到曾巩的挫败，欧阳修说曾巩是有大才华的人，凭他的小才华也足以中进士。况且曾巩不非议同时参加进士考试的人，也没有得罪主考官，主考官没有录取他，真是有点奇怪。接着他还说，你曾巩的文章写得好，又有雄心壮志，要相信农夫不责怪年成不好，总是勤劳耕作，万一遭水旱之灾也就罢了，一旦有收获就会是大收获。

于是，曾巩给欧阳修写了第二封信，感谢他不以常人对待自己。而且说："和您在一起的时候，您总是以可践行的古代圣人的至德要道感染我，使我不知不觉受到很大的教益。我到京城的时候，路上见到一些遭遇天旱和承受赋税徭役的老百姓。真的，我没有他们那样艰难的生活，平日读读《诗》《书》，想想为人道德，足以自慰。我成为您的门生，您很高兴，又写序为我送行。我遗憾自己资性不够，学出己意，枉费笔墨；遗憾不能在您身边，时常听您的教诲。"

这是曾巩和欧阳修最初也是最重要的交往，是两人终身友谊的序曲。随后的曾巩既是欧阳修的门生，又是欧阳修的朋友。他向欧阳修推荐同学、刚中进士的王安石，说当今的急务有三：采纳贤人的意见、富民以安民、身体力行，王安石是可用之人。接着又向欧阳修推荐王安石的朋友王回、王向，这是庆历四年（1044）的事。庆历六年（1046）曾巩又给欧阳修写信，这回是说自己了。他告诉欧阳修，自离别后心焦如饥渴不得饮食，到现在已是三年，尽管如此，因我家贫，又有安葬祖母和母亲的事，总在路途奔走，没有空余时间去满足自己的欲望。加上自己生病未愈，没能赴京应试，想去待在您的身边也做不到。但我的心一刻都没有离开您呀。曾巩为家事所累，迟迟没能再参加进士考试，心里还是很有不安。这时的欧阳修谪居滁州，少有朋友交游，身体也有些不适，自觉旧学废失。但欧阳修安慰曾巩说：你偶尔滞留，没能应试无妨，只要你蓄德养志，终会志得意满的。他对曾巩的前途仍然充满了信心。

这一年，欧阳修应曾巩的请求为他祖父曾致尧写了《尚书户部郎中赠右谏大夫曾公神道碑铭》，述及曾巩家世。曾巩果真是祖上有德，祖父官至户部郎中，因儿子即曾巩父亲曾易占的功业，迁右谏议大夫。同年，欧阳修写了《与曾巩论氏族书》，谈曾氏家族的源流，说氏族因迁徙世次失序，并不容易弄清楚，曾氏家族也是如此。说曾氏出于鄫，也不能断言鄫子之后都姓曾。可以注意到的是，欧阳修说曾巩多次派人给身在滁州的他送信，可见他们交往的密切。第二年，曾巩写信给欧阳修表示谢意，并在陪父亲去南京（今河南商丘）后，从宣化渡江到滁州和欧阳修相聚了二十天。这段日子，两人相聚甚欢，欧阳修在丰乐亭东几百步的高山上，建了“醒心亭”，并嘱曾巩写了《醒心亭记》。曾巩说众人在丰乐亭饮酒，在醒心亭“醒心”，这是怎样的“醒心”呢？曾巩写道：“见夫群山之相环，云烟之相滋，旷野之无穷，草树众而泉石嘉，使目新乎其所睹，耳新乎其所闻，则其心洒然而醒，更欲久而忘归也。”他没有忘了说欧阳修之乐，那就是君优游无为于上，民丰足无憾于下，学者尽其才，万物得其宜。曾巩是很懂欧阳修的。

曾巩在滁州还写了《奉和滁州九咏》，诗前小序说：“先生贬守滁。滁，小州。先生为之，殆无事。环州多佳山水，最有名琅琊山。近得之曰幽谷，先生散游其间，又赋诗以乐之。巩得而赓之者，凡九章。”这九咏是因景生情的山水游，如《石屏路》，欧阳修写道：

石屏自倚浮云外，石路久无人迹行。
我来携酒醉其下，卧看千峰秋月明。

曾巩同题诗写道：

石屏不见刀斧痕，石下初谁得行径。
千骑来时停管弦，月明更觉山中静。

曾巩的唱和诗扣着欧阳修诗中的“静”，没有再现欧阳修诗中的闲适，诗的格调还是有所不同，但透出两人诗歌唱和的乐趣。后来，曾巩多年都在家乡南丰治学，直到嘉祐二年（1057）才中进士，从此进入仕途。开始做的是太平州司法参军，后得欧阳修引荐，做了史馆编校，这一做是8年。而这时欧阳修一直寻求外任，并于治平四年（1067）知亳州，随后知青州、蔡州，并在蔡州获准退休，去了颍州。曾巩有《寄致仕欧阳少师》，诗中说欧阳修：“四海文章伯，三朝社稷臣。功名垂竹帛，风义动簪绅。此道推先觉，诸儒出后尘。忘机心皎皎，乐善意循循。大略才超古，昌言勇绝人。”曾巩既说欧阳修的文章为一世之雄，又说欧阳修是三朝重臣，功名载于史册，风义感动士林；还有他的乐善、忘我、大略、敢言，欧阳修真的让他高山仰止、无比崇敬。

欧阳修在颍州病逝时，曾巩在齐州，他写了《祭欧阳少师文》，说他“学为儒宗，材不世出”“当代一人，顾无俦匹”，对于他来说，欧阳修的死，使他从此少了最好的师长和最好的朋友，他同样是“送子有泪流如沟”。

第四节　斯人已逝万人何赎

满眼都是好人的苏轼，朋友遍天下。他与欧阳修亦师亦友，是一时佳话。“苏门四学士”黄庭坚、张耒、晁补之、秦观既是他的学生，又是他的朋友。“苏门四学士”发展成为“苏门六君子”，增加了陈师道和李廌。他们二位也是苏轼的朋友。苏轼的朋友还有米芾、文与可等人，就连政见不合的王安石，和苏轼也有不错的私交。

苏轼流贬黄州时，给李昭玘写信说，自己被贬到黄州，虽然处世穷困，但结识了一些想结识的朋友，有黄庭坚鲁直、晁补之无咎、秦观太虚、张耒文潜之流，自己先知道他们，社会上才知道的。他晚年北归，又在给李廌的信里说，近年来在众人中幸识张耒、秦观、黄庭坚、晁补之和李方叔（李廌）、陈履常（陈师道）。不过“苏门四学士”和“苏门六君子”是后人冠名的。在“四学士”和“六君子”中，黄庭坚都是举足轻重的人物，秦观相对于张耒和晁补之，跟苏轼的关系更近。这里说说黄庭坚和秦观。

黄庭坚像

黄庭坚（1045—1105），字鲁直，号山谷道人，晚号涪翁、黔安居士，洪州分宁（今江西修水）人。从小记忆力和悟性都很好，读书几遍就能背诵。入仕后做过国子监教授、校书郎，秘书丞、国史编修官、太平州知州、涪州别驾等官，为政影响不大。黄庭坚也是了不起的人，仕途一般，但在诗坛很红。他后来被尊奉为两宋诗坛影响最大的“江西诗派”的领袖，并且有“点铁成金”“夺胎换骨”的著名诗歌理论，诗歌创作和苏轼齐名，人称“苏黄”。除了诗歌之外，黄庭坚还是北宋四大书法家之一。黄庭坚有两次大的被贬经历，一是哲宗时，章惇、蔡卞等人说他做《神宗实录》的检讨官存在实录不实的情况，把他贬为涪州别驾，安置在黔州（今四川彭水）；二是徽宗时与李清照的公公赵挺之不和，他写的《荆南承天院记》被斥为幸灾乐祸，他因此被除名，在宜州（今广西宜州）羁管，三年后迁永州，诏书没到就病死了，享年61岁。

元丰元年（1078），在北京（今河北大名）国子监做教授的黄庭坚写信给苏轼说，你的学问文章超越前辈，又以宽宏友爱昭示后人，虽因直言遭排斥外放徐州，但已让我这个晚学之士十分仰慕，乐于受教你的门下。只因我年纪轻、地位低下，又为仕禄束缚，想承教而未能。现在我呈上拙诗两首，请你过目，你也许能够知道我心里在想什么。他说的两首诗，就是《古诗二首上苏子瞻》。诗中赞苏轼的节操，劝慰他说“但仍本根在，弃捐何足伤”[①]，说自己和苏轼“小大材则殊，气味固相似”，他自谦才能不及苏轼，但和苏轼有同样的想法。这时的苏轼正处在人生低谷，也是遭“乌台诗案”的前夜，黄庭坚明知他遭排斥而求教于他的门下，也彰显了自己的操守。

苏轼很快给黄庭坚回了信。苏轼在信中说，我早在湖州知州、你岳父孙莘老（孙觉）那里看到了你的诗文，十分惊讶，还以为

① 一作“但使本根在，弃捐果何伤”。

不是当下人写的呢。孙莘老对我说："很少有人知道黄庭坚，你可以为他扬扬名。"我笑着说："这人像精金美玉，他不接近别人，别人也会接近他，想逃名都不可能，哪里用得着我来帮他扬名呀。"读你的诗文可以感到，你不重名利而重自我节操，这一点现在的君子都做不到，很不容易。后来我到济南见到你舅舅李公择，在他那里见到了你更多的诗文，也更了解你了。想到你超尘脱俗，独立于万物之外，驾风驭气，与大自然交往，不仅是当代的君子不能用你，即使像我这样放浪自弃、与世俗疏离的人，也难和你交朋友。现在你对我这样恭敬，好像有点害怕我，哪里知道和你结交，我也是求之不得呀。我读了你的诗，觉得你的诗托物引类，有古人风范，我次韵和两首，以为一笑。苏轼的和诗是《次韵黄鲁直见赠古风二首》，他在诗中自称为路傍苦李，遭人忌恨，悄然徒伤。并说黄庭坚已超然世外，而他自己追寻的目标在哪里呢？

黄庭坚与苏轼的交往立马就产生了影响，苏轼遭"乌台诗案"被贬黄州，黄庭坚因与苏轼有诗歌唱和受到连累，罚铜二十斤，原本让他改授著作佐郎的，这样一来把他下放到地方，改授吉州太和（今江西泰和）县令。黄庭坚在元丰三年（1080）携家人到太和县赴任，路过高邮（今江苏高邮）的时候，还特地去拜访了秦观，两人相见甚欢，以诗赠答。元丰六年（1083），黄庭坚在太和县给苏轼写信说，分别后没能见面，想你就像怀念古人一样，实在是相隔的时间太长了。听说你在黄州安坐东坡，心醉六经，见到可以教诲的人即施训导，以期待后世能有西汉扬雄那样的人才，可叹我怎么才能见到你呢？昨天我读了苏辙的诗，他的诗写得恭俭从容，忧思不怨，如南风报德之音，读来凛然而增手足之爱，我很钦佩。近日，我吃山笋时写了一首小诗，呈上供你一笑。

其他州士大夫的唱和诗，时有佳句，但都不如你对我厚重，我想你唱和一首，期待像老杜诗说的“一洗万古凡马空”[①]。黄庭坚给苏轼呈上的是《食笋十韵》，苏轼则写了《和黄鲁直食笋次韵》，说食笋的趣味和快乐。

元祐元年（1086），苏轼与黄庭坚在京城相会，这也是两人书信往来、诗歌唱和后的首次见面，见面依然是谈诗论文，黄庭坚把自己的诗文拿给苏轼看，苏轼和苏辙、王定国一起看过后，兴奋地在《书黄鲁直诗后二首》里说：“每见鲁直诗文，未尝不绝倒。然此卷语妙，殆非悠悠者所识能绝倒者也，是可人。”而黄庭坚、张耒、晁补之在苏轼家，搜得苏轼在黄州大醉后写的《黄泥坂词》，欣然大乐。这一年，翰林学士邓圣求要去做武昌令，苏轼当年贬黄州时，与武昌隔江相望，还曾和苏辙同游武昌西山。想到往事，苏轼写了《武昌西山》诗，“忆从樊口载春酒，步上西山寻野梅”，诗成后让黄庭坚、苏辙等人唱和，一时间唱和者三十多人，也算是不错的文人雅集。

这一年，黄庭坚升任神宗实录院检讨官、集贤校理；苏轼做了翰林学士、知制诰。高兴之余，苏轼作《和黄鲁直烧香二首》，“其一”说：

> 万卷明窗小字，眼花只有斓斑。
> 一炷烟消火冷，半生身老心闲。

说烧香真是烧香，香冷心闲。随后，苏轼兴犹未尽，又写了《再和二首》，“其一”说置酒相聚之乐，有“且复歌呼相和”的

---

① 杜甫：《丹青引赠曹将军霸》。

诗句。黄庭坚则有了《子瞻继和复答二首》，“其一”写道：

置酒未容虚左，论诗时要指南。
迎笑天香满袖，喜公新赴朝参。

他祝贺苏轼升官，在诗歌的唱和中，还是叙相聚的欢乐。元祐二年（1087），苏轼兄弟及四学士等人聚会于驸马都尉王诜西园，人称“西园雅集”，为一时盛事。后来，画家李公麟（号龙眠居士）作《西园雅集图》，米芾则写了《西园雅集图记》，记叙苏轼、苏辙、张耒、晁补之、秦观、李之仪等人的活动。西园雅集图中的人物各尽其妙，如苏轼乌帽黄道服，捉笔而书；黄鲁直团巾茧衣，手秉蕉箑而熟视；晁无咎披巾青服，抚肩而立；张耒跪而捉石，观画。凡此等等，米芾最后说：“自东坡而下，凡十有六人，以文章议论、博学辨识、英辞妙墨、好古多闻、雄豪绝俗之资，高僧羽流之杰，卓然高致，名动四夷。”这年十一月，苏轼上书，推荐黄庭坚代替自己的职务，在《举黄庭坚自代状》里说：“伏见某官黄某，孝友之行，追配古人，瑰玮之文，妙绝当世。举以自代，实允公议。”对黄庭坚满是誉词。此后，他们之间诗歌唱和是常事，苏轼元祐三年（1088）知贡举时，黄庭坚是他的助手。贡举之后，大家去李公麟家聚会，饮酒赋诗，也是一时乐事。

苏轼和黄庭坚最后的相聚，是苏轼前往惠州途经彭蠡湖（今江西鄱阳湖）时，黄庭坚以诬毁先帝的罪名遭贬，当时正从分宁（今江西修水）前往宣城。两人在彭蠡湖相遇，薄酒一杯，想到各自的经历，感慨万千。从此一别，他俩就再也没能相见。苏轼到惠州后，黄庭坚被贬到了黔中，两人有书信往来，黄庭坚给苏轼的信今已不传，苏轼在信中问候黄庭坚到黔中后的生活情况，说自己在惠州已安定下来，只是近日苦于痔疮发作，不能不节饮食，每天只吃两碗淡面。

在惠州，苏轼还为黄庭坚写了《跋山谷草书后》。有人问黄庭坚的草书怎样，苏轼引用了南朝齐书法家张融的一句话笑评："不恨臣无二王法，恨二王无臣法。""二王"指的是东晋著名的书法家王羲之、王献之父子。这虽是笑评，但透出他欣赏黄庭坚草书自成一家。相传他们曾论彼此的书法，苏轼说黄庭坚的书法清劲，但有时太瘦，像"树梢挂蛇"；黄庭坚说先生的字扁浅，很像是"石压蛤蟆"，说完两人哈哈大笑。这一说法后来为人传诵，成了两人书法风格的经典评价。

黄庭坚被贬黔中后，躬耕自食，自称为"黔中老农"，在困境中他自言疏懒，诗文写得少了，与苏轼的诗歌唱和渐渐也没了，这与苏轼也有很大关系。苏轼流贬儋州之后，怕连累朋友，很少与外界的朋友联系，后来黄庭坚又从黔中去了戎州（今四川宜宾）、荆州（今湖北江陵）等地。苏轼病逝后，黄庭坚写信给王庠、周彦说，东坡先生的死，不光是贤士大夫的损失，也是国家的损失，实在可惜，以后哪里还听得到他那样的危言直论？后来，他还给苏辙写信说，苏轼的道德文章足以增九鼎之重，尽管他对苏轼的文章锋芒太露有点批评。还在《东坡先生真赞》里说："东坡之在天下，如太仓之一稊米。至于临大节而不可夺，则与天地相终始。"

秦观（1049—1100），字少游、太虚，号淮海居士，高邮人。年轻时性情豪俊，志强气盛，好大见奇，为人正直刚强，认识苏轼之前，因诗词在文坛上已经有些名声。晚于苏轼的惠洪说，苏轼早先不认识秦观，秦观知道苏轼要路过扬州，就仿苏轼的风格

秦观像

在山庙里题了一首诗。苏轼见了，甚至不能分辨这诗是不是自己写的。后来，他与秦观的朋友孙莘老相见，孙莘老拿了几十首秦观的诗词给苏轼看。苏轼看罢说："从前在庙墙上题诗的，一定是这个年轻人。"苏轼曾说："秦观自少年从臣学文，词采绚发，议论锋起，臣实爱重其人，与之密熟。"[①] 这当然是后来的事。

元丰元年（1078），30岁的秦观赴京应进士第，路过徐州，那时苏轼是徐州知州，秦观登门拜访，苏轼十分高兴，说他所呈之诗写得有古人诗的韵味。那时苏轼改建了徐州东门，在东门上建了一座黄楼，让秦观作《黄楼赋》。秦观应允，一时间要入京应试，与苏轼告别时说："我独不愿万户侯，惟愿一识苏徐州。徐州英伟非人力，世有高名擅区域。"[②] 他以珠树玉海喻苏轼高不可攀，对苏轼极尽仰慕之情，苏轼有《次韵秦观秀才见赠》。

苏轼鼓励秦观，说他应试当会高中，不意秦观秋试落第，说是凿圆枘方，不合于俗，心情不太好。他写信给苏轼，苏轼回了《和参寥寄秦观失解诗》和《次韵参寥师寄秦太虚三绝句，时秦君举进士不得》劝慰。还在他给秦观的信里说："此不足为太虚损益，但吊有司之不幸尔。"[③] 秦观落第后，回到家乡高邮，一时闭

① 苏轼：《辨贾易弹奏待罪札子》。

② 秦观：《别子瞻》。

③ 苏轼：《答秦太虚七首》（其一）。

门不出，以诗书自娱。他写好《黄楼赋》之后，派人送给徐州的苏轼，自谦不足以表现壮观的黄楼，只是嘉命难违，况且自己对黄楼的情况了解不深，恐有谬误。所作类似于途歌野语，仅可博人一笑。苏轼却很高兴，写了《太虚以〈黄楼赋〉见寄，作诗以谢》，称秦观的赋“雄辞杂今古，中有屈宋姿”。意思是融通古今，有屈原、宋玉赋的风格。元丰二年（1079），苏轼离开徐州，在去湖州的路上，经过高邮与秦观相见，有一段同游的经历。同行的还有两人的朋友参寥子。他们在镇江的金山、无锡的惠山以及湖州等地留下了足迹。苏轼写了《与秦太虚、参寥会于松江，而关彦长、徐安中适至，分韵得“风”字二首》，秦观写了《与子瞻、参寥会松江得“浪”字》，也是观赏松江风光时，玩诗以助兴。那时苏轼想到自己离开京城，被外放杭州，再到密州、徐州，又将去湖州，因此在其二里有“人笑年来三黜惯，天教我辈一樽同”的诗句，笑对人生，很高兴能与秦观相聚。

苏轼遭遇“乌台诗案”，秦观焦心不已，却无力给苏轼提供任何帮助。当苏轼走出监狱，元丰三年（1080）流贬黄州时，秦观给他写信说：“以先生之道，仰不愧于天，俯不怍于人，内不愧于心，某虽至愚，亦知无足忧者。”[①] 他说做人能够不愧对苍天、不愧对他人和自我，人生也就够了，遭遇了这样的不幸，终究可以解脱。苏轼回信说到自己在黄州的生活，说没有俸禄了，家里几口人的吃饭有点成问题，只好节俭度日，每天用度不超过一百五十钱，而且每月初一就把四千五百钱分成三十份，挂在屋梁上，平日用一柄画叉挑一份，然后就把这画叉藏起来。如果当天没有用完，就用大竹筒装起来，留着待客用。

---

① 秦观:《与苏黄州简》。

苏轼很欣赏秦观超然胜绝的诗文，虽说两人相隔两地，但文字交往仍在持续。秦观在杭州为法惠院的僧人无择写了《龙井记》，三月后苏轼为秦观写了《秦太虚题名记》。元丰四年（1081）十月，秦观写信给苏轼，告诉他将赴京再次参加科考。这一次他仍然落第了，于是从东京到黄州看望苏轼，还写了一篇《吊镈钟文》，哀叹嘉鱼县遭大旱民生多艰。元丰七年（1084）春，秦观有《和黄法曹忆建溪梅花诗》，感叹“月没参横画角哀，暗香销尽令人老。天分四时不相贷，孤芳转盼同衰草”，表达了时不我待、人生易老的感伤。苏轼作《和秦太虚梅花》唱和，其中说：“万里春随逐客来，十年花送佳人老。去年花开我已病，今年对花还草草。”他也说人生易老，由于遭流贬又患病，一时心情不太好。

这年四月，苏轼量移汝州，路过金陵时拜会了王安石，随后写信向王安石推荐秦观，说秦观人才难得，词格超群，才敏过人，有志忠义，而且博综史传，通晓佛书，讲习医药，明练法律。又说秦观的才学难以尽言，请王荆公稍费口舌，使他得以增重于世。可这时王安石下野已久，很难抬举秦观了。接着苏轼又到高邮与秦观相会，同游文游台，同行的还有王定国等人，尽一时之欢，可惜时光短暂。后来南宋曾几追溯这段往事写了首《文游台》，说“忆昔坡仙此地游，一时人物尽风流”，也算是文人佳话。当时，秦观送苏轼到淮上，离别之际苏轼填了《虞美人》：

波声拍枕长淮晓，隙月窥人小。无情汴水自东流，只载一船离恨向西州。　　竹溪花圃曾同醉，酒味多于泪。谁教风鉴在尘埃？酝造一场烦恼送人来！[①]

---

① 竹溪，一作竹阴，花圃，一作花浦，酒味，一作酒水。

这首词有南唐李煜《虞美人》“问君能有几多愁，恰似一江春水向东流”的影子，但它说的是苏轼与秦观的依依惜别之情。人世间的聚合分离，是生活中常有的事，人们常有不愿离别的苦愁，但又为生活所迫，不能不承受离别，旷达的苏轼也难免有不忍离别的时候。

元丰八年（1085），苏轼做了礼部郎中，从登州回到京城。秦观写了《贺苏礼部启》；当苏轼又任中书舍人的时候，秦观呈上《贺中书苏舍人启》，称道苏轼“论议为四海之轻重，出处系一时之安危”，依然很推崇苏轼。元祐元年（1086）秦观终于如愿以偿，中了进士，写了《登第后青词》，诉说自己二十年来的坎坷，历经辛苦，今天终得苍天所赐，大功告成，开心得很。为他高兴的苏轼继而为翰林学士、知制诰，苏门六君子在苏轼家相聚、饮酒赋诗，苏轼把自己填的小词给晁补之、张文潜看，问他们二位，自己的小词和秦观的小词相比如何？两人说：“少游诗似小词，先生小词似诗。”[①] 这看似彼此创作的错位，却又是两人的创新。这段时间，秦观等人与苏轼相聚较多，有件重要的事得提一提，这就是元祐党争又被提起来，有人要算苏轼的旧账。于是，秦观作《朋党论》为苏轼辩解，说凡是得到进用的人，怎么可以诬其为朋党呢？这事为苏轼、秦观后来遭贬埋下了祸根。同年，苏轼以贤良方正向朝廷推荐秦观，秦观随后做过太学博士、国史院编修。元祐六年（1091）党争的灾难渐显征兆，秦观被罢了秘书省正字，苏轼请求外放，做了颍州知州。这并没有给他们的交往带来很大的影响。

元祐八年（1093）苏轼侍哲宗在宣德门观灯，写了《上元侍

---

① 王直方：《王直方诗话》。

饮楼上三首呈同列》，“其二”写道：

> 薄雪初消野未耕，卖薪买酒看升平。
> 吾君勤俭倡优拙，自是丰年有笑声。

苏轼当时的身份、心情和秦观不一样，他从社会升平、百姓和乐为哲宗皇帝唱赞歌。秦观亦作《次韵东坡上元扈从三绝》相和，“其二”则说：

> 端门魏阙郁峥嵘，灯火成山辇路平。
> 不待上林莺百啭，教坊先已进新声。

同样是赞歌，秦观更多地看到京城上元节的帝王之乐。元祐八年（1093）秦观的情形似有转机，重为秘书省正字，又做了国史院编修。但苏轼的情形不好了，他以翰林学士、侍读学士知定州。但不久后，秦观也因受苏轼牵连，被贬为杭州通判；接着，苏轼的翰林学士、侍读学士被免，再从定州贬惠州；秦观相随，在绍圣三年（1096）被贬郴州。

秦观在郴州（今湖南郴州），少不了以诗词寄怀，最有名的是《踏莎行·郴州旅舍》。这首词有“雾失楼台，月迷津渡，桃源望断无寻处”的惆怅，述说自我人生的迷失，不知道该何去何从。“郴江幸自绕郴山，为谁流下潇湘去”，隐喻自己为什么会有这样颠沛流离的命运，前途又在哪里呢？这时，词中的孤馆、夕阳以及重重离恨，都在诉说此时难言的孤独和苦闷。后来，秦观还填过一首《千秋岁》：

水边沙外，城郭春寒退。花影乱，莺声碎。飘零疏酒盏，离别宽衣带。人不见，碧云暮合空相对。　　忆昔西池会，鹓鹭同飞盖。携手处，今谁在？日边清梦断，镜里朱颜改。春去也，飞红万点愁如海。

秦观伤春渐逝，感慨此时飘零异乡、相聚之欢不再，只剩“为伊消得人憔悴”的思念。他在夕阳西下时回忆往事，物是人非，只见得眼前飞红万点，忧愁如海，愁多且深，无法排解。后来，苏轼在儋州从侄孙苏元老那里读到了秦观这首《千秋岁》，随即和了一首：

岛边天外，未老身先退。珠泪溅，丹衷碎。声摇苍玉佩，色重黄金带。一万里，斜阳正与长安对。　　道远谁云会，罪大天能盖。君命重，臣节在。新恩犹可觊，旧学终难改。吾已矣，乘桴且恁浮于海。

苏轼身居海南，说自己在岛边天外，人未老却远离了京城。此时尽管泪尽心碎，仍然感念君命、新恩，自己则依然故我，旧学难改。不是流贬海南吗？这流贬自己只当是隐于江湖，坐着木筏子漂泊于海上，有几分凄凉，又有几分悲壮。

苏轼对秦观诉说自我人生凄苦很有共鸣，不过他不太喜欢秦观的词写得太像柳永的词。相传，秦观有一次从会稽到京城见苏轼，苏轼说：“久别之后你的诗文应该写得更好了。但京城都在传你的‘山抹微云’词。真没想到，分别后你竟学习柳永填词了。”秦观说：“我虽然没有见识，但还不致如此。”苏轼说：“你词里的

'销[1]魂当此际'，难道不是学柳词吗？"这话说得秦观有点羞愧。"山抹微云"及"销魂当此际"都见于秦观享有盛名的《满庭芳》。词中还写道："香囊暗解，罗带轻分。谩赢得、青楼薄幸名存。"确有柳永词的风味。

苏轼在儋州，秦观给苏轼写了好几封信，惜今已不传。苏轼元符三年（1100）得到北归的诏令后给秦观写信，告诉秦观他量移廉州，北归的行装可以在十天内办好，想等待泉州（今福建泉州）许九的船渡海，大约六月二十五、二十六日就可以上船。然后看海上的风浪是否适合渡海到徐闻的递角场，希望能够和秦观在海北相会。六月，苏轼如期到了徐闻递场角，量移衡州的秦观专门到海康（今广东雷州）与他相见，阔别多年，有多少心里话要讲，看着彼此都渐老迈，席间秦观赋了一首《江城子》：

> 南来飞燕北归鸿，偶相逢，惨愁容。绿鬓朱颜重见两衰翁。别后悠悠君莫问，无限事，不言中。　　小槽春酒滴珠红，莫匆匆，满金钟。饮散落花流水各西东。后会不知何处是，烟浪远，暮云重。

苏轼北归，秦观南来，怎么也想不到会是在雷州重逢。当年两人年轻，"绿鬓朱颜"，风华正茂，可如今都垂垂老矣。有多少往事这时想说，却又是欲说还休。尤其是这次重逢后又得离别，不知什么时候能够再相会。在"烟浪远，暮云重"的远景中，秦观抑郁而消沉。同时秦观给苏轼看了自己仿东晋陶渊明《挽歌诗》和南朝宋鲍照《代挽歌》写下的《自作挽词》，其中说"殡宫生

① 销，一作消。

苍藓，纸钱挂空枝”，他想象自己死后的情形，无比凄凉。当时苏轼只作笑谈，没想到两个月后秦观就在藤州光化亭死去。他的死十分突然，因为他和苏轼分手后，七月到藤州时一切尚好。八月十二日，他酒醉后睡在光化亭，找家人要水喝，家人给他一盆水，秦观笑看家人，就在那一刻竟然停止了呼吸。

秦观的猝死让苏轼很哀痛，他很感慨地对朋友欧阳元老说秦观："当今文人第一流，岂可复得。此人在，必大用于世；不用，必有所论著以晓后人。前此所著，已足不朽，然未尽也，哀哉！哀哉！"[①] 他说秦观可大用于世的话，终是虚话，至于说秦观的诗、文、词，则真是不朽了。秦观死时才 52 岁，苏轼遗憾他才华未尽，也是真的。

秦观死后，苏轼将秦观流贬湖南郴州写的《踏莎行·郴州旅舍》最后两句“郴江幸自绕郴山，为谁流下潇湘去”书于扇面，并说“少游已矣，虽万人何赎”[②]。惠洪说，苏轼绝爱秦观这两句词，以此哀悼秦观之死，在“绝爱”中有他自己的影子。然而不足一年，快意北归的苏轼也溘然长逝，他给后人留下了类似的伤痛：东坡已矣，虽万人何赎！

① 苏轼：《与欧阳元老一首》。

② 魏庆之：《魏庆之词话》引惠洪《冷斋夜话》。

第七章
生命最后一年的日子

站在生命的临终点上，应当是人生最哀痛的一幕。既然寿无金石固，这一幕，无论早晚总会上演。韩柳欧苏生命的最后一年各有不同，韩愈辞官住在长安家中，柳宗元还在柳州刺史任上，欧阳修致仕归居颍州，苏轼从流贬地儋州北归回到常州。韩愈和欧阳修知道自己身体不好，难以久持，于是离开仕途，淡泊生活；柳宗元虽说身体也不好，但还在为柳州百姓勉力劳作，只待死而后已；唯有苏轼北归一路观光，一路的兴致很好，却不意途中染病，逝于常州。“人生如逆旅，我亦是行人”[①]，是苏轼早年的词。人生如白驹过隙，对生命的通透认识，会使人在死亡面前显得相当平静。不过，人的死亡是现世生命的消失，却又是走进历史而具永恒生命的新开始。韩柳欧苏死后都以自己做人的风范以及表现风范的诗文走向了永恒，真正地名垂青史了。

---

① 苏轼:《临江仙·送钱穆父》。

第一节　善终真的很知足

长庆四年（824）十二月，韩愈病逝于长安靖安里。他死后，老朋友张籍在长篇五古《祭退之》里说到了他最后一年的生活。

在人生的最后一年，一向身体不好的韩愈撑不住了，这还不像他年轻时老说自己身体不好，尽管如此总还可以继续工作，为朝廷效力。可这一年他没法工作了，先是向朝廷请了一百天假，假满后又请求辞官。穆宗皇帝知道韩愈的身体状况，同意他辞官。而韩愈也许没有想到，这辞官不是暂时，而是永远。随后不久，韩愈以辞世的方式，与官场彻底告别，也彻底告别了他生活了57年的温暖人间。

明·吴伟《渔乐图》（局部）

张籍在《祭退之》里说，韩愈当时在长安城南庄别墅养病，这里自然环境优美，黄子湖畔土地平旷，空气清新，湖中的蒲荇散发着阵阵清香；北台紧邻一片片绿油油的稻田，茂盛的柳枝下一派阴凉。因为等待新的任命，张籍在这里陪韩愈度过了两个月的悠闲时光。他们一起垂钓，湖水的平静让烦苦的内心也平静下来；一起在潭濑拉网捕鱼，看肥鲤与硕鲂落入网中，然后就近在湖边野炊。美味的鲜鱼加上新米时蔬，享用起来别有快意。在这样的时候，乡村的打柴老人带着孩子，围观于路旁，看着快乐的他们在一边嬉笑着。韩愈、张籍有时划船去南溪游玩，任波浪激起的水花在船舷边跳跃，鸥鸧悠闲地在小船前后飞舞，他们有船儿破水之欢，又有鸟儿相伴之乐，难怪“日来相与嬉，不知暑日长”。当月挂长空，群星闪烁，夜幕降临，他们便骑着马，信马悠然地回到家中，不觉“衣上草露光”。

在这样的日子里，诗歌是不会少的。张籍说到两件事，一是两人“共爱池上佳，联句舒遐情”。韩愈爱做联句的诗歌游戏，以前张籍参与过《会合联句》的写作，现存的《城南联句》是韩愈和孟郊留下来的。元和九年（814），孟郊去世，那么韩、孟的《城南联句》当作于这之前，说明韩愈早年也在城南别墅住过。孟郊死后，韩愈的联句诗歌游戏还在继续，只是张籍这里说的城南联句诗，现在没能见到。二是张籍说的“公为游溪诗，唱咏多慨慷”。“公”即韩愈，他在城南有五古《南溪始泛三首》，但从贾岛的七绝《和韩吏部泛南溪》和姚合的七绝《和前吏部韩侍郎夜泛南溪》来看，韩愈晚年还应该有其他的泛南溪诗，只是没有流传下来。姚合在诗里说：“辞得官来疾渐平，世间难有此高情。新秋月满南溪里，引客乘船处处行。”他说的是“新秋”时节，而张籍与韩愈游在“暑日”，可见在入秋韩愈辞官后，贾岛、姚合来看望过韩愈，也曾泛舟南溪。如果张籍在诗中提到的“贾秀才”是贾岛，那就表明贾岛是在夏天到的城南庄，张籍去就任主客郎中后，贾岛还陪着韩愈。

因为身体不好，韩愈在《南溪始泛三首》里流露出颓丧的情绪，他在“其一”中说乘船游于南山之下，四处风光秀丽，分不清远近。傍晚时细雨飘洒，新月上了树梢，忽然想到自己患病，恐怕来日不多了，这也是很无奈的事。他在“其三”中也说：“足弱不能步，自宜收朝迹。羸形可舆致，佳观安事掷。”韩愈以前说自己身体不好，说得最多的是眼睛昏暗、头发花白、牙齿松动脱落，现在说腿不行了，走不动了。在这种情况下，官就不做了，以免还得上朝。但他的游兴未减，身体不好可以坐车，怎么能够不欣赏那美妙的景色呢。除了车，还有船，他有时弃车乘船，逆清澈的溪流而上，石险流急，鼓足勇气前行，出现在眼前的景象是“鹭起若导吾，前飞数十尺。亭亭柳带沙，团团松冠壁”，这就是他所说的“佳观”。身体不好的韩愈，仍然有很浓的生活情趣。这些都展示了韩愈晚年的生活状态。相对来说，“其二”更贴近日常生活，全诗如下：

南溪亦清驶，而无楫与舟。山农惊见之，随我观不休。不惟儿童辈，或有杖白头。馈我笼中瓜，劝我此淹留。我云以病归，此已颇自由。幸有用余俸，置居在西畴。囷仓米谷满，未有旦夕忧。上去无得得，下来亦悠悠。但恐烦里闾，时有缓急投。愿为同社人，鸡豚燕春秋。

诗说南溪漂流、山农老少有些惊讶，都来看热闹，以瓜相赠，劝他留在南溪，他说自己因病辞官，再也不受仕途宦海的束缚。好在用俸禄节余的钱，在南溪西边置了房子，粮仓里米粮是满的，没有生活的忧患。尽管担心留在南溪会给乡民带来麻烦，还是热情地表示“愿为同社人”，春秋以鸡豚设宴与民同乐。在城南庄，韩愈还有诗与张籍相互唱和，如《与张十八同效阮步兵一日复一夕》：

> 一日复一日，一朝复一朝。只见有不如，不见有所超。食作前日味，事作前日调。不知久不死，悯悯尚谁要？富贵自縶拘，贫贱亦煎焦。俯仰未得所，一世已解镳。譬如笼中鹤，六翮无所摇。譬如兔得蹄，安用东西跳。还看古人书，复举前人瓢。未知所穷竟，且作新诗谣。

从韩愈的诗题来看，张籍也应有“效阮步兵一日复一夕”诗，但现存的张籍诗里只有《同韩侍郎[①]南溪夜赏》。诗道：“喜作闲人得出城，南溪两月逐君行。忽闻新命须归去，一夜船中语到明。”而韩愈也应有《南溪夜赏》诗，惜今也不传。

“阮步兵一日复一夕”的“阮步兵”是西晋阮籍（210－263），字嗣宗，陈留尉氏（今属河南）人，因做过步兵校尉而被人称为“阮步兵”。他不愿与当朝的司马氏合作，人生很不得意，写了《咏怀诗》82首，委婉地表达内心的忧思和人生不得实现的理想。韩愈这首《与张十八同郊阮步兵一日复一夕》说时间一天天过去，人的容貌变了，精神不如从前，而事物充满变化没有穷尽，人却没有足够的办法可以应对。更何况担心须臾间人的生命就不复存在，因此战战兢兢，如临深渊，如履薄冰。韩愈也是眼见时光无休止地流逝来说自我的人生。他觉得今不如昨，值得回味的都是昨日的生活。他说“只见有不如”，这“不如”是西晋名将羊祜说的人生不如意的事常常十有八九，韩愈借此感慨人生

---

① 郎，一作御。

还是多不如意。求富贵又受束缚，安贫贱却受煎熬，总不自由，就像笼中鹤有双翅飞不起来，网中兔有腿跳不了。现在辞官得了自由，读读古人的书，过一箪食一瓢饮的日子，不知以后会是怎样，姑且作首歌谣聊以取乐。韩愈还在《玩月喜张十八员外以王六秘书至》里，戏说八月十六日张籍、王建来看望他，大家一起赏月：

前夕虽十五，月长未满规。君来晤我时，风露渺无涯。浮云散白石，天宇开青池。孤质不自惮，中天为君施。玩玩夜遂久，亭亭曙将披。况当今夕圆，又以嘉客随。惜无酒食乐，但用歌嘲为。

皎洁的圆月仿佛为他们高悬于一望无际的天空，虽是一轮孤月，却从容淡定，任人观赏。赏月的韩愈，有嘉客张、王相随，多了几分快乐。于是，他感慨今夜没有酒食能够对月相酌用，实在有点可惜，只得与张十八员外张籍和王六秘书王建以诗相娱。

与朋友游处，是韩愈生命最后一年的主要生活内容。这一年，韩愈写了一篇很有意味的《送杨少尹序》。杨少尹，名巨源，字景山，河中（今山西永济）人，进士，担任过太常博士、国子司业等职。辞官后以河中少尹食禄终身。韩愈这篇文章从西汉疏广、疏受叔侄说起，疏广在汉宣帝时，为太子太傅，侄儿疏受为太子少傅，后来疏广对疏受说：我听说知足就不会受到羞辱，知止就没有危险，我们现在宦成名立，这时还不引退，恐怕日后会有悔恨。于是两人辞官还乡。还乡后，有人劝疏广为儿孙聚财。疏广说：子孙贤而多财，会减损他们的志气；子孙愚而多财，会增加他们的过失。我没有什么可以教化子孙，但不想让财富增加他们的过失。韩愈说二疏辞官时，朝廷公卿设宴款待，送行的车数以百计，旁观者叹息流泪，称赞他们的贤德。二疏的事迹进入《汉书》，善画的人，还把他们的事迹绘成图画传于后世。虽说七百多年过去了，说起他们来就像是昨天的事一样。韩愈说二疏为的是说杨巨源。杨巨源年满 70，也辞官归故里，不贪恋官职俸禄，让人感佩，韩愈说人们常说今人不及古人，看看杨巨源，他的想法和二疏没有什么差别，今人也是可以像古人一样的。

韩愈说自己因为生病未能去给致仕回乡的杨巨源送行，不知道有多少人送他，有多少车马，有没有人为他叹息，有没有史官为他作传，有没有画工为他画图。接着又说，我不知道的就不说了，我要说的是：杨巨源辞官时，有爱惜他的人报告朝廷，让他终身享受少尹的俸禄；有人歌诗赞颂，京城里能诗的人都相唱和，二疏辞官的时候，不知道有没有这样的事。韩愈这样问，其实是说二疏时没有这样的事，今人不同于古人．也是可以知道的。从杨巨源的辞官，韩愈看到了投身仕途者的最佳境界：功成身退。二疏如此，杨巨源如此。老子曾经说，功成身退是天之道。能守这样的自然法则，对于身处红尘中的人来说，是高明的选择。

不知道杨巨源的做法是不是触动了韩愈辞官。因为前一年即长庆三年（823）韩愈在《论孔戣致仕状》里说人到 70 岁请求退休，是一般的情形。如果那人的德行好，气力也壮，应该留用，不必年过七十全让退休了。他希望朝廷留用孔戣，别让他退休还乡。孔戣请求退休时 73 岁，他三次上书，有“二宜去”说。一是年纪到了，宜去；二是身为左丞，不能进退郎官，宜去。他最终还是退休了，第二年，老死家中，韩愈还为他写了墓志铭。当时，韩愈说宜留用孔戣与称道杨巨源致仕显然是不同的态度。这一年，韩愈也辞官退休，可说是对自我人生晚年的最好交代。人生重晚节，韩愈像杨巨源一样收场，平安地走下政坛，也是很满足的。同时，他这篇序文还表达了一个重要的意思，杨巨源做了官，却不像有些人以官为家，罢了官就无家可归了。他一直以家乡为家，念叨着先人和自己在家乡的所为，倍受乡人尊敬。人是不能忘本的，家乡也是人之本。

在生命的最后一年，韩愈在文章写作上的想法也有些变化。这表现在《南阳樊绍述墓志铭》里。

韩愈在这篇文章里赞赏樊绍述安贫乐道，讲了樊绍述的故事。樊绍述名宗师，出身官宦世家，父亲樊泽，曾率军镇守襄阳（今湖北襄阳），官至右仆射。祖父樊泳，也是朝廷命官。樊绍述小时候家里富贵，长大后沦落贫寒；妻子告诉他家里没有钱粮，他回头一笑，说自己的日子就是这样。他后来出任绵州刺史，官至朝廷的谏议大夫，但未及到任就病死了。韩愈曾经和樊绍述一起欣赏音乐，知道他对音乐很有品鉴能力。更重要的是，他格外欣赏樊绍述贫则安贫，富也不骄，无所不学，善文辞和音乐，但这些还不是韩愈主要想说的话。韩愈为樊绍述写墓志铭，到樊家求取绍述的著作，得到了他写的《魁纪公》30卷、《樊子》30卷、《春秋集传》15卷以及表笺、状策、书序、说论等291篇，还有赋10篇、诗719首。韩愈感慨绍述的著作之多，古来很少有人能够做到，其一生勤奋可以想见。更难得的是樊绍述这么多的诗文，必出于己而不仿效前人。天下之大，万物之众，放笔纵横而不烦绳削，自然天成而合于道，更让他赞叹。

韩愈为文很重视词必己出，前面在说到他的文学的时候也提到了。这和当时多取前人作品中的思想精华以为己意、邀获名声的文坛风气有关。不过，樊绍述的文章好奇涩，他词必己出的奇涩并不可取。韩愈肯定他这一点时，抨击了剽窃的时风，同时提出“文从字顺各识职”，这其实是孔子“辞达”说的再表述，他没有以此批评樊绍述，但词必己出和文从字顺构成文章写作的两面，是写作的最佳境界。显然，晚年韩愈不再像早年和李翊及太学诸生谈读书写作那样多皇皇高论，已归于平和了。后来苏轼说他少时好文章“气象峥嵘，采色绚烂”，老来以平淡为绚烂，和韩愈这时的写作态度相似。

老来韩愈有的思想是没有变的。他这年为左散骑常侍、御史中丞王仲舒写了墓志铭和神道碑。王仲舒少年丧父，与母亲居于江南。后以贤良方正授左拾遗，还做过礼部考功员外郎、吏部员外郎等朝官，做过峡州、苏州等地的刺史。他担任中书舍人时，不乐意做公文工作，希望管理一方，做地方官时用三年时间就使辖地由贫穷变富裕，从混乱变太平，后被任命为江南西道观察使兼御史中丞。他在地方整顿酒业、减免军吏的官债、用官仓里的钱救济穷人；还禁止佛、道，不允许僧人、道士在他管辖的地界的山林里立佛像和老子像，就因为僧人、道士骗人渔利，夺人财产。王仲舒为官四年，治下库有余钱、仓有余粮。还有，他做婺州刺史，五年使因大旱致贫的婺州（今浙江金华）富足如初；在苏州做刺史，治理的声望在同僚中名居第一。他善于了解民情，制定法规，得到当地百姓的拥戴。后来，朝廷想任命他为左丞，没来得及上任他就死了。韩愈在这样的叙说中，对王仲舒的褒奖贯穿了自己终身奉行的思想即奉儒而排佛老，王仲舒在地方所为，都体现着儒家以民为本的基本精神和务实态度。

长庆四年（824）八月，韩愈预感到自己将不久于人世，在辞官之后给弟子皇甫湜写信说：“我死之后，能够让我不随世磨灭的只有你了，记住我的嘱托。”这是让皇甫湜给他写墓志铭。在弥留之际，韩愈对自己一生有一番总结，他说：“我哥哥韩会的德行高，又懂养生之道和药草，每天饮食，一定得看《本草》上怎么说，不越一点规矩。我这个人行为粗放，不太管这些，吃喝百无禁忌。但我哥只做到起居舍人，而我做到了兵部侍郎、吏部侍郎，又比哥哥多活了15岁。如果我这样还不知足，那要怎样才知足呢？再说，我得善终，尽享天年，一生又没有什么丧失节操的事，就我这样子到九泉之下去见先人，也是很荣耀的事。”面对死亡，韩愈相当平和，觉得人生已无遗憾。他一生遭遇两次流贬，也坚持了自己的思想和操守，流贬之后还是回到了正常的仕途上，足慰平生了。

张籍在《祭退之》里，记述了韩愈重病至死的情形。那时，韩愈的病越来越重，妻子在身边侍候汤药。张籍在他的卧室，亲见了韩愈人生的最后时刻：

> 公有旷达识，生死为一纲。
> 及当临终晨，意色亦不荒。
> 赠我珍重言，傲然委衾裳。

在那一刻，韩愈没有在意生死，他的旷达淡化了对死亡的恐惧，生就生，死就死，已无所谓。在临终的那个早晨，韩愈虽知死亡在即，神色一仍从容淡定。他要张籍珍重，告诫夫人卢氏，丧葬依礼，不要用求佛、阴阳、吉凶这些东西玷污他。韩愈本想写下遗书，因家人伤心哭号于床前，遗书未成即溘然长逝。韩愈临终之言，又一次彰显其一生率真的性情，他排斥佛、道，也不信鬼神，相信寒则衣、饥则食的实在生活，所以他一生都很努力。

接受韩愈嘱托写墓志铭的皇甫湜（777—835），字持正，睦州新安（今浙江淳安）人。曾任陆浑尉、工部郎中等职，性情急躁，傲慢不羁。韩愈有《陆浑山火和皇甫湜用其韵》，代表了他最典型的奇崛诗风，还有《寄皇甫湜》诗，说有一次收到皇甫湜的信，不禁泪水潸然，希望能生双翅飞去与相距两地的皇甫湜相会。韩愈死后，皇甫湜果然不负他的嘱托，写了《韩文公墓志铭》和《韩文公神道碑》，全面叙说韩愈一生的功业。不过，韩愈说皇甫湜能为他传名，只是托付之际的话，真使韩愈传名于后世的，还是他自己坚执的儒家思想以及卓越的诗文成就。他以此为自己竖立了一座丰碑。

韩愈死后，唐穆宗追赠他为礼部尚书，归葬家乡河阳。人们从此记住了他，尤其是他的古文，有人称他为“一代文宗”。他死后，刘禹锡在《祭韩吏部文》中说，贞元中文章如林，唯韩愈起自幽谷，振于高山。如鸾凤一鸣，蜩螗失音。韩愈手持文柄，权衡天下三十多年，声名塞天。人们对韩愈的颂扬和纪念源源不绝，苏轼在《韩文公庙碑》里说韩愈“文起八代之衰，而道济天下之溺，忠犯人主之怒，而勇夺三军之帅”，这一见识在所有评说中独领风骚，韩愈的成就、性情以及做人的格局都蕴于其中。

第二节　自愧无尺寸之功

元和十年（815），柳宗元刚回到长安，席不暇暖，转身就受命去柳州做刺史。他在赴柳途中，写过一首《岭南江行》，诗说：

瘴江南去入云烟，望尽黄茆是海边。
山腹雨晴添象迹，潭心日暖长蛟涎。
射工巧伺游人影，飓母偏惊旅客船。
从此忧来非一事，岂容华发待流年。

读这首诗会觉得柳宗元的心情不太好，此前他没有去过柳州，不知道柳州的生存环境是什么样子，只是想到柳州瘴气厉害，人中了瘴毒会性命难保。这是当时人们对南方瘴气的普遍看法，韩愈贬潮州，后来苏轼贬惠州、儋州都有这样的看法。而瘴江以瘴气出名，据说春天有青草瘴，秋天有黄茆瘴，中了瘴毒的人皮肤发黑，严重的会死亡，使人闻瘴色变。况且溪流潭水中有长蛟、山林里有种名叫“射工”的毒虫，南海里有“飓母”即台风。这些都让人感到恐惧，所以当他说出“从此忧来非一事，岂容华发待流年”的时候，想得更多的不是时不我待以求建功立业，而是在这样恶劣的自然环境中，性命难以持久。他到柳州后，还说柳州“阴森野葛交蔽日，悬蛇结虺如蒲（葡）

萄”[①]。“野葛”是一种毒草，“虺”是毒蛇，野葛蔽日、毒蛇悬挂如葡萄是怎样的情形呀？还有盗贼横行，民不聊生，对于这些，身为柳州刺史的柳宗元很揪心，更何况他的身体状态在永州时就不太好了。

柳宗元在永州时患了痞疾，腹内郁结，全身乏力，曾给翰林学士李建写信，感谢他寄来药方和药物，并说：“仆自去年八月来，痞疾稍已。往时间一二日作，今一月乃二三作。用南人槟榔余甘，破决壅隔大过，阴邪虽败，已伤正气。行则膝颤，坐则髀痹。所欲者补气丰血，强筋骨，辅心力，有与此宜者，更致数物。忽得良方偕至，益善。”[②]从柳宗元的话语中，可以知道他身体的糟糕状态，气血不足，筋骨不强，行走不便，甚至坐着大腿都会麻痹。到了柳州，身上又长了毒疮，还患了霍疾，即一种心绞痛的毒症，心虚气短，面色苍白而且干瘦。这日子还怎么过呢？

元和十四年（819），是柳宗元生命的最后一年，他积极坦然地面对生活，只是因为病痛过得很不轻松。这一年，他留下来的书信有《复杜温夫书》。这封信很有意思。之前，杜温夫先后给柳宗元写了三封信，每封信都逾千言，并把自己写的十卷文章寄给柳宗元，向他请教。对杜温夫的前两封信，柳宗元迟迟没有作答，直到收到第三封信之后，才回信说：“我有段时间没回你的信，还以为你不会再给我写信了。但你又来信，还问我为什么不肯见你。说实在话，我粗略看过你的十卷文章，却没有完全明白你的文章说了些什么，也就很难判断你的文章是好还是不好。你把我比作周公、孔子，说自己真心这样想而不是阿谀奉承。我怀疑你

---

① 柳宗元：《寄韦珩》。

② 柳宗元：《与李翰林建书》。

的想法有些糊涂、虚诞，少了权衡的标准，所以我更不想回你的信。你到柳州来，见我这一小小的刺史，就说我是周公、孔子。那好，你现在要离开柳州路经连州，在连州你会见刺史刘禹锡。你还说要去潮州拜见刺史韩愈。按你这种性情，见了刘禹锡，你也会说他是周公、孔子；见了韩愈，你更会说韩愈是周公、孔子。好，你再到京城，京城有名的文人何止千百个，那你心中会有多少周公、孔子呀。”柳宗元这些话说得很尖锐，他完全不能接受杜温夫说他是周公、孔子，杜温夫也许不知道，柳宗元是一个连别人称他为老师都不愿意的人，怎么能够接受他这样夸张的称道呢？柳宗元是务实的。

柳宗元不愿给杜温夫回信，还因为不喜欢杜温夫的文风。他说：“我行文不深加雕琢，引笔行墨，痛快淋漓，意尽便止。并不刻意向前人学习，无所师法，也就不能明辨你的才华。你写文章好用乎、欤、耶、哉、夫这些疑问助词，还好用矣、耳、焉、也这些判断助词，用起来也不加区分。你应该看看有名的文人在文章中是怎么用这些词的，认真考虑这些用法对你会有好处的。社会上一些求知者，遇到想求教的人，就拿出十多篇文章，想赶紧到京城走门路，希望有所收获。你年纪不小了，看样子也像男子汉，气质真诚又心无别念，还是谨慎些的好。”说了这么多，他在这封信的最后引用了孟子的一句话回复杜温夫：“余不屑之教诲也者，是亦教诲之而已矣。”孟子说这句话的时候，前面还有一句“教亦多术矣”，即教育有多种方法，不教之教也是方法之一。柳宗元不愿有为师之名，却总有为师之实，对于杜温夫这样的求教者算是特例了。他不喜欢杜温夫虚浮的恭维，也看不上杜温夫好用助词的文章，不想教杜温夫怎样写文章，说不屑教诲，这对杜温夫真是一次很严厉的教育，也让人对柳宗元有了新的认识。

这一年，柳宗元继续为人写墓志铭，写了好多篇，其中有《故秘书郎姜君墓志》，说到了其做人的遭遇和处世的态度。秘书郎姜崿，他的祖父姜皎做过唐玄宗的工部尚书，封楚国公；父亲姜庆初，娶了玄宗女儿新平公主，后来家道衰落。玄宗皇帝在姜崿出生三天后，为保障他的日常生活，赐给他六品官和绯衣银鱼，让他能够出入宫廷。姜崿成年后，因为这样的家世，过着公子王孙的放浪生活。他好宴饮，如果有朋友携酒来家里，就会让歌女出来唱曲助兴，饮酒尽欢。晚年姜崿患风痹症，手脚畸形，日子很不好过。姜崿“幼荣老穷”，是人生的不幸。柳宗元说，姜崿享受了人生富贵，自我放任，一生既不汲汲进取，也不得意骄狂；终日“左弦右壶”，与歌酒相伴，老死也无悲伤。而有的人在生活中深怀恐惧，受人谗言，背负道义，有所得就很拘谨，怀荣耀也不掩饰内心的羞愧，终身如此，不能休止。姜崿和这种人比起来，实在是强多了。

柳宗元对姜崿的评说，引出自我的人生态度，其实也是柳宗元的自我选择。他一生做人都不畏缩，至老意气不衰；流贬永州是有苦恼，也有忧愁，终不失为堂堂正正的大丈夫。在他的寓言里，对社会现象和奸佞小人的严厉批评，充满了君子正气；在他最驰名的山水游记里，透出的是遭贬而不屈服的傲然。柳宗元的人生和姜崿很不一样，并不因欣赏姜崿的人生而对自我的人生有所不满，而是认同姜崿不汲汲于富贵也不戚戚于贫贱的人生态度，科考，入仕，所求的是辅时及物而不是大富大贵，被贬后也无乞怜之态。他很瞧不起这里说的另一种人，也是自我性情决定的。不过，这时他身为柳州刺史，有自己的职责。前面说到他在柳州兴礼乐教化、拯济民生，使柳州百姓安宁、社会祥和，也持续到他人生最后一年。

柳宗元人生的最后一年和辞官病休的韩愈不一样，他带病做着柳州刺史，岗位上的工作还是得做的。这一年，他写了《柳州贺破东平表》《贺诛淄青逆贼李师道状》《贺平淄青后肆赦状》《贺分淄青为三道节度状》，都说的是唐宪宗平息淄青李师道叛唐事。

李师道的爷爷李正己，曾把守淄、青等十五州，官至同中书门下平章事，唐德宗兴元元年（784）四月归顺朝廷。父亲李纳、异母兄李师古也曾官至同中书门下平章事。李正已死后，李纳一度兴兵作乱；李纳死后，李师古假借讨贼为名，侵夺州县。师古死后，他的部下秘不发丧，暗迎师道并以他为统帅。那时，唐王朝有蜀川边境之患，无力用兵应对李师道，依旧用老办法，加官许爵，安抚李师道。而李家从李正已到李师道，经营郓、曹等十二州已经60年了。元和十三年（818）五月，唐宪宗集五路人马共同讨伐李师道，先平定了进犯汝州、郑州的吴元济，然后合兵围剿李师道。在合围中，李师道接连兵败，无以招架，后被自己的部将刘悟斩首。

元和十四年（819）三月三日，李师道叛乱得到平息。柳宗元上了《贺诛淄青逆贼李师道状》，这贺状写得很有气势，他斥责李师道“敢行悖乱，缔交于雷霆之下，效逆于化育之辰，逞豺声以欺天，恣狼心而犯上”。李师道正是怀有悖乱之心，他继承爷爷李正已的方略，对内严酷控制，驻守在外的大将，需以妻子儿女作人质；谋臣泄露计谋，则诛杀全家老小；对外好用兵，攻占侵夺，无所不为。李师道没有什么见识，靠身后的妻妾拿主张，最终被剿灭。柳宗元盛赞朝廷用兵，说是“天兵四合，贼众屡摧”，这也是五路人马剿灭李师道的实情。唐宪宗还下令，被李师道胁从的百姓都是自己的子民，一律释放，“诏令颁行，罪止师道”[①]，更是加速了李师道军队的崩溃。对此柳宗元在《贺平淄青后肆赦状》里称道：朝廷“威暂行而德洽，诛才及而恩加。操兵者悉获归休，秉耒者更闻优复”。这话说得很文雅，说白点就是宪宗皇帝刚施威就布德，才诛贼便施恩，李师道手下的战士都回乡，农夫都“优复”即免除租税。真是“和气远周”“仁风溥畅”。柳宗元在祝贺平息李师道叛乱时，还说了下面这番话：

> 某特承朝奖，谬列藩臣，常以突刃触锋，未为效节，膏原润草，岂足酬恩，寤寐抚心，不遑宁处。今则削平之际，惭无尺寸之功；开泰方初，徒受丘山之宠。[②]

柳宗元的“特承朝奖，谬列藩臣”是一般的套话，他真正要表达的是，即使自己能够去冲锋陷阵、效命于沙场也算不得尽节，而“膏原润草”所喻在柳州滋养百姓又怎么能够报答陛下的“丘山之宠”呢？想到这些，他扪心自问，十分不安，惭愧在平息李师道之乱中，自己一点功劳都没有。柳宗元长期处在偏远之地，流贬的生活使他难有效命沙场的机会，他说惭愧，仍然想的是建功立业，真是“老骥伏枥，志在千里”，可惜不可能做到。朝廷无意让他去沙场驰骋，其实他衰弱的病体也不允许了。

最后一年，柳宗元频繁提到了裴行立中丞。

裴行立，绛州（今山西新绛）人，早年学习兵法，任过沁阳刺史、卫尉少卿等职。他做安南经略时，环王国的李乐山谋废国

① 刘昫等：《旧唐书·李师道传》。

② 柳宗元：《贺诛淄青逆贼李师道状》。

君，向裴行立借兵，裴行立不答应，令部将杜英策杀了李乐山，然后把他的妻子和儿女平安地送回去，当地人见状，心悦诚服。他不像有些经略使借助当地豪强干预地方行政，在收服了当地豪强杜英策和范廷芝后，严明纪律。一次，范廷芝休假久不回营，裴行立召见他说："军法规定，休假逾期者斩。你以后再像这样，我就依法处死你。"范廷芝不以为然，后来休假又照常逾期。裴中行果然严惩不贷，下令用棍棒把他打死，另外选择优秀的范家子弟代替他的职位，于是"威声风行"。

柳宗元任柳州刺史的第二年，裴行立任桂州刺史、桂管观察使，都督二十七州军事，柳州就在其中，裴行立算是柳宗元的顶头上司。两人在元和十四年（819）交往特别亲密，裴行立的一些公文都是柳宗元代笔，如《为裴中丞贺破东平表》《为裴中丞贺克东平赦表》《代裴中丞谢讨黄少卿贼表》《为裴中丞伐黄贼转牒》《为桂州裴中丞上中书门下乞朝觐状》等。另外，他还受命为裴行立写过一篇《桂州裴中丞作訾家洲亭记》，说桂州的山川景物之胜，其中最有意味的话是："昔之遗胜概者，必于深山穷谷，人罕能至。"这倒也是，最美的景致人们通常难以见到，因为缺少远足的毅力和勇气。

柳宗元为裴行立写的这些公文，有些主题自己已写过，如祝贺平定了李师道及黄少卿之乱的，这是柳宗元的例行公事，也是裴行立的例行公事。黄少卿是广西黄家峒的百姓首领，所谓的黄少卿之乱是指黄家峒百姓与地方政府之间的冲突。当时平黄是裴行立的一桩大事，柳宗元在上表中，说裴行立这个人仁爱、勤劳，平黄一定可以成功，还为裴行立的出征写了祭旗文。柳宗元和裴行立有不错的交情，还为裴行立的弟弟写了《故处士裴君墓志》。柳宗元死后，他这个柳州刺史居然连安葬的费用都成了问题，归葬长安，所需费用都是裴行立提供的。

柳宗元病情危重的时候，写信给刘禹锡说："我不幸，将以贬谪之身死去，留下的文章将连累你这位老朋友。"柳宗元死后，刘禹锡异常伤感，说："忽承讣书，惊号大叫，如得狂病。良久问故，百哀攻中。涕洟迸落，魂魄震越。"[①] 又说没想到柳宗元先自己与世长辞，"既不可赎，翻哀独生"[②]，悲哀的不仅是柳宗元之死，还有柳宗元死后，剩自己孤独地活在这世上。他后来路过当初两人赴柳州和连州的分别地衡阳湘水畔时，想到柳宗元的死，又写下了《重至衡阳伤柳仪曹》，诗说：

忆昨与故人，湘江岸头别。
我马映林嘶，君帆转山灭。
马嘶循故道，帆灭如流电。
千里江蓠春，故人今不见。

五年前两人分别的一幕又出现在眼前，他骑马陆行，柳宗元乘船水行，从此别过，没承想竟成永别。"千里江蓠春"一仍如故，但老友柳宗元在哪里呢？

柳宗元死了，韩愈也很哀痛，他写了《祭柳子厚文》，感叹人生如梦，梦时的悲乐，哪里是梦醒时分足以追思的呢？韩愈还说大凡物之生，不愿有才，青黄杂糅的木制酒器，是树木的灾难。他说的这话有庄子思想的影子，庄子说凡物有用就有害，有用的树是长不大的，长得大的树是无用的树。韩愈以此暗喻柳宗

① 刘禹锡：《祭柳员外文》。

② 刘禹锡：《重祭柳员外文》。

元正是因为有才导致了流贬的命运，为柳宗元鸣不平。并说柳宗元的文章写得好，但不善处世，像木匠把自己弄得满脸是汗、手指出血，器具还做不成。想到这里，韩愈很伤感。韩愈还在元和十五年（820）写下了脍炙人口的《柳子厚墓志铭》，称赞柳宗元精敏、刻苦、仗义以及文学上的成就。这在前文一再提到了。

柳州罗池庙“三绝”（柳事、韩文、苏书）碑

长庆三年（823），魏忠、欧阳翼派谢宁到京城找韩愈，请韩愈为柳宗元的罗池庙写篇碑文。于是韩愈又写了《柳州罗池庙碑》，并在这篇碑文中记叙了两则轶事。

一则是元和十三年（818），柳宗元曾与部下魏忠、谢宁、欧阳翼在驿亭饮酒对酌，酒喝到兴头上，柳宗元忽然说：“我被时局抛弃而流贬到这里，与大家是朋友。不过我明年将死去，死后会变为神。等我死了三年后，请你们在罗池建庙祭祀我。”柳宗元喝酒时说的话，也许谁都没有在意。但第二年他真的死了，朋友们三年后在罗池为他建了罗池庙，又称为“柳侯庙”。另一则是三年后的孟秋，柳宗元托梦给这些朋友，让朋友们在罗池庙祭奠他。庙成而祭。有位叫李仪的过客，在庙堂上十分傲慢，对柳宗元多有不敬。没想到这人当时就得了急病，被扶出罗池庙门后便猝死。这两个小故事把柳宗元神化了，只是一时笑谈。但在这篇碑文里，韩愈说自己为柳宗元“生能泽其民，死能惊动福祸”的精神所动，感叹柳宗元死后“春与猿吟兮秋鹤与飞”。这里景色的凄凉是韩愈内心凄凉的映现，他表示“千秋万岁兮侯无我违”，正是表达对柳宗元的深情。只是柳宗元没有能够成就他想建立的功业，他自己是有些遗憾的。

第三节　身退只愿安享闲逸

治平四年（1067）五月，欧阳修到亳州，多年外放的意愿得以实现，他很高兴，到亳州后写了《戏书示黎教授》，诉说当时的心情。诗道：

古郡谁云亳陋邦，我来仍值岁丰穰。
乌衔枣实园林熟，蜂采桧花村落香。
世治人方安垅亩，兴阑吾欲反耕桑。
若无颍水肥鱼蟹，终老仙乡作醉乡。

安徽亳州是汉末丞相曹操的故乡，他的次子曹丕称帝后，曾以亳州为"陪都"。欧阳修说亳州古郡不偏僻，他到亳州时赶上丰收，乌蜂之乐，固然因枣熟花香，却也是人可共享的田园之乐。百姓安居乐业，激发他也想躬耕垅亩，为此这亳州知州是可以不做的，且把这仙乡作为晚年作乐的醉乡。欧阳修看到眼前的景象，欣喜之情尽在诗中。不过，亳州还不是他晚年想定居的地方，他想有一天致仕后去颍州。

欧阳修曾在皇祐元年（1049）正月，从扬州知州移知颍州，在颍州置业，从此深爱颍州。皇祐四年（1052）三月，母亲郑夫人死后他到颍州守孝，也没有回家乡吉州永丰（今江西吉安市永丰县），所以他很想去颍州做一个清闲的处士，过"轻蓑短笠伴

明·唐寅《溪山渔隐图》(局部)

春锄”[①]的隐居生活。熙宁元年(1068)春，欧阳修在亳州时，开始上表迫切地请求致仕，从元月到十月，他连上五表、五道札子，说自己鬓发凋残，精神耗尽，肺肝渴涸，眼睛昏花，三年前患上的消渴症又犯了，腰腿细瘦，仅存皮骨，连骑马都越来越艰难。最后上的第五表说得更为严重，说除瘦弱眼昏依旧外，还多了“痼诊”，肠胃不好，老拉肚子，病得够可怜的了。

这时朝廷还没让欧阳修致仕，又传来让他知青州的消息。在这种情况下，他请求留在亳州，辞免青州知州，结果还是以兵部尚书的身份知青州。好在青州年成好，社会太平，他到青州的第二年就安下心来，说可以在“晴明风日家家柳，高下楼台处处山”[②]的青州“养拙”，也就是养养自己的病体。那时他毕竟疏离了官场，少了仕途的纠结和政见不同的冲突，心情轻松，他的《读

① 欧阳修:《书怀》。

② 欧阳修:《春晴书事》。

易》诗是这时心境的很好写照：

莫嫌白发拥朱轮，恩许东州养病臣。
饮酒横琴销永日，焚香读易过残春。
昔贤轩冕如遗屣，世路风波偶脱身。
寄语西家隐君子，奈何名姓已惊人。

然而自以为无事逍遥的欧阳修，还是朝廷命官，他在青州是很平静，可远离青州的京城，新任参知政事王安石正在操持变法，很不平静。他与王安石政见不合，不想再过问世事。熙宁三年（1070）九月七日，欧阳修改知蔡州时写了《六一居士传》，自号“六一居士”。这“六一”指他家藏书一万卷、集录三代以来金石遗文一千卷、琴一张、棋一局、酒一壶以及他自己这一老翁。这老翁不再是当年被贬滁州的“醉翁”，当年说自己是“醉翁”时有几分浪漫，如今真是年衰多病的老头子。他说自己陶醉在前五者中，乐难尽言，“泰山在前而不见，疾雷破柱而不惊”，外无官务劳形，内无忧患劳心，只待有一天携带这五物归于田园，人生夙愿就得以实现了。

然后，欧阳修说自己应该从官场抽身而去了，他说有“三宜去”。一是少仕老休，不必等到 70 岁。二是自己为朝廷所用，到现在没有什么名声。三是年轻的时候没有什么荣禄，如果老来贪图荣禄，就违背了自己的人生意愿。并说：“吾负三宜去，虽无五物，其去宜矣，复何道哉！”他当时一再乞求辞京官以外任，好不容易方得如愿。而这篇《六一居士传》是他决计要致仕的表白。之后他在蔡州任上连呈三表请求致仕。熙宁四年（1071）六月，65 岁的欧阳修获准以观文殿学士、太子少师的身份致仕，享禄依旧。

宋神宗在批准欧阳修致仕的诏书里，称赞他“文章学问，远足以知先王；德义谋猷，近足以宜当世”，这对欧阳修是很高的评价，事实也是如此。他自感皇恩浩荡，意愿得以实现，十分满足。社会贤达得知欧阳修致仕了，纷纷写信祝贺，其中就有苏轼。他在《贺欧阳少师致仕启》里说，欧阳修“事业三朝之望，文章百世之师。功成社稷，而人不知；躬履艰难，而节乃见”。这也是大实话，欧阳修一生数历艰难，重道义、讲忠信的操守未变，在仕途上他总在作为；当“事业三朝之望”成为往事之后，“文章百世之师”一仍放射着耀眼的光芒。欧阳修致仕，是他为官的善终。人生至此，也是可以满足的，他可以安心去颍州了。

从蔡州到颍州路途不远，六月中旬获准致仕，欧阳修稍事收拾，举家迁移。他行动很迅速，七月初就到了颍州，从此进入生命的最后一年。

欧阳修抵颍州时天气炎热，他这个退休的闲人不同往常，长期在京城或地方做官时，家中事务有人料理，现在得自己操持。他给友人薛公期写信说：“到颍州后，家大开销多，日常生活上的琐事没有理顺，还是很劳心。”好在把诸事料理停当后，就是人世间的无事人了，清闲里有悠然的趣味。只是眼睛昏花、腿脚瘦弱、牙齿疼痛以及消渴症等老毛病越来越厉害。这样的身体状态也让他伤神，他难以忍受的除了老毛病，再就是随着年纪增长，愈老愈衰，他也不能不面对、承受。后来他让医生把病齿拔掉，总算可以放口吃饭喝酒了，但还是挡不住衰老一天胜过一天。好在心态还可以，他觉得老年衰病是人生常理，一点都不奇怪，在给右谏议大夫邵亢的诗中说：“豪横当年气吐虹，萧条晚节鬓如蓬。欲知颍水新居士，即是滁山旧醉翁。”[①] 是呀，当年的欧阳修正值盛年，意气风发，哪是如今老迈的欧阳修可比。

这年九月，苏轼以太常博士直史馆的身份通判杭州，他从京城到陈州，让苏辙陪他去颍州看望欧阳修。欧阳修十分高兴。三人同游颍州西湖，苏轼写了《陪欧阳公燕西湖》，说三人湖上痛饮，醉后剧谈。苏轼看西湖之畔草木繁茂，芙蓉晚菊都开得艳丽，不禁“插花起舞为公寿”，而欧阳修“已将寿夭付天公”，退休了，寿命也顺应自然。在笑谈中，欧阳修说了一件趣事：从前有个人生病，大夫问他起病缘由。那人说，因坐船遇风，受惊后就病倒了。于是医生找来船上的舵把，将舵把上舵手的汗渍刮下来，和丹砂、茯神掺在一起给患者服用，患者服用后病就好了。欧阳修接着说：“大夫以意念用药，大多如此。初看像是儿戏，有时真有效果，不知究竟是什么原因。”苏轼听了说道：“以此类推，用笔墨烧成灰给学者喝，可以治疗昏庸懒惰；喝伯夷的洗脚水，可以治疗贪婪；吃比干的剩饭，可以治疗奸邪；舐樊哙的盾牌，可以治疗胆怯；闻西施的耳环，可以治疗丑陋。”说得欧阳修哈哈大笑。这是玩笑话。这次相会，欧阳修对苏轼说：“我所谓文，必与道俱。见利而迁，则非我徒。”[②] 这是欧阳修最后对苏轼的教诲，苏轼再拜道“有死无易”。他们还谈到当世贤士，欧阳修说平生唯恐他们不为人知，而对不起自己的人，那不是他们的错，是自己的过错。

欧阳修闲居颍州怡然自得，他深爱的西湖在颍州最擅佳名，清风明月、良朋美景，有时乘兴独往，湖畔蛙声悦耳动人，曲水临流一觞一咏；有时欢然会意，旁若无人，不觉自我沉醉。于是

---

① 欧阳修：《答资政邵谏议见寄二首》（其一）。

② 苏轼：《祭欧阳文忠公及夫人文》。

词兴大发，以旧阕写新声，成《采桑子》组词十三首。他自称是效薄技以佐清欢，而这填词的“薄技”在他可是自谦之词。虽说后来苏轼词的影响居上，但欧阳修当时也是词坛领袖。前面提到过其中的《采桑子·画船载酒西湖好》，那是写自己犹若神仙般的生活。与之相应的还有“春深雨过西湖好”，词是这样写的：

春深雨过西湖好，百卉争妍。蝶乱蜂喧。晴日催花暖欲然。兰桡画舸悠悠去，疑是神仙。返照波间。水阔风高飏管弦。

游西湖的欧阳修心情很好，在春已深、雨刚过之际看西湖，百花争妍、蜂蝶喧哗，在和煦的阳光之下，花的艳丽，像要被点燃了一样。花的喜气当然是欧阳修内心难以抑制的快乐。他坐的画舸、兰桡轻轻地摇着，悠然地在湖面上漂荡，风吹水鸣，犹如美妙的管弦乐声，身处其间也是神仙般的感觉。又如《采桑子·平生为爱西湖好》：

平生为爱西湖好，来拥朱轮。富贵浮云，俯仰流年二十春。归来恰似辽东鹤，城郭人民，触目皆新，谁识当年旧主人？

欧阳修 43 岁时从扬州移知颍州，从他知颍州到现在，二十多年过去了。“来拥朱轮”，说的是他当年做颍州太守时坐着红色车轮的马车，光鲜得很，如今退休后是一个闲人，曾经拥有的富贵成为浮云，不值得挂念。他用《搜神记》里丁令威变成白鹤回辽东故里的故事，说自己到颍州就像回到家一样。但颍州不再是从前的颍州了，它变了，城郭是新的，百姓也是新的。于是，欧阳修诙谐地说，不知是否还有人知道他这个旧时的主人、从前的颍州知州。

处在人生最后一年的欧阳修自知病体衰弱难以持久，在颍州安心地享受着暮年的生活。在这一年写下的《答枢密吴给事见寄》里他自问："老得闲来兴味长，问将何事送余光。"随后自答："春寒拥被三竿日，宴坐忘言一炷香。""送余光"的事除了这里说的睡觉、默坐外，还有饮酒、思亲、读书、写作。他对韩琦说："一生勤苦书千卷，万事销磨酒百分。放浪岂无方外士，尚思亲友念离群。"[①] 欧阳修眼睛不好，却始终勤奋读书写作，除了无休止的政务外，著述相当丰硕，非常人能及。

这年春天，77 岁的太子少师赵概来颍州与他相聚。赵概，字叔平，虞城（今河南虞城）人，官至参知政事，以太子少师致仕。他历经真宗、仁宗、英宗、神宗四朝，谥康靖。

上年底就有消息说赵概要从商丘来访，欧阳修有点喜出望外。他在给赵概的信中说：先生此举，自从东晋王子猷在会稽时雪夜想起朋友戴安道随即乘船去拜访之后，几百年来就没有这样的盛事了。您的到来，使我这个衰病的老头子重振精神，继前贤而垂名后世，真是荣幸之至。王子猷访戴安道是乘兴而来，兴尽而返，到了戴安道家门口而不求与他相会，为人传诵。欧阳修很敬重赵概，也是因为有些往事让他感动。早年，欧阳修在馆阁任职，修《起居注》。当时赵概已在馆阁，见朝廷想用欧阳修，主动避让，要求外放，后到天章阁待制，于是欧阳修成为知制诰。那时欧阳修对赵概不太友好，当欧阳修因外甥女事遭遇流贬时，赵概上书为欧阳修辩解，说不能以国家法令为人报怨，欧阳修后来得到赦免与他也有些关系。欧阳修佩服他的为人，从此两人成为至交。

---

① 欧阳修：《退居述怀寄北京韩侍中二首》（其一）。

赵概和欧阳修一样功成身退，如今难得旧友重逢，于是欧阳修把颍州住宅“六一堂”西的会客室作了修整，迎接赵概。当时的颍州知州吕公著知道赵概来到，特来相聚，挥毫题匾，将这间普通的会客室题名为“会老堂”。一时间欧阳修高兴得写了许多诗词，诉说相聚的快乐。欧阳修在《会老堂致语》中说到赵概来访，称为“德星之聚”，并即席写了一首诗，后题为“会老堂口号”：

欲知盛集继荀陈，请看当筵主与宾。
金马玉堂三学士，清风明月两闲人。
红芳已尽莺犹啭，青杏初尝酒正醇。
美景难并良会少，乘欢举白莫辞频。

这里“荀陈”说的是颍州老故事，东汉末年颍川的荀淑与陈寔都是名士，两家以德相交，彬彬有礼，成为当地佳话。欧阳修说他与赵概的相会是这一佳话的延续，主宾三人都曾是翰林院学士，他用了汉代金马门和玉堂来打比方，那是早年有过的生活，眼下他和赵概是清风明月下的闲人，美景良会，莺啼酒醇，喝吧，“便须豪饮敌青春，莫对新花羞白发”[①]，何妨一杯接一杯呢？欧阳修的兴致很高，又在《会老堂》诗里写道：

古来交道愧难终，此会今时岂易逢。
出处三朝俱白首，凋零万木见青松。
公能不远来千里，我病犹堪釂一钟。
已胜山阴空兴尽，且留归驾为从容。

---

① 欧阳修：《玉楼春·两翁相遇逢佳节》。

欧阳修说古来朋友相交，善始易而善终难，他与赵概老来重逢真不是易事，两人历经三朝之后，多少功业无须说起，当叹的是青丝都变成了白发，多少人已成往事，年迈的赵概犹如青松。赵概不远千里来相会，欧阳修高兴地说自己虽病也要举杯对饮，并希望赵概能多待些日子。

除了上述两首诗之外，欧阳修还写了《渔家傲·与赵康靖公》《玉楼春·两翁相遇逢佳节》等，尽叙友情和离别的不舍。赵概在颍州待了一个多月，与欧阳修畅叙情怀，泛舟西湖，成为欧阳修晚年颍州宝贵的交游时光。赵概走了以后，欧阳修一人独坐在会老堂，只觉得会老堂如此寂寞，不见好友的踪影，于是作《叔平少师去后会老堂独坐偶成》，感叹“积雨荒庭遍绿苔，西堂潇洒为谁开”，不过他随即放平心情，说“野老但欣南亩伴，岂知名籍在蓬莱”，又有躬耕南亩、飘然若仙之感了。

熙宁五年（1072）闰七月二十三日，饱受风眩症、消渴症及眼病折磨而瘦骨嶙峋的欧阳修在颍州家中与世长辞，享年66岁。他一生经历了太多的生生死死，弥留之际写了一首《绝句》：

冷雨涨焦陂，人去陂寂寞。
惟有霜前花，鲜鲜对高阁。

人们说这是他的绝笔诗，诗里的“焦陂”当是他住地旁边的池塘。是呀，曾与他相伴的焦陂会因他的死变得寂寞；而“霜前花”一年一度永远鲜艳。他说的这些是人生必然面对的物是人非，对于熙熙攘攘的人间世，他在最后时刻还是有些留恋不舍，只是人生无奈。

欧阳修死后，天下震动，宋神宗得到报告，停止上朝一天，以示哀悼。一时间，众多的社会名流如韩琦、王安石、曾巩、范镇、苏轼、苏辙等都写文章祭奠、哀悼他。韩琦受欧阳修生前托付，为他写了《太子少师欧阳公墓志铭》，说他“天资刚劲，见义敢为，襟怀洞然，无有城府，常以平心为难，故未尝挟私以为喜怒。奖进人物，乐善不倦，一长之得，力为称荐，故赏识之下，率为闻人。惟视奸邪，嫉若仇敌，直往奋击，不问权贵”。欧阳修这样的性情固然遭遇了人生的波折，但他自我的修为并不因波折而放弃，他自始至终乐于做一个仕途君子。

欧阳修一生饱受疾病折磨，嘉祐四年（1059）曾写诗给韩子华、刘敞（原父），说是“狂来有意与春争，老去心情渐不能。世味惟存诗淡泊，生涯半为病侵陵”[①]。当时 53 岁的欧阳修自言有意争春的日子已成过往，他可以不再追求仕途的进步，只是无法摆脱疾病缠身。随着年纪愈大，疾病愈重，在这样糟糕的身体状态下，他在操持政务的同时笔耕不辍，在史学和文学上都卓有成就。

庆历七年（1047）八月，曾巩在《醒心亭记》里说过这样一段话：“若公之贤，韩子殁数百年而始有之，今同游之宾客，尚未知公之难遇也。后百千年，有慕公之为人而览公之迹，思欲见之，有不可及之叹，然后知公之难遇也。”果然，欧阳修真是让千年后的人们有“思欲见之而不可及”的感慨。

---

① 欧阳修：《病告中怀子华、原父》。

第四节　让我静静地死去

苏轼北归，在元符三年（1100）六月二十日在琼州渡海去廉州，当夜写下了他在海南的最后一首诗《六月二十日夜渡海》：

参横斗转欲三更，苦雨终风也解晴。
云散月明谁点缀，天容海色本澄清。
空余鲁叟乘桴意，粗识轩辕奏乐声。
九死南荒吾不恨，兹游奇绝冠平生。

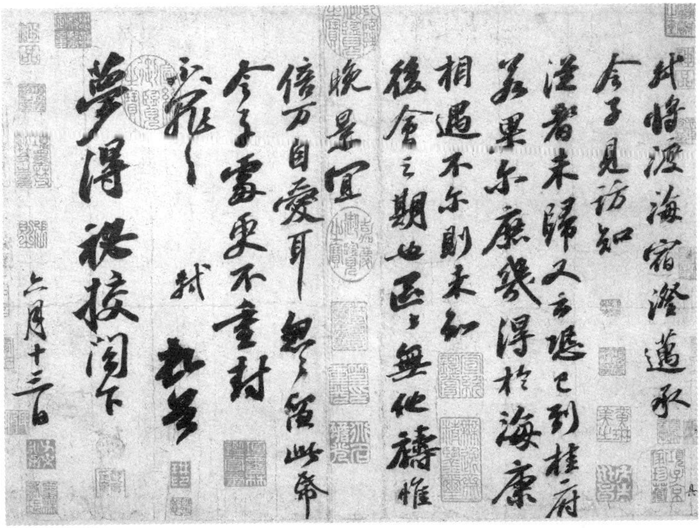

宋·苏轼《渡海帖》（局部）

这时，苏轼终于长长地舒了口气，参横斗转，苦雨终风已经过去，他流贬儋州的生活结束。在即将渡过琼州海峡的这个夜晚，他抬头看那轮高悬的皎洁明月，天空云散，大海苍茫，光水澄澈，他不再有“鲁叟”即孔子“道不行，乘桴浮于海”的想法，也不再有流贬儋州的忧愁。而有“兹游奇绝冠平生”的快乐。甚至说，为了欣赏海南的美景，即使死在此地也心甘情愿。

第二天，苏轼回到了徐闻递角场，从郴州内移衡州的秦观，专门到海康等着他的到来，老友相见，分外亲热，短暂相会，却成为历史的永远记忆。七月四日，苏轼到廉州的治所合浦，在这里见到了梅尧臣的门生欧阳阀即欧阳晦夫。梅尧臣早年和欧阳修一道十分赏识苏轼，曾对苏洵说苏轼兄弟年少有为，羡慕他“家有雏凤凰”。这时欧阳晦夫请苏轼为梅尧臣当年给他的送行诗写一段跋文，于是苏轼写了《书圣俞赠欧阳阀诗后》，就诗中说的“我家无梧桐，安可久留凤”笑言：“晦夫年六十六，予尚少一岁，须鬓皆皓然，固穷亦略相似。于是执手大笑曰：‘圣俞之所谓凤者，例皆如是哉！’天下皆言圣俞以诗穷，吾二人又穷于圣俞，可不大笑乎！”这一段“笑凤”的插曲，是苏轼对自己和欧阳阀的解嘲。九泉之下的梅圣俞，哪里知道他当年称赞的“凤凰”，后来竟有这样坎坷的命运呢？

八月，苏轼新授舒州（今安徽潜山）团练副使，安置永州。本拟在廉州安居的苏轼又被感动了，他没忘上《谢量移永州表》，说徽宗陛下让他从海南内移廉州，已让他感激涕零了，现在又往北量移永州，真是“天子发政施仁，无一夫之失所”。他这时真是年纪老大，还是继续说自己有心报效朝廷，但已无能为力了，只是期待归骨故乡。苏轼一生四处漂泊，流贬黄州时想在黄州安度晚年，流贬惠州时想在惠州度过余生，流贬儋州时干脆说我的家乡就是儋州。此心安处是故乡，他北归的目的地最初是遵命而行，朝廷说廉州安置就去廉州，说永州安置就去永州。他离开廉州，北行快到广西郁林时，突然得到秦观猝死的消息，震惊哀痛不已。他忍痛北行，将至广州时，小儿苏过有诗寄给在广州等候的兄长苏迈、苏迨。看了苏过的诗，苏轼心有所感，写了《将至广州，用过韵，寄迈、迨二子》，在诗中他把被贬海南的生活视为“出家”，现在“破戒”弃道，与多年未见的大儿、二儿相会，终是一桩乐事。他叙说了老大、老二、老三以及自我不同的生活经历，说自己此时为诗酒所困，前途渺茫，还是有几分酸楚。不过，进入晚年的他这时希望能和儿子们早一点安居。“纷纷何时定，所至皆可老”，无论安居在哪儿，都可以享受洒扫庭院、儿孙绕膝的天伦之乐。

苏轼在广州受到了热情的接待，转运使程怀立代行广州事务，派人迎接他；谢民师来看他，他录了往年在瓜步梦中所得七绝示谢民师；又与孙叔静兄弟、李端叔以诗相唱和，有《和孙叔静兄弟李端叔唱和》诗，其中写道：“喜闻新国政，兼得故人书。秉烛真如梦，倾杯不敢余。”如梦一样的喜悦，一饮而尽的豪情，全是人生的温暖。这段时间，他与广州副守萧世范常有诗相赠答。如他的《广倅萧大夫借前韵见赠，复和答之，二首》（其一）写道：

生还粗胜虞，早退不如疏。
垂死初闻道，平生误信书。
风涛惊夜半，疾病送灾余。
赖有萧夫子，忧怀得少摅。

前四句回顾自己的人生，“生还粗胜虞”用了三国时吴国虞翻的故事。虞翻生性耿直，早年效命于孙策，孙策死后他为孙权所用，忠诚如故，因好直谏为孙权忌恨。后虞翻饮酒犯过，孙权把他贬到交州，最后虞翻死在交州。“早退不如疏”用了前面提到的西汉疏广、疏受叔侄的故事。苏轼讲虞翻的故事，庆幸自己得以生还，又想到如果能像疏广、疏受那样及时功成身退，就更好了。他反思自己追求报效朝廷，不愿放弃功名，老来才懂得功成身退的道理，略有悔意。

十一月上旬，苏轼离开广州，路过清远峡宝林寺时，见到禅月画的十八大阿罗汉图，写了《书罗汉颂后》；与专门从番禺赶来的吴复古、何德顺等人一起游览了广庆寺；后在峡山寺稍作停留，有《与谢民师推官书》，信的开头说了下面这番话：

> 轼受性刚简，学迂材下，坐废累年，不敢复齿缙绅。自还海北，见平生亲旧，惘然如隔世人，况与左右无一日之雅，而敢求交乎？

这“学迂材下”是他的自谦之词，因为性格刚简，他遭流贬多年，也就是他说的坐废多年，不敢和官吏们同列。北归以来看到亲旧，惘如隔世。这时苏轼还给李端叔写信说：“你多次写信给我，我均未作答，不是多病疏懒，而是自感罪孽深重，唯恐嘘寒问暖连累了知交。就这样还是连累了你，真对不起。再则，我与人没有雅集，也不敢求交。”苏轼在多年的流贬生活中，面对外部仕途宦海，他是一个自守孤独者。这促成他在海南宁静的平民生活，他与海南百姓亲密无间，相互依恋。

苏轼继续前行，未到英州（今广东英德）就有消息传来他将再度获赦，恢复朝奉郎的官职，提举成都府玉局观，这将为他脱掉罪人的外衣。因此，他开始考虑自己的安身之地。他在给孙叔静的信中说："得免湖外之行，余生厚幸。至英，当求人至永请告敕，遂渡岭过赣归阳羡，或归颍昌，老兄弟相守，过此生矣。"[①]他最后想去阳羡（今江苏宜兴），或去颍昌（今河南许昌）。因为元丰七年（1084）九月他曾在阳羡置业，买得有田地，还写了《菩萨蛮·阳羡作》，词的上阕道："买田阳羡吾将老，从初[②]只为溪山好。来往一虚舟，聊从造物游。"那时他就有养老阳羡的想法。而想去颍昌，是因为与弟弟苏辙相约晚年同居颍昌。

苏轼到达英州时，朝廷的诏命也到了，诏命允许他在京城之外的各州任便居住。他在英州写了《提举玉局观谢表》，反省自己："臣才不逮人，性多忤物。刚褊自用，可谓小忠；猖狂妄行，乃蹈大难。皆臣自取，不敢怨尤。"这与他在《移廉州谢上表》中的情绪有点不同，那时他还有些怨气，这时已无怨可言，自省之外，就是感恩效忠了。他说陛下"使臣得同草木之微，共沾雷雨之泽。臣敢不益坚素守，深念往愆。没齿何求，不厌饭疏之陋；盖棺未已，犹怀结草之忠"[③]。所谓"饭疏"，语出孔子，指的是粗糙的食物。苏轼说从此后就是吃着粗糙的食物，自己也是心满意足的。而"结草"之说他在《到惠州谢表》中表露过，用的是春秋时晋国魏颗的故事。魏颗没有按父亲魏武子的遗嘱杀父之妾为父殉葬，后魏颗与秦将杜回交战，一位老人结草把杜回绊倒，让魏颗获胜。这老人就是魏武子妾的父亲，以此报答魏颗。苏轼借这个传说表白自己只要一息尚存，忠心犹在。

---

① 苏轼：《与孙叔静三首》（其二）。

② 初，一作来。

③ 苏轼：《提举玉局观谢表》。

在英州，令人悲伤的是，送苏轼北归的朋友吴子野死去。吴子野，名复古，号远游，潮州麻田人，苏轼的老朋友。苏轼南迁惠州、儋州时，他都前往看望，苏轼则以诗相赠。吴子野的死让苏轼很伤感，他写了《祭吴子野文》，说吴复古在道与世违的情况下，“急人缓己，忘其渴饥；道路为家，惟义是归”，称道吴复古急困重义。令人高兴的是，他在英州见到了老友郑侠即郑介夫。郑侠少时为王安石所知，但他对王安石变法也有不同看法。熙宁六年（1073）七月到熙宁七年（1074）三月，天下大旱，东北逃荒，流民扶老携幼，堵塞道路。郑侠见此，给宋神宗上了流民图，请求废除朝廷的敛掠不道之政，与王安石、吕惠卿尖锐对立，后被贬英州十年。哲宗即位以后，苏轼兄弟进言，郑侠得以改任泉州教授，但在元符初年，再贬英州。

苏轼与郑侠的政见相投，命运也相似。郑侠写了两首诗送苏轼。苏轼回复了《次韵郑介夫二首》。“其一”中说：“相与啮毡持汉节，何妨振履出商音。”他在这里用了两个典故，一是西汉苏武出使匈奴，被匈奴人扣留在大漠牧羊，始终不失节操；二是《庄子·让王》说的曾子居卫，穿着破鞋而歌《商颂》，声如金石，委婉地表现两人高洁的操守，在艰难的处境下虽如“孤云倦鸟”却能安贫自得。

苏轼离开英州后去了韶州，在韶州依然是观赏水光山色和诗歌唱和。他去过南华寺等地，有卜居龙舒的想法；与韶州太守狄大夫唱和，以《次韵韶守狄大夫见赠二首》诉说他的生活与性情。“其一”说自己“华发萧萧老遂良，一身萍挂海中央。无钱种菜为家业，有病安心是药方”，感慨人生已老、生涯漂泊，余下的日子就想安心自任。他的才华和痴绝为一体，不能为朝廷所接纳。他在这首诗里还提到早年侍奉哲宗的情形，可现在哲宗已逝，他

“万里归来空泣血”，哀痛已无济于事了。

苏轼继续北归，宋徽宗建中靖国元年（1101）去虔州，途经大庾岭和南安。他在过大庾岭时，写了《赠岭上老人》《赠岭上梅》《过岭二首》等诗，状景寄怀。他在《过岭二首》（其二）里回忆流贬惠州以来的生活，说到“梦里似曾迁海外，醉中不觉到江南”，想一想，真的是人生如梦。南迁惠州、儋州，前后七年，历经多少生活的磨难和内心的痛苦，总算是熬过来了，戴罪之身终成自由之身。在《赠岭上老人》中，他询问岭上老人，曾经见到几个南迁的人回来的呢？他却生还了。

他到南安，据说遇到了旧友刘安世。刘安世曾从司马光游，司马光为相时，荐举他为秘书正字，官至谏议大夫。后被贬新州（今广东新兴）。刘世安觉得苏轼变了，浮华豪习完全褪去，归于平易。也是，苏轼经历了儋州的岁月，处世越来越淡泊。苏轼和刘世安笑谈海南生活，和他一道游览南塔寺寂照堂，有“总是镜空堂上客，谁为寂照境中人”[①]的感慨。

刘世安陪苏轼到了虔州，因赣江水枯，苏轼写信告诉朱行中，等待春水到来再启程。同时，苏轼又一次考虑自己的归宿，跟苏坚（伯固）说，如果龙舒有一座官府的庄园可买，就买了那座庄园，余生也就足够了。又告诉钱济明（世雄）：“某已到虔州，二月十间方离此。此行决往常州居住，不知郡中有屋可得以典买者否？如无可居，即欲往舒州、真州，皆可。如闻常州东门外，有裴氏宅出卖，（虔士霍子侔大夫言）告公令一干事人与问当，若果可居，为问其直几何，度力所及，即径往议之。俟至金陵，当别遣人

① 苏轼：《寒食与器之游南塔寺寂照堂》。

咨禀也。若遂此事，与公杖履[①]往来，乐此余年。”[②]这显然是苏轼对自己未来生活的安排，他这时考虑的不再是阳羡和颍昌，而是在常州作养老终生的打算。

苏轼离开虔州以后，船行到了江西，与刘世安同游庐山。他十几年前游过庐山，还写下名诗《题西林壁》:“横看成岭侧成峰，远近高低各不同。不识庐山真面目，只缘身在此山中。”如今庐山的草木已不是原来的面貌，栖贤寺、开先寺破败了一半，山岭自然还是“远近高低各不同”。唯有山中道友还是当年的样子。苏轼在给胡道师的信中说，道在世外真的不是假话。他和道友相见，也是恍如梦寐。苏轼从庐山出发，经池州、芜湖、当涂到金陵，时值五月。钱济明有信来，苏轼在回信中安慰刚失去妻子的钱济明，希望他和程之元（德儒）同去京口（今江苏镇江）的金山，大家在那里相会。

在金山寺，众人相聚，有了下面一幕：苏轼看着寺庙墙壁上李龙眠画的“苏轼像”，浮想联翩，信笔在画像旁题了一首小诗《自题金山画像》:

心似已灰之木，身如不系之舟。
问汝平生功业，黄州惠州儋州。

这小首诗在无限的感慨中，几乎说尽了苏轼的一生。他一生屡遭流贬，四处漂泊，在黄州、惠州、儋州待的时间最长，他称“平生功业”在三州，调侃中蕴含了深厚的人生失意和悲愤。走

---

① 履，一作屦。

② 苏轼:《与钱济明书十六首》（其十）。

过黄州、惠州、儋州，他的“功业”结束，自己已是垂垂老者，万念俱灰。心灰的话他在过大庾岭《赠岭上老人》诗里就说过，“鹤骨霜髯心已灰”。苏轼的才华与际遇不合，心是很痛的。

苏轼在金山和友人钱济明、程之元等人商量，自己晚年究竟住在哪里好。他本意想住在常州，弟弟苏辙执意劝他定居颍昌。原来他当时身无分文，想到苏辙也是久在流贬之中并无余钱，而他在常州略有产业，住在常州可以不拖累苏辙。苏辙苦苦相劝，苏轼也想到人老了，来日无多，家人不宜分居几地，所以还是打算去颍昌，行期定在六月。但在金山商议以后，听说这年正月向太后死后，朝廷的党争仍然未平，这动摇了苏轼去颍昌的想法，最终决定还是去常州定居，离京城远一点的好。所以他给苏辙回信说：“今已决计居常州，借得一孙家宅，极佳。浙人相喜，决不失所也。……恨不得老境兄弟相聚，此天也，吾其如天何！然亦不知天果于兄弟终不相聚乎？”① 又说，士君子做事，只求省力，这次不能团聚，有违我们的心愿，但省力又能避害，以后再见吧。

随后，苏轼去了真州，拟在真州停留十多天，就顺江而下去常州。在真州东园，他见到老友书法家、诗人米芾即米元章。两人特别高兴，共游西山。因天气炎热和污浊的河水熏染，这时苏轼病倒了。他躺在船上，小儿苏过把米芾的《宝月观赋》读给他听，身体虚乏、食欲不振也不想说话的苏轼，兴奋得一跃而起，感慨与米芾相交 20 年，对他了解实在不够。米芾怎么写了这么好的赋，不仅当世无人可及，就是古人也是不及的。

因患病，苏轼的日子渐渐不好过了，他在给米芾的好几封信里都说到自己艰难的处境：卧病在床，难得动弹，也不想说话；

---

① 苏轼：《与子由弟十首》（其八）。

吃东西就腹胀，不吃又饿得身体虚弱；晚上睡不着，起来坐一坐，猖狂的蚊子又咬得厉害。其《与米元章二十八首》(其二十五)说：“某启。岭海八年，亲友旷绝，亦未尝关念。独念吾元章迈往凌云之气，清雄绝俗之文，超妙入神之字，何时见之，以洗我积年瘴毒耶！今真见之矣，余无足言者。”他盛赞米芾的文章写得好，字也写得好，读罢，仿佛洗去了体内积年的瘴毒，顿觉轻松。

苏轼稍好一点，就动身经润州去常州，终于在宋徽宗建中靖国元年（1101）六月中旬到达常州。此时他的病更沉了，自感生命到了最后时刻。他最后一次给朝廷上书，即《乞致仕状》，请求退休。

苏轼在《乞致仕状》里说了自己从定州到惠州，再到儋州的经历，在儋州遇陛下登极大赦，北归，量移廉州安置，又改移舒州团练使、永州安置；再蒙圣恩，任朝奉郎、提举成都府玉局观，任便居住。自己打算去常州宜兴。因为自己在宜兴有一点田地，能够躬耕自食。所以从儋州北归以来，不远万里，直奔常州，以尽余年。但人生难料：

> 臣人微罪重，骨寒命薄，难以授陛下再生之赐，于五月间行至真州，瘴毒大作，乘船至润州，昏不知人者累日。今已至常州，百病横生，四肢肿满，渴消唾血，全不能食者，二十余日矣。自料必死。臣今行年六十有六，死亦何恨，但草木昆虫贪生之意，尚复留恋圣世，以辞此宠禄，或可苟延岁月，欲望朝廷哀怜，特许臣守本官致仕。

苏轼这一路奔波，他的病躯难熬，濒临死亡，为苟延性命而求退养。他的请求很快就得到批准，退休了，从此不必再参与朝廷事务，可以自由自在地过自己的生活。但退休的苏轼已经没有享受生活的体能，病越来越重，身体越来越差，直到卧床不起。

相传他在这之前，将在儋州最终完成的《易传》《书传》和《论语说》托付给钱世雄，并对钱世雄说："我在海外完成的这三部书全部交给你，希望你不要示人，30年后，一定有懂得这三部书的人。"

在生命的最后时刻，他任杭州太守时的朋友、杭州径山寺长老维琳来常州看护他。苏轼平生信佛，在遭遇艰难的时候常常求佛庇佑。而这时，已经卧病50天的他站在死亡的边缘，却不求佛以度来世。他对冒着酷热而来的维琳说："大患缘有身，无身则无疾。平生笑罗什，神咒真浪出。"[①] 他看透了人生，也看透了佛祖。人生的忧患，就因为生命的存在。如果没有生命了，人生还会有忧患吗？维琳有些不解苏轼为什么会说鸠摩罗什的经语是"浪出"。苏轼说，鸠摩罗什自己病重时，多次要弟子们念西域神咒以求不死，但咒没念完鸠摩罗什就死了。那经语难道不是"浪出"吗？他对维琳说："某岭海万里不死，而归宿田里，遂有不起之忧。岂非命也夫！然死生亦细故尔，无足道者，惟为佛为法为众生自重。"[②] 他把死亡归结为命运，淡然面对。同时，他视死生为小事，表现出对人生的超越和惯有的旷达洒脱。他劝维琳为佛为法为众生自重，关键还是"自重"，他则要告别人世了。

他写信给苏辙，交代死后把他葬在嵩山下，为他写墓志铭。这时候儿子们守护在他的身边，对父亲的病束手无策。苏轼看着儿子们说："我平生没有做什么坏事，死后也不会坠入地狱，你们千万不要哭泣影响我平静地死去。"儿子们问以后家里的事该咋

---

① 苏轼：《答径山琳长老》。

② 苏轼：《与径山维琳二首》（其二）。

办，苏轼默而不语。

宋徽宗建中靖国元年（1101）七月二十八日，苏轼在常州溘然长逝。黄庭坚曾说到他死时的情形：苏轼让家人为他沐浴，换上朝衣，谈笑间渐渐没了呼吸。苏轼死后，苏迈和两个弟弟按父亲的遗嘱把他葬在河南郏县的小峨眉山，苏辙为哥哥写了《亡兄子瞻端明墓志铭》，记述了哥哥跌宕起伏的一生。苏轼死时，吴越百姓一道哀哭于集市，天下无论贤愚得知苏轼的死讯无不感叹泪流，太学士数百人先后去慧林佛舍为苏轼祈福。许多人悼念他，为他写了挽诗或挽词，米芾在《苏东坡挽诗》里将苏轼和韩愈、欧阳修相提并论，说是“道如韩子频离世，文比欧公复并年”。也是巧合，古文齐名的苏轼和欧阳修，生命都定格在66岁。

韩柳欧苏生命的最后一年，各有不同的生活，但对于死亡都表现得很平和，这也是做人的格局。

主要参考文献

《全唐文》，董诰等编，中华书局 1983 年版。

《全宋文》，曾枣庄等编，上海辞书出版社、安徽教育出版社 2006 年版。

《旧唐书》，刘昫等撰，中华书局 1975 年版。

《新唐书》，欧阳修等撰，中华书局 1975 年版。

《宋史》，脱脱等撰，中华书局 1975 年版。

《韩愈全集校注》，屈守元等主编，四川大学出版社 1996 年版。

《柳宗元集》，中华书局 1999 年版。

《柳宗元诗笺释》，王国安笺释，上海古籍出版社 1993 年版。

《欧阳修全集》，李逸安点校，中华书局 2001 年版。

《欧阳修诗文集校笺》，洪本健校笺，上海古籍出版社 2009 年版。

《欧阳修诗编年笺注》，刘德清等笺注，中华书局 2012 年版。

《欧阳修词笺注》，黄畬笺注，中华书局 1986 年版。

《苏轼文集》，孔凡礼点校，中华书局 1986 年版。

《苏轼诗集》，孔凡礼点校，中华书局 1982 年版。

《东坡乐府编年笺注》，石声淮、唐玲玲笺注，华中师范大学出版社 1990 年版。

《苏轼词编年校注》，邹同庆等著，中华书局 2002 年版。

《孟郊诗集校注》，华忱之等校注，人民文学出版社 1995 年版。

《张籍集系年校注》，徐礼节等校注，中华书局 2011 年版。

《刘禹锡集笺证》，瞿蜕园笺证，上海古籍出版社 1989 年版。

《梅尧臣集编年校注》，朱东润校注，上海古籍出版社 1980 年版。

《曾巩集》，陈杏珍等点校，中华书局 1984 年版。

《黄庭坚全集》，刘琳等点校，四川大学出版社 2001 年版。

《黄庭坚诗集注》，任渊等注，刘尚荣校点，中华书局 2003 年版。

《淮海集笺注》，徐培均笺注，上海古籍出版社 1994 年版。

《韩愈资料汇编》，吴文治编，中华书局 1983 年版。

《柳宗元资料汇编》，吴文治编，中华书局 1964 年版。

《欧阳修资料汇编》，洪本健编，中华书局 1995 年版。

《苏轼资料汇编》，四川大学中文系唐宋文学教研室编，中华书局 1994 年版。

《宋文六大家活动编年》，洪本健编著，华东师范大学出版社 1993 年版。

《韩愈年谱》，吕大防等撰，中华书局 1991 年版。

《柳宗元年谱》，施子愉著，湖北人民出版社 1958 年版。

《欧阳修纪年录》，刘德清著，上海古籍出版社 2006 年版。

《苏轼年谱》，孔凡礼撰，中华书局 1998 年版。

《三苏年谱》，孔凡礼撰，北京古籍出版社 2004 年版。

后　　记

本书的撰写，是我2018年2月10日辞职回归家庭之后的主要工作之一。那时，我在海南科技职业学院已经工作了五年，有幸参与该校从专科升格为本科的工作，待工作基本完成，我选择了离开，虽然离开还是有些不舍，但我决计离开，因为我2002年底从华中师大到海南师大工作，至今已是十六年有余了，离家的日子太长，近年与案头的古代文学若即若离的时间也不算短了，心念回归，也就无须多虑。

辞职之后的这一年多，我游走在海南、武汉和伦敦之间，案头的工作除了零星的韩柳欧苏散文名篇的解读及全稿的编定，主要是本书和“苏过评传”的撰写。本书是应海南出版社刘逸先生所约，他希望我为普通读者写点东西；后者则是海南省政协、省社科联主持，由南方出版社出版的“海南历史文化名人丛书”中的一种。相对来说，本书的撰写因为面对的材料要多得多，困难自然也大，尽管多年来我对韩柳欧苏及其诗文有过一些研究。

2017年底，刘逸先生和我敲定这个选题的时候，希望本书不要写成一本纯学术的著作，要让它易于为广大读者接受。我也希望这样，着眼于韩柳欧苏的人生格局，并用较为通俗的文字介绍给读者。这样一个角度和写作的基本立场，决定了它完全不同于我以前对四人的学术研究，这也是应该的。而且把四人类似的生活放在一起叙说，使他们彼此有了客观的参照，让读者很自然看到他们生活与性情的同异，无形中会增加本书的趣味和给人的感悟。这些最初的想法在本书的写作中贯穿了始终，同时本书的写作也给了我新的感动，以往对韩柳欧苏的关注或研究主要在诗文，这时侧重看为人处世，看性情和胸怀，深深感受到他们非凡的成就都在于做人的格局，格局大胸怀也就开阔，而且有了做人做事的率真，为诗为文自是与众不同。

本书前期的写作准备是在海南和武汉完成的，具体写作则在武汉桂子山和伦敦的小威尼斯河畔。在伦敦远离祖国，海南师大的郭皓政教授为我准备了极其丰富的电子资料，给予我写作的便利；刘逸先生的关注，让我既不懈怠又能自在写作；忘年老友刘昌钊兄的时时激励，都成为我工作的动力。而我旅居伦敦本该寂寞而不觉寂寞，很大程度上是因为有韩柳欧苏相伴，何况身边还有妻儿和外孙丁丁呢？

本书最终是在伦敦统稿的，我旅居的小区，清爽而秀美，背后是蜿蜒的小威尼斯河，一些居家的房船没有声响地泊在水面，不见炊烟，而有水鸟的嬉戏与和鸣相伴，看上去蛮有诗意。但它不及剑桥康河的青春气息和浪漫，康河是剑桥大学的一代一代俊男靓女滋养的，徐志摩当年再别的康桥是康河上一座很普通的小桥，但他吟出名句“轻轻的我走了，正如我轻轻的来”。这轻轻的走与来存在于许多人生命的历程，这诗也就有人共鸣，惹人喜爱。不过，轻轻的不仅是“我”，还有伦敦这座古老而深邃的城市，这里生活节奏的舒缓给人一切都是轻轻的感觉。正是在这样的感觉中，本书轻轻地进入尾声，让人有点轻轻的快感。

最后，谢谢为本书出版付出辛劳的编辑，谢谢海南出版社。但愿本书能给读者带来阅读的愉悦，哪怕只是轻轻的愉悦也好。

阮忠

2019 年 2 月 28 日

图书在版编目（CIP）数据

此心安处是吾乡 ：韩柳欧苏的人生格局 / 阮忠著
. -- 海口 ：海南出版社，2020.11
ISBN 978-7-5443-9092-7

Ⅰ. ①此… Ⅱ. ①阮… Ⅲ. ①韩愈（768-824）—人物研究②柳宗元（773-819）—人物研究③欧阳修（1007-1072）—人物研究④苏轼（1036-1101）—人物研究 Ⅳ. ①K825.6

中国版本图书馆CIP数据核字(2019)第297880号

此心安处是吾乡——韩柳欧苏的人生格局

CI XIN ANCHU SHI WU XIANG——HAN LIU OU SU DE RENSHENG GEJU

著　　者　阮　忠
策划编辑　刘　逸
责任编辑　熊　果　鄢　蕾
封面设计　黎花莉
责任印制　杨　程
印刷装订　三河市祥达印刷包装有限公司
读者服务　武　铠　郄亚楠
出版发行　海南出版社
地　　址　海口市金盘开发区建设三横路 2 号
邮　　编　570216
电　　话　0898-66830929　010-87336670
网　　址　http://www.hncbs.cn
经　　销　全国新华书店经销
版　　次　2020 年 11 月第 1 版
印　　次　2020 年 11 月第 1 次印刷
开　　本　880mm × 1230mm　1/32
印　　张　12.75
字　　数　300 千
书　　号　ISBN 978-7-5443-9092-7
定　　价　58.00 元

ISBN 978-7-5443-9092-7